ちくま学芸文庫

ローマ人の世界
社会と生活

長谷川博隆

筑摩書房

【目次】ローマ人の世界――社会と生活

ローマ人の世界——社会と生活

I　古代ローマの町と生活

永遠の都＝ローマ

一

ローマの空は青い。この青さは、カイロからアテネ、そしてマルセイユ、アルジェ、セビリアなどをおおう色である。だがひとたび北の方アルプスを越えると、それはもう求めるべくもない。地中海世界の色なのであろうか。ところで、同じ紺碧の空の下に生の営みをつづけている町であっても、ローマは他の町とはちがったものを秘めているような気がしてならない。独自のものにぶつかるのではなかろうか。

カイロには現代がある。アテネには古代がある。ではこのローマには？　そう、ローマにはすべてがあるのだ。ここには古代があり、キリスト教があり、そして現代もある。アクロポリスは天空に聳えていた。しかし、同じように古代人のむすんだ夢のあとでも、古ローマの広場はすべて四周からのりだした教会の重圧におしつぶされそうである。

「すべての道はローマに通ず」とは、デルフィーの神託のようにどういう風にでも解釈できよう。敬虔なカトリック信者には、ローマへの道はこの世におけるキリストの代理人への巡礼の道であり、さらにまた、ヨーロッパの教養人にとっては七つの丘への道でもある。しかし、どのような道を通ってここローマに到達しようが、遭遇するのは古代ローマであり、中世であり、ルネサンスであり、バロックであり、そしてなまなましい現代なのである。

要するに、ローマには歴史のすべてがある。ローマを地下深く掘ってゆけば、歴史のあらゆる層を見いだすことができよう。その幾層もの歴史が逆にローマ市にのしかかる「重み」となり、町はそれに耐えてこなければならなかったし、今もなおそれに耐えているのである。

歴史が古ければ、それがそのまま歴史の重みとなる、というのではない。ローマより古い歴史をもつ町は、いくらでも見つけることができよう。だが、私たちが、他の町にない「歴史の重み」を感ずるのはなぜだろうか。古代と中世、近代と現代、あるいは聖なるものと人間的なもの、それらがすべてまじりあって、しかも死んでいるのではなく、この現在に生きているからこそ、私たちにのしかかるのである。

ローマは、うかうかしていると歴史の重みにおしつぶされてしまいそうな町である。町に一歩足跡を印すれば、すべての人がたちまちに歴史家となる。だが、そのままでは町のもつ多様性やその重さのために下痢や食中毒をおこしかねない。十分に健康な胃の腑か、あるいはすべてを選り分ける澄んだ目が必要なのである。この重みに耐えるもの、あるいはそれに応えるものという方がよいかもしれないが、そういったものが私たちのうちになければならない。

二

ローマの町を歩いていると、"SPQR"という字にぶつかる。それは水道管であったり、あるいはマンホールのふたであったりする。なによりも市の紋章の中に、この字が見えるのである。このSPQRとはSenatus Populusque Romanusというラテン語の頭文字を組み合わせたもの、日本語になおせば「元老院とローマの国民」となろうか。要するに、古代ローマ国家の呼び名に他ならない。二〇〇〇年近く前に使われた呼称が、今もなお用いられているのである。

また、市を貫流するテヴェレ（ティベリス、ティベル）川に架かった橋のなかにも、ファブリチオ橋、チェスティオ橋、エミリオ橋、ミルヴィオ橋（ミルウィウス橋）、エリオ橋など、古代ローマの時代にできたものがある。なかなかテヴェレ川に橋を造らなかったローマ人だが、やはりこんなにも沢山、彼らの橋が残っているのである。ローマは今もなお、事実上も、また意識の点でも、古代ローマと結びついている。

カンピドリオ（カピトリヌス、カピトルの丘）の狼はなかなか迫力のある彫刻である。ところが、これだけのものを作りだした人であるのに、作者の名ははっきりしない。大変な技量をもったエトルリアの芸術家の手になったものといわれるが、それはそれとして、ローマ共和政期にはローマの「頭」ともいうべきカンピドリオの丘の上にあり、紀元後一〇世紀以降もローマにあったことはたしかで、町のシンボルとして生きつづけてきた。この狼の乳房の下のロムルスとレムスの双生児はルネサンス時代に付加されたというが、そういう美術史上の問題はさておき、この双生児にちなんだローマの建国伝説はだれでも知っていよう。ローマ人はその伝説にもとづき、紀元前七五三年四月二一日を建国の日としている。ところで、この双生児の伝説とその時代はどこまで信用してよいのであろうか。

カンピドリオの丘からローマ広場（フォルム・ロマヌム、フォロ・ロマノ）におりてみよう。この「ローマ広場」の一隅にロムルスの墓所といわれる場所がある。ローマ帝政期の地表より一メートルばかり下のところにあたり、今はトタン屋根がかぶせてある。建国の英雄ロムルスの墓、またはその養い親・牧人ファウストゥルスの墓といわれている。ローマ帝政期に、もう特別な外観を呈していなかったらしく、近代の考古学者が一九世紀の末に白日の下にさらしたのである。その一本の柱に刻みこまれた文字は最古のラテン語といわれるが、まだ読み解かれていない。ただ、この墓が前六世紀より昔にさかのぼることは一般に認められている。

もちろん建国の英雄ロムルスは、ローマ人の創造した人物であろう。しかし、その名にからんで伝えられていることには、創作ともいいきれないものが含まれている。七つの丘の一つ、パラティーノの丘（パラティウム、パラティンの丘）で彼が成人したこと、ローマ市の建設の際サビニ人の女たちを計画的に奪ったこと、さらにサビニ人の王とともに王位にあったらしいことなどがそれである。これらの点は、ローマの町の成立についての一つの想定を可能にする。パラティーノの丘の上に前七〇〇年前後の住居あとと推定されるものが発掘されたことから、この丘の上にラテン人の集落があったとみられ、それとパラティーノの丘の北方にあった丘のサビニ人の集落が、あるとき一つになったと考えられる。その一つになった連中が、この二つの丘の間にあるカンピドリオの丘をアクロポリス的なものとし、その下の低地を広場とすることによって、ローマの町が成立したとみることができる。

広場をローマの心臓とすれば、カンピドリオの丘は文字通りローマの頭であった。それには共和政期にも、帝政期にもローマの他の丘とは異なった聖なる性格が付与されていた。その高く聳えたありさまは、大犯罪人を突き落として死刑にしたというこの丘の上のタルペイアの岩の高さとともに、今日のカンピドリオからは想像できない。もちろん、古代においてもこの丘自体それほど高いものではなかったらしい。

このカンピドリオの丘は、つぎのガリア人の侵冦のときに、その姿をくっきりとあらわす。

ローマ広場に残る遺跡で、一番古いのはロムルスの墓であり、一番新しいのは七世紀はじめ(六〇二年)のフォーカス帝の円柱である。この広場がローマの心臓部として脈打っていたあいだ、ローマの町が異民族の侵入を受けたのは、古代末期すなわち古代ローマの崩壊期をのぞいては、わずか一回にすぎなかった。したがってその禍いのときが、いかにローマ人の心に深く刻みこまれていたかは想像にかたくない。ローマ人の暦のなかには「黒の日」または「禍いの日」という日がきめられている。

黒の日とはカレンダーに不吉な日を炭で黒くマークしたからといわれているが、その日の一つに七月一八日がある。それは紀元前三九〇年テヴェレ川の支流、アルリア川でローマ軍がガリア軍に徹底的に打ち破られた日なのである。この日を「黒の日」、または「禍いの日」とするローマ人の追憶のいかに重苦しかったことか。アルリア川の戦いの後、ガリア軍はローマに迫るが、ひとテンポのおくれが、歴史家をして「この戦闘の後すぐにローマ人を追えば、ローマを根底から覆すことができたであろう」といわしめることとなった。しかし、ともかくローマ人はカンピドリオの丘にたてこもって、ガリア軍に相対することができた。弓矢や城壁で丘を固めた。その際、神聖なものは丘の上に運ばれ、不滅のローマのシンボルともいうべきウェスタの神殿の火は、女祭司が神器とともにもって逃れた。

悪戦苦闘、ようやくガリア人を追いだした後のローマ市民の態度こそ象徴的である。このとき「ローマを捨てて、ウェイイという町に移ろう」という意見が強まった。「いったい、こわれた町の残りものをつづり合わせることがよいかどうか」というのである。そこで、ローマの建国伝説に深い関連のあるロムルスの占いの杖というのが問題となり、他のものがすべて失せてしまったのにこの杖が残っているのは、「ローマに永遠の安寧を保証するもの」と考えられた。このことが、彼らをしてローマを見捨てさせなかったばかりか、彼らの心の奥底に「永遠なるローマ」意識を強く植えつけ、育ててゆくことになる。

ローマの町はその後、百数十年たってもう一度危機に見舞われる。それは第二ポエニ戦争のときである。紀元前二一一年、カルタゴの名将、ハンニバルはローマの城門にせまった。しかし町に突入するチャンスがあったのにもかかわらず、城門にせまっただけで鉾先を他に転じた。「精霊か、神が邪魔した結果」とプルタークはいう。いずれにせよ、ガリア人の侵冦以後、紀元後五世紀にゲルマン人の侵入を蒙るまでローマ市は外敵を一歩もそのなかにいれなかったのである。

ローマがイタリア半島を平定し、カルタゴとの争覇戦にも打ち勝ち、地中海世界の覇者となるとともに、ローマの町もしだいに地中海世界の中心となってゆく。とくに共和政末期の内乱を収拾したアウグストゥスは、ローマの町の粧いを一新した。彼は「煉瓦造りの町を大理石の町に」したといわれる。そして、その後の数世紀の平和は、ローマ市を古代世界最大の町にまで発展させることとなった。劇場が設けられ、大浴場がつくられる。人口も一〇〇万を越えて、国際都市的性格を強く打ちだす。全地中海世界からローマに人が集まってくる。そのなかにはギリシア人がいる。シリア人も、ユダヤ人もいたのである。彼らは金や地位やチャンスを求めてやってくるのであった。「すべてのものを見ようと思う人は、全世界を旅行しなければならないが、ローマに来ればそれも可能なのである」という声さえ聞かれるようになった。しかもローマの町の住民は、「パンと見世物」をあたえられて生きる都市遊民と化してゆく。自ら治め、自ら守るという古代市民精神は、まったく消え去ってしまう。三世紀には、休日は年二〇〇日にもおよび、そのうちの一七五日は公の見世物がただで催された。市民は戦車競技、剣闘士競技、猛獣競技、模擬海戦に熱狂した。四世紀のある記録によると、ローマ市民は、一一の大浴場、八五六の小浴場、三七の城門、一一五二の泉、一〇のバジリカ（バシリカ）、三七の大理石のアーチ、二八の図書館、二つの円形劇場、二つの模擬海戦場などを擁していたという。

　私たちが今のローマを歩いてつきあたるものに、帝政期ローマの建造物がいかに多いことか。コロッセオ（コロッセウム）、カラカルラ浴場、パンテオンなどみな然りである。それらはすべて、現在のわれわれの感覚からいえば「美」というにはほど遠いものかもしれない。しかし、その記念碑的な建築物が、一つの力を示していることはたしかであろう。その力と実用性のシンボルともいうべき水道橋などが、地中海世界の各地にみられるのも、ローマ自体が地中海世界の全域にひろがったからである、とみなすべきではなかろうか。

ローマの町は、あのガリア人の侵冦以来八〇〇年たって、はじめて外敵の侵入を受ける。紀元後四一〇年八月二四日のことであった。西ゴート族をひきいてイタリアにはいったアラリックが、ローマを占拠したのである。略奪はまる三日つづく。この事件はアウグスティヌスをして、『神国論』の筆をとらしめる機縁となったほどに一世を震駭させたのであるが、それにもかかわらず、キリスト教関係の文書は、この征服者の敬虔さを強調している。たしかにアラリックの侵入後も、ガリアのある詩人は「ローマのすばらしさ」を賞讃している。古代ローマの記念碑的建造物は、破壊の運命をまぬがれ、その姿をなおも保ちつづけたというのである。

アラリックのひきいる西ゴート族の侵入後ほぼ五〇年たって、同じくゲルマン人の一派ヴァンダル族が、ガイセリックにひきいられてローマにはいった際も、以上のような事情に変わりはなかったといわれている。それは四五五年の六月のことであった。一四日間にわたる略奪により、テヴェレ川は戦利品を満載したガイセリック軍の船でいっぱいになったという。しかし、建造物自体の破壊は微々たるものであったと伝えられている。よろしい。このことを一応認めるとしよう。

たしかに、七世紀末においても、古ローマのもっとも重要な建造物は存在していた、という。だがしかし、ローマの町自体はもはや内部的にはまったく変質していたことを忘れてはならない。あの紀元前三九〇年にガリア人を撃退したローマ人ではないのである。かつてはローマの町はローマ市民そのものによって構成され、しかも市民自体の支えるべきものという意識があった。もちろんローマ市民権は普及してゆき、それはローマの町以外のところに住む人にも与えられる。しかし市民総会である民会はローマの町で開かれていた。それをふまえてローマの町の住民であることが誇りであった。ローマの町は特別だったのである。ところがそういった市民意識は五世紀には求めるべくもない。かつては、ひとは「永遠なるローマ」を確信していた。今は、そのようなものを都市ローマのうちに見いだすことはできない。ただ、それはニュアンスを変えて、キリスト教世界の精神的中心としてのローマに生きつづけることになった。

コンスタンティヌス大帝がコンスタンティノープルに遷都し、すでに帝都としての位置を失なっていたローマは、アラリックやガイセリックの侵入以降は、ゴート戦争のためたびたび戦禍をこうむり、荒廃の一途をたどる。それは、古代ローマの建物にとっては天災というより人災とでもいうべきものであった。次第に古代の建築や装飾が、新たに建築材料として壊され、はがされてゆく。

三

テヴェレ川には古代ローマ時代の橋がいくつかそのまま残り、今も使用されている。そのうちの一つミルヴィオ橋は、北イタリアとローマを結ぶ道路にかかる橋であった。カール大帝もゲーテも、この橋をわたってローマにはいったのである。

紀元後三一二年、ローマで帝位を僭称するマクセンティウスにたいして、北方から迫ったのが、後の大帝コンスタンティヌスであった。彼はある日、夢のなかでキリストのギリシア語のつづりXPICTOCの最初の二字をくみあわせた印を、楯につけて戦うように何者かに命ぜられた。そして、この印をつけたコンスタンティヌスがミルヴィオ橋の北の決戦で大勝した。実はキリスト教の勝利を意味し、ローマ帝国が文字通りキリスト教世界となる端緒になった事件とみるべきであるといわれている。

ローマは、パウロおよびペテロの殉教の地としてキリスト教世界において独自の地位を占め、ペテロの法燈をついだローマの司教が、ローマ法王としての地位を固めてゆくとともに、町も次第に西欧キリスト教世界の精神的中心となってゆく。とくに法王領の創設はローマ市を法王の権力のうちに包摂させることとなり、カール大帝の戴冠をはじめとした帝権と教権との妥協・対立・協調の舞台となった。もっとも、その間も組織的な破壊・奪取により古ローマ的なものの崩壊はすすむ。

しかし、ローマは法王存してのローマであったから、一四世紀の法王のアヴィニヨン幽囚の間に衰退の極にたっし、ペストの流行後は人口も二万を割るほどとなった。ところが、文運隆昌の気運とともにルネサンス的法王の出現をむかえ、ローマの面目は一新した。ブラマンテ、ラファエルロ、ミケランジェロの名はだれでも知っていよう。ひとたびサン・ピエトロ大寺院前の広場にたてば、またヴァティカンの美術館に一歩足をふみいれれば、これらの巨匠の振ったのみのあと、彩管のあとに佇立をよぎなくされるであろう。彼らにその腕を振わせたのが法王ユリウス二世やレオ一〇世であり、その治世がルネサンス文化の花を咲かせた時代なのである。

だが、フランス王と神聖ローマ帝国との間に展開したイタリア戦争により、一五二七年皇帝カール五世の軍隊がローマを占領、略奪した。これが世にいう「ローマの略奪(サッコ・ディ・ローマ)」で、絢爛たるルネサンス文化の光輝は消え、ローマは再び単なる巡礼地としての地位に転落するのである。

年配の人ならば、鷗外訳の『即興詩人』の冒頭の句をそらんじているであろう。

「羅馬に往きしことある人はピアッツァ＝バルベリイニを知りたるべし。こは貝殻持てるトリイトンの神の像(すがた)を造りなしたる、美しき噴井ある、大なる広こうじの名なり」と。

バルベリーニ広場に限らない。ローマにある数多くの広場は、泉、噴水で飾られている。トリトーネ、トレヴィ、モーゼ、四巨人、蜂などがそれである。泉にせよ、噴水にせよ、その源はやはり古代ローマにさかのぼるが、そこに施こされたさまざまな彫刻は、だいたいがバロックのローマの生んだものである。混乱と沈滞の極にあった一七世紀のイタリアでは異例の華々しさであるが、それもローマが法王の座所であったからに他ならない。ただ「蛮人(バルバリ)がなさなかったことをバルベリーニ一族が行なった」といわれるが、これは一七世紀のバルベリーニ家出身の法王ウルバン八世を揶揄(やゆ)したもので、一面では、一五世紀から止むことなく古代ローマの建造物や装飾の消えてゆく時代でもあったことを示す。古代ローマが瓦礫の中からよみがえるのには、一九世紀までしばらくときを貸す必要があった。

法王領の中心としてのローマも、一七八九年フランス軍に占領されたのちは、その後変遷をへて、結局ナポレオンの支配下にはいった。しかしナポレオン没落後は、法王による一種の反動政治、ローマ市民の反抗がくり返されたのち、一八七一年には新生のイタリア王国の首都となった。

四

ローマがイタリア王国の首都となるまでの道は、必ずしも平坦なものではなかった。リソルジメント（復興）の名のもとに進められたイタリアの統一運動によって一八六一年に成立したイタリア王国とローマ市を握る法王及びフランス軍との対立・抗争は激しさを加え、ガリバルディの「ローマか、しからずんば死か」という叫び声が半島を震撼させた末、ようやく七〇年七月のフランス軍のローマ撤退をみ、イタリア王国軍は七〇年九月二〇日にローマにはいることができた。

そして翌七一年王国の首都となったが、ときの人口は二二・六万、うち一万人が聖職者であったという。二万以下に人口の減った時代にくらべればみごとな立ちなおりであるが、古代に一〇〇万以上の人口を擁したことを思えば、やはり今昔の感があったであろう。

法王と王国との争いは長く尾をひき、一九二九年、ようやくファシスト政権の下で両者の妥協がなった。

ローマの中央駅、あのいわゆる「終着駅」から、地下鉄で南へ数十分、EUR（エウル）に着く。エウルとは、ローマ万国博覧会（Esposizione Universale di Roma）の頭文字をとった名称である。一九四二年、博覧会のためムッソリーニが壮大なプランのもとに建設しはじめた新建築群、新市街であり、世界大戦で工事は中断されたが、大戦後、政府官庁街として再生している。一九六〇年のローマ・オリンピックでは競技場・選手村ともなった。そのプランと建造物の斬新さは、古代ローマとまったく関係ないかにみえるが、あにはからんや「イタリア文化会館」はコロッセオ、「会議会館」はパンテオンといった見本がありそうである。超モダンというのも、やはり古代ローマに通ずるのであろうか。

一九二二年一〇月にローマに進軍してファシスト政権を樹立して以来、枢軸陣営に立って第二次大戦を戦い、国土を焦土と化してしまったムッソリーニがローマに残したのは、このエウルにとどまらない。いわゆる「終着駅」も彼が未完成のまま残し、戦後一九五〇年に完成されたものである。またフォロ・イタリコ然りである。ムッソリーニ死して大建築を残す、といったところであろうか。このような記念碑的な巨大さは、やはり土木建築に異常な才幹を示した古代ローマ人の末裔の手になるだけのことはある。

たしかにローマにはすべてがある。町を歩けばあらゆる時代にぶつかる。しかし、それらすべてが、どこかであの地中海世界の覇者であった古代ローマに通じているような気がしてならない。それは建築だけではない。ローマの人たちの歎きや悲しみ、あるいは楽しみや憤りもそうなのではなかろうか。

（一九六五・一二）

古代都市ローマとその一日——昔と今のローマ——

一　古代ローマとイタリア人

古代に、あのような大帝国をたてたローマ人と現代のイタリア人との間には、一体どのようなつながりがあるのだろうか。

カルタゴの名将ハンニバルを撃退したローマ人、カエサルとともに今のフランスの地からイギリスにまで攻め込んだローマ人、あるいはまたコロッセウムやパンテオンなどをはじめ、数えきれないほどの大建築物を残したローマ人のイメージと、今日、ローマやミラノの街角でオートバイをふっとばし、恋の歌にのどを震わすイタリア人の姿とをぴったり重ね合わせるのは、どうも無理な感じである。その上、フランス人もスペイン人も、ある意味では、古代ローマ人の後裔をもって任じているとすれば、話はさらにややこしくなってくる。この点にはあとでふれるとして、さしあたり古代ローマ人とイタリア人との関連ということだけでも、簡単にはいかないのである。もっとも過去と現在との関連をもちだすまでもなく、現在のイタリアにみられるカトリック教会と共産党とのからみ合い、進歩性と保守性の併存の絶妙さを理解するだけでも容易ではない。それでも、ひとはこれらの間に相通ずるものを見つけては、「イタリア人とは何か」という問いにいろいろな答えを与えている。

たしかに、「古代ローマの栄光」が、ルネサンスにおいても、近代イタリアの統一にあたっても、民族的なものを呼び起し、あるいは彼らイタリア人を導く一つの大きな力となっていたとすれば、やはり、ここに昔と今とのつながりを考えたくなるのも当然だろう。

『神曲』では、古代ローマ最大の詩人ウェルギリウスがダンテの導き手になっている。マッツィーニ、ガリバルディなど、近代イタリアの独立と統一をかちとった人たちを、その使命にかりたてたのも、古代ローマの栄光ではなかったろうか。また悪夢のようなファシズム治下のイタリアを思い出していただきたい。いかに頻繁に、古代ローマがかつぎ出されたことか。大体、ファシズムという言葉からして、古代ローマの高級官僚の職権のシンボルである「棒の束の中に斧をいれたもの」、すなわち「ファスケス」からきているのである。

しかし、古代の栄光が国民を動かすのは、なにもイタリアに限ったことではない。日本の場合も、中国も同じである。ここでは、そのような角度からの固い話はよそう。もっとちがった問題をとりあげて、古代ローマと現代イタリアとの対話のための材料を提供してみたい。その一つの方法として古代ローマ人の生活にはいりこんでみよう。そこには、いろいろの形で現代まで生きつづけているものがあるはずだからである。

今日、地中海世界を旅する者は、いかなる辺地であれ、あるいはどのような超モダンな都市のなかであれ、至るところで古代ローマ時代の水道橋や劇場や道路のあとを見出し、ローマ帝国の大きさをあらためて実感させられるのが常である。しかもそれらは、草むす遺跡として横たわるだけでなく、なかには、現在もなお立派に水道橋として役立っていたり、あるいは音楽会場や劇場として市民生活のなかにとけこんで生きているものがあることを知らされるとき、感慨はいっそう深い。

古代ローマの生んだもので今に残っているのは、形あるものにとどまらない。現代の生活のリズムの内にもいろいろの影を宿している。

こころみに、今、イタリアのある町にはいったとしよう。ローマでもよい。あるいはピサでもかまわない。時は午後二時。町は死んだようになっている。犬の子一匹通らない。風すらとまっているようだ。何故か? 昼寝(シエスタ)の時間なのだ。昼寝の習慣――これはキリスト教の生んだものではない。エジプトや東方から伝わってきたものでもないようだ。じつは、古代ローマ人の生活のリズムにまでさかのぼるのである。

しかも面白いことに、このシエスタの習慣は、ただ単にイタリアだけでなく、現在の地中海世界全体に広まっていることに気がつく。もちろん、地中海周辺の気候に大いに関係のあることはたしかだが、古代ローマの日常の生活慣習が、現代のイタリアに生きているとともに、古代ローマの版図にも生きつづけていること――いや、それ以上に拡がっているようだが――を知らされるのである。

だが、古代ローマのあらゆる風俗・習慣が現在のイタリアに残っているというのではない。たとえば、現代の日本の温泉旅館の豪華な「ローマ風呂」というのは、本家本元の現代イタリアでは見つからないのではなかろうか。もちろん、昔の巨大な浴場の残骸はある。とすれば、古代ローマとイタリアとは結びつかず、古代ローマと日本とが結びついているということなのだろうか。

冗談はさておき、古代ローマ人と現在のイタリア人とのつながりの有無については、さまざまの見かたができると思う。たとえば「人間」として「生きる」に当り、どこまでも現世主義的であるという点にしぼって考えてみることもできるのではなかろうか。

二　生きること、ローマ人であること

「私は人間だ。人間に関することは、何一つ私にはよそごととは思われない」(テレンティウス)

ローマの国立博物館に奇妙なモザイクがある。骸骨が描かれているのだ。その下に、ギリシア語で、「汝自身を知れ」とある。この文句は誰でも知っているはずだ。ところで、この絵とこの文句とはどう結びつくのか。

もともと、エジプト人は饗宴の席に骸骨をもちこんだという。いずれわれわれもこうなるということをしっかりと覚悟すれば、かえってお客との間に「友情と愛情」が高まるというのであった。このグロテスクな風習がローマにはいり、ローマの貴族たちに歓迎されたのである。そういえば、骸骨の模様の刻まれた酒杯があるのも知って

いる。

骸骨と饗宴、そして「汝自身を知れ」という文句の本来の性格あるいは意味は、ローマ人においては一変するのだ。やがては死ぬ身、息のあるうちに、飲んで、食べて、歓楽の限りを尽そうということになったのである。

それが、じつはローマ人であった。高らかに生を謳歌したのである。――狩猟し、ギャンブルをし、沐浴し、哄笑する、それが人生なのだ――とうそぶいたのが、ローマ人であったといえよう。

さて今まで、あたりまえのこととして「ローマ人」とか「ローマ」という言葉を使ってきた。だが、これは現代のイタリア人、国家イタリア、あるいはローマ市とはたいへんに違っているのである。ここに古代のローマの歴史のいちばん大事なことの一つがひそんでいるのだ。それを考えてから、彼らと生活してみることにしよう。

古代においては、ローマというのは町としてのローマ市を指すのではない。正しい意味でのローマとは、ローマ国民＝ローマ市民のことである。しかも、抽象的なもの、あるいは超越的なものとしてのローマという国家は存在せず、ローマ国民＝市民、そしてそれがそのまま国家ローマだったのである。また、ふつうわれわれが「ローマ帝国」というのは、そういったローマ国民＝市民の支配領域であった。そして、その支配領域が拡がるとともに、そのなかの被支配者が次第にローマ国民＝市民団にくりいれられてゆくのであった。したがって、ほんとうの意味でのローマの拡大とは、ローマ市民団（国家ローマ）が拡がる、いや殖えることだった。ローマ市民権は、イタリア半島全体から、やがてはいわゆる帝国全体にまで普及してゆく。とすれば、ローマ市民なのにスペインやアフリカに住んでいる人もでてくる。いや、スペイン人もローマ市民となるのである。

このように、ローマ人というのは、単なる民族あるいは人種の呼び名ではなく、厳密には市民権を持った人であるとすれば、先に記したように、スペイン人やフランス人までもがローマを自分の祖先とみているというのも、理解できるであろう。たとえばスペイン人を考えてみよう。彼らの祖先はローマに抵抗した。しかし、ローマに征服され、ローマ化された。正しくいえばローマ市民＝ローマ国民となった。現代のスペイン人は、抵抗した祖先を誇るとともに、「ローマ市民」としての祖先をも讃美しているのである。ローマの拡大はイタリア人のみならず、その他の西ヨーロッパの人たちにとっても「古代ローマの栄光」の拡がりを意味したのである。

ところで、ふたたび古代にもどれば、ローマという国家の制度は、いつまでも都市国家的なものであった。市民がいかにふえても、それを変えようとはしなかった。たとえば市民総会であった民会も、本来のローマ、つまり聖なる城壁で囲まれたローマでしか開かれなかった。ついに代議制を採用しなかったほどだ。

これから「ローマの町」の住民とともにローマ人の生活をしてゆくのだが、古代ローマが制度の点でいつまでも都市国家だったとすれば、ローマ市という特別なもの、つまり国家としてのローマや国民としてのローマ人とは別なものがあったわけではなくても、「ローマの町」の住民には、さまざまの特典が与えられていったのである。地中海世界全体のローマ化という点では、ローマの町の生活もイタリアの各都市の生活も根本的に同じである。しかし、それにもかかわらず差もある、という二重構造をまず念頭においておきたい。

三　古代都市ローマ

タイム・マシーンなる代物で、たちまち一〇〇〇年後、あるいは一万年前に人を連れてゆくというのが、今、テレビの番組ではやっているらしい。何万年とはいわない。一八〇〇―一九〇〇年ほど昔にもどってみよう。

時は、紀元後一世紀。二世紀でもよろしい。地中海の青さは、今も昔も変らない。

波の高さも変らないはずだ。気候・風土には根本的な変化はないようである。地中海性気候であり、地中海性風土である。夏は暑く、乾燥していることなどが、それだ。だが、この地中海の周辺はすべてローマの世界である。いや、ローマは地中海周辺だけでなく、もっと拡がっていた。古代にも、もうロンドンはあった。パリ、この町もすでに存在した。しかも、いずれも「小ローマ」だった。この二つの町に限らない。すべての町が小ローマだったのである。それがローマ帝国だ。だから「ローマ人」の生活を知るには、いわゆる「ローマの町」に行くのがいちばんてっとり早い。ローマには何でもある。世界各地を歩く必要などない。すべての道はローマに通じていたからだ。

ローマの町にはいってみよう。まず町のなかの道だ。いかにも狭い。そして曲っている。しかも汚いこと。

ローマ人と道路といえば、だれでもすぐ、アッピア街道をはじめとした舗装道路のことを思い浮かべるだろう。たしかにローマ人は土木建築にすぐれた才能を発揮した。だが、あれは第一級道路だけのことではなかろうか。

高層アパートも多い。高層建築制限令もどこへやら。そして、高いところほど貧乏人が住んでいた。現在のビルの家賃や部屋代はどうなっているのか。やはり高い階の方が安いのだろうか。

家は、上にゆくにしたがってせり出しているから、むかい側の家の人と握手できるくらいである。水を明ける。ものを捨てる。このようなビルの谷間?を歩けば、なにが上から落ちてくるかわからない。

この混沌とした有様、すべての町がそうだったというのではない。見事な都市計画によってたてられた町もないわけではない。その点、むしろローマの町は例外かもしれない。なにしろ一〇〇万以上の人口を擁していたというから、このすさまじさは巨大都市の宿命というべきであろう。あの灰に埋もれた町ポンペイなど、歩道と車道が区別されていたり、横断歩道的な置き石が車道を横切っていたばかりか、排水溝もきちんとしていたし、いかに機能的な都市づくりが行われていたかに驚くくらいだ。その点、ローマは落第であった。

もっともヨーロッパやアメリカの人の中には、現在の東京の雑然さのうちにエネルギーあるいは生命力を見出すといって、それを讃美する人もいる。いや、一つの新しい方向をすら読みとる人もいるようだ。そういう人たちには、ローマは落第どころでなく、仰ぎみるべき対象であろう。

四　ローマの一日（朝）

さて、ローマの一日を、ローマ人になって味わってみることにしよう。

ローマの朝のはやいこと。日は昇らないのに、もう耳をつんざくような騒音で目が覚まされてしまう。

「学校の先生は君を生かしておかない」。先生・生徒の叫び声の高いのは、洋の東西、古今を問わない。子どもといえば、共和政の終りごろ、カエサルのころまでは、童謡や「子ノタマワク」ならぬ、十二表法という法律の文句を暗唱させられたらしい。いかにも法の国ローマだ。

「パン焼きは日の出る前から騒々しい」。紀元前二世紀ごろからローマにはパン屋が出現している。もちろん、ローマ人の主食は小麦で、これをおかゆ状にするか、パンにしたようだ。ポンペイの砂の中から、炭化した大きな丸いパンがでてくるのをわれわれは知っている。ポンペイは紀元後一世紀から土の下に眠りつづけた町だ。

ローマ人は一般に早起きだった。それもそうだろう。人工のあかりの十分でない時代のことだ。自然の光、すなわち太陽を享受することは大切だった。「生きているというのは、目覚めていることだ」というのも、なにも深遠な意味ではなく、文字通り、眠っていては人生は享受できないではないかという意味だ。それにたいていの日が晴れ、ときまっている。

現代のローマの町、あるいはローマ人の世界の朝の早さは、これまたみごとである。

さて、ローマ人の朝の仕事はなんであったか。家にあっては、というよりは外に出かけるまでの仕事は、早朝の伺候と謁見である。身分高き人にとっては謁見、一般市民には伺候つまり御機嫌うかがいだ。一軒の家に伺候するだけでなく、暗いうちから何軒かの家を走りまわって、いくばくかの金品にありつく者もいれば、侍従や随行役をおおせつかるのが嫌なために、痛風にかかったふりをしてほんとうの病気になってしまった奴もいる、と諷刺詩にうたわれたほどだ。応接するほうでも、その煩わしさに裏口から逃げ出す人もいた。この早朝の謁見は案外、近代までイタリアに限らずヨーロッパ各地で、貴族社会にはずっと残っていたようだ。オペラ『バラの騎士』では、その場面が生き生きと演じられているのをごらんになった方もあろう。

次いで朝食になるかというと、そうではない。ローマ人は、われわれのとるような朝の食事を知らない。子どもがぱくつくような、朝早くとる軽い食事もあるにはあったが、一般には一日二食、朝昼兼用のプランディウムと夕食（ケナ）＝正餐からなる。ローマ人の大多数は、朝の中は胃はほとんど空であったといえよう。「食事をいつも三度に、ときには四度に、つまり朝食・昼食・夕食・夜食とに分けてとり、常習的に吐くことによって、容易にどの食事にもことごとく出席していた」といわれたのは、「底抜けの大食漢」とみなされた或る皇帝の話である。

さて、次なる仕事はなにか。広場（フォルム）にゆくことだ。時は午前一一時。このころが広場、とくに「ローマ広場（フォルム・ロマヌム）」のいちばん混雑する時間帯だ。さまざまの風体の人、いろんな国の言葉が聞こえてくる。国際都市ローマなのである。

広場といえば、今、イタリアの町を訪れると、すぐ気がつくであろう。どの町にも立派な広場がある。ローマの町を歩けば、すぐに噴泉に恵まれた広場にぶっつかる。もっとも噴泉などなくてもよろしい。そこには、一杯のコーヒーをすすりながら一日中座っている人、喋っている人がいる。屋内生活より屋外生活を好んだのが、ローマ人であり、またギリシア人であった。広場での談論は、その内容の如何を問わず、屋内の静かな思索とはちがって、人の心を開放的にするものである。このような屋外生活—広場—談論といった生活慣習は、今も昔も変りないようだ。

さて、古代ローマの町にも、さまざまの広場があったが、この町の中心の広場はどうなのだろうか。帝政期の「ローマ広場」は、神殿や公共建築物の建ちならぶところだ。しかし、そもそものローマのできたころからこうだったのではない。

「ローマ広場」は、古くはまったく人の住まぬところだったらしい。ローマ揺籃の地パラティンの丘が、急激に膨張するローマ市民を収容できなくなると、丘の麓の沼地が干拓され、さまざまの建物や、「聖道」というような舗装道路ができた。平和なときにはその戸の閉じられるヤヌスの神殿や、不滅のローマのシンボル、聖なる火をまつるウェスタの神殿もたてられた。大下水道もこの広場の下をはしって、ティベル川に注いでいた。この注ぎ口は、今でもぽっかりと大きな口をあけている。さまざまの政治活動もこの広場で行なわれたが、広場の大部分を占めていたのは商店だった。広場はマーケットでもあったのである。ただ単に市民の胃袋を満たしたばかりか、その活気あふれる様相は、詩作とりわけ諷刺詩のための好個の材料を提供したようだ。

ところが、共和政期から帝政期にかけて、政治生活上の要求が、商業、取引上のそれを圧倒してゆくのであった。古い店も次第に消えていった。ローマ広場も一変した。神殿や公共建築が店舗にとってかわった。広場は飾りたてられる。ローマ初代皇帝アウグストゥスは、ローマを煉瓦造りの町から大理石の町にしたといわれるが、そのようにして最も粧いを新たにしたのがこのローマ広場だったのである。

二〇世紀の今、ローマ広場(フォルム・ロマヌム)の跡に立つと、目にはいるのはフォルム最古の遺跡、い

（上）ローマ貴族の一族　（下）ローマ人の兵役登録

上から市場風景、地方の銀行業、枕と帯の売買

布の販売風景と両替商

ローマ帝国の水道

わゆる建国の英雄ロムルスの墓跡から、六〇二年に建てられた円柱にいたるまで一二〇〇年以上のローマ人の夢のあとである。そして、正式にこのフォルムの発掘のはじまったのは、新生イタリア王国の誕生以降、一九世紀のおわりのことであった。

さて、ふたたび一、二世紀のフォルムにもどろう。政治演説をする奴、詩の朗読をする男、あるいは取引を行なう人――フォルムでの仕事が一段落するのは、大体二時ごろだ。そして日が暮れると、浮浪者、あぶれ者、占師などいかがわしい連中が流れてくる。

われわれは、その前にひとまず家に帰り、午後の生活にはいろう。ローマでは政務も午前中で終るし、子どもたちの学校もほぼ昼までであった。

五　ローマの一日（午後）

朝昼兼用の昼食は、パンを主に、軽い魚、チーズ、ブドウ、ナツメジュロの実、青イチジク、干しイチジクなどを添えた程度で、飲み物としては蜜を割ったブドウ酒が加えられた。軽いものであったことはたしかだが、「テーブルの必要なし」というセネカの言葉は割引して聞く必要があろう。

食後も家に留まることができ、しかも暇があれば、夏にはふつうは午睡を楽しむ。政務多端のときは別である。午睡「シエスタ」というのは、もともと、日中のいちばん暑いとき、ローマの時間の第六時の「第六番目の」という形容詞からきているのである。皇帝の護衛すら眠っているこのときを狙って、その殺害をはかったものもあり、あのアラリックのローマ侵入(四一〇年八月二四日)もこの時間帯を狙ったものであった。イタリアを旅した人、あるいはスペインを旅した人は、この時間に町のあらゆる活動が停止して困った経験があるだろう。昼寝の習慣は、今も、イタリアだけでなく地中海沿岸の各地に残っているのだ。

午睡のあとは入浴だ。もっとも、その間に体育訓練がはいることも多い。とくに上流階層の人たちが然りだ。裸で、油を塗って。入浴といえば、古くは、毎日手足を拭くだけで、市場のひらかれる日ごとに、つまり九日ごとに入浴したといわれるが、次第に内風呂も普及し、風呂屋も前二世紀には生まれた。内風呂といってもいかに貧弱なものだったか、第二ポエニ戦争時代の人、大スキピオの別荘の風呂は、窓一つなく、また雨が降ったあとは、水が一杯になるという具合だったといわれている。それでも、夕食前の入浴は習慣となった。

今日、ローマを訪れる人で、カラカッラ浴場跡の大きさに驚かぬ人はあるまい。今でも、夏はその一部を大野外舞台として、『アイーダ』などオペラが上演されている。あの有名な終着駅（ローマ中央駅）前の国立博物館が、ディオクレティアヌス浴場跡の一部だと聞いて、床に残ったモザイク、巨大な壁面をあらためて見直す人もいるだろう。公衆浴場は社交場であり、レクリエーションの場だったのである。富裕な市民、のちには皇帝の贈り物、言い換えれば国家のものであり、特定の請負人に一定額で経営を請負わせた。ときには、富裕な市民や役人が、請負人に入場料相当額を支払うことを約束し、つまり浴場を買いきって、その間は入場料をただにしたこともある。

ふつうは男風呂と女風呂とに分かれるが、その別のないところでは、時間をずらして使用する。「男風呂、その筋の命により女性立入禁止」という注意書きの掲げられた風呂屋もあった。だが、詩人のうたうところでは、混浴もみられ、風紀の乱れを助長したという。しかし、この点については、ヨーロッパの学者が真面目な顔をしていろいろ議論をし、ローマ時代の良風美俗を擁護したり、反駁したり、甲論乙駁その帰するところを知らない。

四世紀の記事では、ローマには一一の大公衆浴場、八五六の風呂屋があったという。また、ポンペイの廃墟を歩いても、何軒かの風呂屋にぶっつかる。市民生活の中で、風呂とくに公衆浴場の占める割合は大きく、皇帝ですら公衆浴場にでかけたらしい。

面白い話がある。あるとき、ある皇帝が浴場にでかけたところ、顔見知りの兵隊が、大浴場の壁に自分の体をこすりつけているのが目にはいった。「いったい、なにをしているのか」という皇帝の問いに、兵士は答えた。「体を洗ってくれる奴隷がおりませんので、壁でこの身体をこすっているのです」と。皇帝はこの男に奴隷を贈った。何日かたった。ふたたび皇帝が浴場にゆくと、今度はたくさんの老人たちが盛んに体を壁にこすりつけている。皇帝はこれを見て、老人たちに「お互いに背中を流し合え」と命令したという。

浴場はレクリエーション・センターだ。その中には散歩道もある。競技場もある。図書館すらあった。物売りの声もする。いい気で詩を朗読する奴もいる。演説している男もいる。体操している人の姿もみられる。いや音楽を奏でている者もいるようだ。日本のヘルス・センターのようなもの、ただあれよりずっと大規模で、しかもはるかに広範囲の人をつかんでいたといえよう。

さて、浴後は、体に油を塗って食事＝正餐となる。油を塗って「サッパリ」するというのだが、現代人あるいは日本人の感覚ではどうもぴんとこない。

臥台にクッションを載せて、その上に横臥し、食事を楽しむ。

客を招待する場合、饗宴のメニューは三コースがふつうだった。前菜とメインコースとデザートである。「卵からリンゴまで」という句が「はじめから終りまで」を意味したように、前菜には卵は欠かせなかった。さらにオリーヴの実と腸詰がよく用いられた。メインコースは魚、鳥と獣肉が主。諸書に散見するところでは、言語に絶するような珍奇なものが、これでもか、これでもかという具合に登場してくるが、それを並べるまでもあるまい。ペトロニウス作『サテュリコン』の中の成金トリマルキオの饗宴が幸い日本語訳もあることだし、それをひらいていただければ、馬鹿げたほどの山海の珍味も察しがつこう。ただ、ローマ人の宴といえばすぐ孔雀を想像するし、たしかに立派な宴席にはつきもののようだが、ふつう一般の食物ではない。

家族だけの夕食、それも当然あった。

もちろん、すべての人が午後にこのような生活を享受していたわけではない。普通の労働者、つまり職人や農民は午後も仕事をする。そうしなければ、冬の日は短かすぎる。また、午後再び開く店もかなりあったようである。

さて日没とともに、今まで通行の禁じられていた車が動きだす。祭りの日とか凱旋式、あるいは公式の競技日、さらに建物の修復、そういったとき以外は、日中の車の通行が禁じられていたのだ。ところで、現代の東京や大阪で、日中はトラックの市内立ち入りは禁じられているのだろうか、よくは知らない。案外ローマの方が進んでいたかもしれないようだ。市内の道路事情は、古代のほうがはるかに悪いから、簡単には比較にならないにしても。

夜はほんとうの暗闇だ。兇漢が刃物で襲いかかることもあろうし、窓から何が落ちてくるかわからない。だから脚を折ったりしないよう、あるいはそれほどでなくても、不愉快な目に会わないように、灯をもった奴隷に先導させる。「ローマでは、眠るというのが、なかなか高価につくのだ」と、夜っぴいてうるさいため眠れないのを嘆ずる声も多い。平和な眠りは金持の特権だ、というのであった。

六　ローマ人と「ひま」

ローマ人としても、昼はただ昼寝と風呂で暮らしていたわけではない。体操をしたり、見世物、つまり芝居を見たり、剣闘士の競技に興じたりしたものだ。これが、紀元後一、二世紀のローマ人の「ひま＝余った時間」の使い方だった。

ところで、余暇をどう使うか、というところに、その国民の生き方の特徴がでてくるように思われる。ギリシア語の「ひま」、つまりスコーレー *scholē* は演説・学術研究・学校の意味もあり、それから、学校 *school* という英語がでてきたことは誰でも知っている。ギリシア人はひまを学芸に捧げたのである。ヨーロッパ文化の源流の一つ、ギリシア文化はギリシア人のひまの所産だった。では、ローマ人にとって「ひま」とはもともと、どういう意味あるいは内容をもっていたか。

昔は、ローマ人たるもの、ひまなときも常に政治のことを考えつづけること、それこそ彼らにもっともふさわしい生き方である、とみていた。ひまを学問・芸術にあてるのは、それに次ぐ、というのである。昔といったが、それはローマが大帝国になるまでの生活態度であった。ローマ市民すべてが治め、すべてが守るという都市国家精神の強く残っているころのことだ。紀元後一世紀となれば、それは求むべくもない。泰平の御代(みよ)には、ローマ人は一握りの治める者と無産市民大衆という治められる者に分かれてしまったからである。

ここでは、閑暇が、為政者にとって、一般市民に対する御機嫌とりに使われるのであった。そこにでてくるのが、いわゆる「パンとサーカス」言い換えれば「穀物の無料給付と見世物・催し物」である。市民は、ただそれを待ち設ける層に転落してしまう。

パン――ローマの町に住む人たちに、ただで穀物が支給されるのだ。サーカス――広くいって催し物であり、それはふつうの演劇から、戦車競走、剣闘士同士あるいは剣闘士と猛獣との格闘、模擬海戦にまで及んでいた。「パン」に対しては、もはや市民の自主・自立の精神はない。「見世物」、これまた然りである。とくに「見世物」においては、ローマ市民は演ずるのでなく、鍛えるのでもなく、ただひたすら見せてもらう者に転落している。一年の中、三分の一以上の日が祝祭日になったから、いや三世紀には一年の半分以上が休日であったから、週五日制どころの騒ぎではない。そのうえ、その祝祭日のほとんどの日にさまざまの催し物をただで楽しませてもらう。

しかも、この「見世物」たるや、首都ローマにとどまらず、ローマ帝国内の津々浦々の町で享受できたのである。剣闘士競技そのものの歴史は古く、しかも元来は宗教的な色彩を帯びたものであった。だが、あのコロッセウムのような特別な競技場のできたのは、そんなに昔のことではない。ローマ市でも紀元前一世紀にようやくつくられたのである。コロッセウム自体の建造は紀元後一世紀だった。しかし、このような円形の闘技場は帝国領内各地で無数につくられる。今は、ヨーロッパのどのような地方を旅しても、その廃墟に出会うことになる。

ただ一般には、スペインの闘牛とこの古代ローマの剣闘士対猛獣の格闘との間に、系譜的な関連はないといわれているようだ。もっとも、古代の円形闘技場が今日の闘牛場に化している例もないではない。

これまで、あまりにも泰平すぎる時代の生活をみてきたかもしれない。たしかに紀元後一、二世紀、ローマが地中海世界全体をおおう大帝国になりおおせた時代のローマの生活は、こんなものであったろう。だがしかし、ここに至るまで、尚武の民ローマ人には戦いの日々がつづいてきたのである。事実「もののふの道」を発揮できたからこそ、地中海世界の覇者になれたのであろう。「ひとは自分自身のためでなく、祖国のために生まれてきたのだ」として、政治家・軍人として国家のために奉仕するのを第一とみなして生きてきたのが、古えのローマ人であった。安逸の民は、その昔の日々をなつかしむ。そして、そこにしのびよってくるのがローマ没落感であった。

ローマは永遠である、という確信にかげりがさすのであった。もちろん、絶頂にあって没落をよみとり、民族の将来に思いを致すのは、まだまだ健全といえよう。それが、カルタゴを滅ぼした名将小スキピオの目に浮かんだ涙であった。紀元前二世紀のことである。だがしかし紀元後一、二世紀の逸楽の中に芽生える没落感はちがう。もうローマを待ち設けるのは死以外の何ものでもない、さればつかの間の生を楽しめ、ということになる。

しかし、今、私たちのはいり込んだ「ローマ」の運命は、一ローマにとどまるものだろうか。ここで思いは現代に立ちもどる。

よく現代社会の頽廃をローマ帝国のそれに、なぞらえる人がある。たしかにローマの穀物の無料給付は、社会福祉策の進展の一面かもしれない。またみずから演ずることなく目でみる楽しみ、つまり円形闘技場で剣闘士に拍手する姿は、その形を変えこそすれ、現代にもみられそうである。なによりも刹那享楽的な、安逸無為の生活態度が、現代社会に通ずるというのである。

このようにいうのは簡単である。しかし、われわれとしては、そこにむしろ国家から与えられるものはそのまま頂戴しながら、しぶとく生きてゆく一般市民大衆の強靭な胃袋、開き直りというものをも読みとるべきではなかろうか。もちろんローマは衰退し、没落し、滅びた。

しかし、没落し、滅びた古代ローマは、ただ教訓として今に生きているだけなのだろうか。いや、いくたびか、それはさまざまの形をとってよみがえったのである。

たしかに古代ローマは、ルネサンスにおいて、あるいは近代のイタリアの独立戦争において、イタリアの民族の中によみがえった。

ところで、文化的・政治的統一体としてのローマ不滅の理念は、イタリア人にとどまらず、ヨーロッパの人たちすべての中に根深く生きつづけた。それが、西ヨーロッパではカール大帝の西ローマ帝国再建であり、そしてまた一九世紀までつづいた神聖ローマ帝国なのである。一方、東ヨーロッパでは、ビザンティン帝国において第二のローマが花咲き、さらにロシアが第三のローマとして生きていたのである。また現在の西欧統合の理念も、その源はローマにまでさかのぼるという。このように古代ローマは、現代イタリア人の祖先であるとともに、またヨーロッパの人たちすべての祖先である。しかし、その場合、よみがえる、または生きつづけるのは、ローマの「生活」にとどまらず、彼らの政治的統一事業であろう。ここでは、その角度からは考えてみなかった。

（一九六七・一二）

付1 「ひま」のはなし

「ひまのはなし」をするほどに「ひまなはなし」はない、とひとに言われるかもしれない。しかし、それは古典古代の歴史を考える場合には、決してひまなことではないのである。というのは、ギリシア人があのような高度の文化を発展させ得た一つの理由として、彼らが自由な市民団を形成し、一般に比較的余裕のある生活を営み、その閑暇（ひま）を学問及び芸術に捧げることのできた点をあげるのは、すでに常識となっている。

要するに、あの輝かしい文化と「ひま」とが一応結びついているという具合に理解されているのである。ところで、ギリシアの社会とローマの社会とは、その構造が基本的には同じであるというのも、これまた常識といってよかろう。しかし、一体、ローマ人は閑暇をどのように考えていたのであろうか。また、この閑暇にどういう具合に対処したのであろうか。

実は、オティウム（otium）すなわち閑暇についての研究は、今までにかなりみられる。しかし、ここではそういったものを一々検討する余裕はないし、また私の関心のあるところ、あるいは考えたいことは、先学の人たちのそれとはいささか異なる。オティウムの語源は必ずしも明らかとはいいがたいが、オティウムには、㈠仕事から解放された状態、引退から生まれる状態→レジャー、㈡ひま、怠惰な生活、㈢なにか（特に文筆活動）をするための時間→レジャー、㈣レジャーから生みだされるもの、㈤休息、平和、といった意味がある。

ただ、それは本来的にはローマ人にとってネゴティウム「negotium←nec-otium」（仕事）に相対立するもの、すなわち「仕事のない状態」を意味したといえよう。もっとも、ネゴティウムには私的な（経済）活動――それは negotiator = 実業家、商人という語に発展する――という意味もあるが、ネゴティウム本来の意は文字通り「仕事」である。

しかも、このように仕事といっても、特にオティウムと対比される場合には、「公の仕事」すなわち「国家に関係のある仕事」を指すことが多い（ところで公務に当る表現は、一般にネゴティウムに形容詞「公の」がつくが。ネゴティウム・プブリクム→（複）ネゴティア・プブリカ）。したがってこの点を前面に出すならば、「国事」にたずさわっていない状態、たといどのようなことにかかわっていようと、それはローマ的な考え方では広くすべて閑暇（オティウム）なのである。

ここに、ローマ人のオティウムに対する根本的な姿勢、そういうのが大げさであるならば、一つの目があるといえよう。学問芸術にたずさわろうが、国事ではないという意味ではスポーツに興ずるのと同じなのである。なによりも上におかれるべきは、仕事（ネゴティウム）、もっと限定すれば公務（ネゴティア・プブリカ）に他ならず、そのような考え方、生き方がローマ人をローマ人たらしめていたのである。ローマ人を「政治人」というのも、ある意味ではこのような点からであるともいえよう。

たしかに、オティウムは閑暇、閑雅、という意味であるが、それだけにとどまらず、やはり公務以外の世界で「自ら」なにかをなすという要素も含まれていた。いや、そういった側面もあったのではなかろうか。つまり、それは創造的閑暇とでも名づけるべきであろう。具体的には文筆活動がそれである。

オティウムについて、もっとも多く発言しているローマ人の一人として、キケロが念頭に浮ぶ。彼は、もちろん、オティウムのもつポジティヴな役割、たとえば文学その他におけるそれを充分に知っており、そういった意味をこめた発言も随所にみられる。しかし、キケロはギリシア的教養を身につけているとはいえ、やはりギリシア人ではなくローマ人であった。閑暇のもつポジティヴな役割もさることながら、なんといっても「国事にたずさわること」、すなわちネゴティア〔・プブリカ〕を生きる中心にすえていたのである。したがって、あれ程文人としての活躍をみせた彼も、その文筆活動は国政にたずさわっている自分を越えるものではなかった。

キケロにあっても、生活の回転軸は「政治」にあった。それゆえに、閑暇にあって身を処すべき範として彼が大スキピオをあげるのも、スキピオが閑暇の状態においても思いを常に「政治＝公のこと」にはせていた、いやいつも政治に身を密着させていたからに他ならない。もちろん、時代も、政治状況も、また二人の境遇もちがう。スキピオのひまが、自分の意志でつくり出したもの、自ら求めて獲得したものであるのに、キケロのひまはたしかに政治にかかわる機会が失われたから生まれたものである。そういった条件の差があるにせよ、スキピオに寄せる思いは注目してよい。

ここに、キケロが、一種の政治的弁明の一文の中で国事にたずさわらなければならない政治家の究極の目標として、「品位・威厳を伴ったオティウム」という文句をすえているのを思い出す。なおディグニタスには、地位、高いポスト、身分という意味もあるし、閥族派の人たち、つまり最良のうからとして、ローマの伝統、古い秩序の護持に努めてきた人の目標として掲げられたものであることを指摘したい。

この句については、古来、様々の議論が闘わされてきた。ここでは、その点に立ちいることはできない。ただ、このディグニタスを政治的なものととろうが、また道徳的なものとみようが、そしてまた個人にかかわることとしようが、それとも国家に関連することとみなそうが、私たちの関心のフィルターをかけるならば、国家の平和（オティウムには平穏さ、平和という意味もある）と個人の閑雅とを関連させ、しかもこの句は、国家及び政治人の一個の理想として提示されているところが重要であり、そこには、ただ、引退して……というニュアンスは乏しく、むしろ政治的な活動の真只中において享受できる「オティウム」という思いがこめられているといえよう（もっとも、引退後のこととみる人もある）。

もちろん、こういった句が生まれなければならない政治的背景を考えることも重要であるが、ここでは、ただ政治に結びつく「ひま」、あるいは「ひま」の背後に、それを支えるもの、生みだすものとしての政治生活が厳として存在したことをよみとるべきではなかろうか。

このように、まずなによりも、オティウムが単純なる「ひま」ではなくして、たとえば文筆活動などのような「創造的閑暇」とも名づけられる性格をもつものであったこと、いやそれ以上に、政治に密着した身の処し方を第一とし、それに結びつくものとしてのオティウムを唱えるキケロのオティウム観を指摘したが、この二点から私たちはどのようなことを引き出せるであろうか。

結論を急ぐ前に、一つつけ加えたいことがある。それは「ギリシア人にはあまりにも閑暇が多すぎる。彼らは非生産的な書きものにふけっている」というキケロのギリシア人に対する批判・侮蔑の目である。もちろん、彼の対象とするギリシア人は古典期のそれではなく、いわゆるポリス崩壊期のギリシア人であったかもしれない。しかし、それはそれとして、私たちはここから一つの捉え方についての示唆をくみとることができる、と言ってはいいすぎであろうか。その示唆とは、ローマ人が、いやその一典型としてのキケロが「ひま」をギリシア人ほど重要視しなかったということは、ローマ人がギリシア人ほどに独創的な文化を生み得なかったことと、どこかで連なるのではなかろうか、ということである。

やはり独創的な文化は、充分すぎるほどに「ひま」を尊重する根本姿勢から生まれるのではなかろうか。もちろん、このように言うにはなお幾段階かの操作が必要であろう。たとえば、右の文章だけに限っても「役にたたないもの」という捉え方は、水道などの大土木工事と「ギリシア人の役にたたない諸作品」とを対比する帝政期の視点（フロンティヌス）にも通ずるローマ人の現実主義・実用主義に支えられたものというべきであるし、また今簡単に独創的文化と記したが、他ならぬその独創の性格を究明しなければならないからである。

ともかく、「ひま」に対するローマ人の根本的な姿勢は、共和政末期の人キケロの示すところではやはり「政治人」のそれであり、哲学的な思索や文筆活動であろうと、またなんであろうと、「ひま」を「創造的閑暇」とする限りではギリシア人と相通ずる面があったといえるが、その積極的評価づけの点で両者にかなりの差があったような気がしてならない。今までキケロを軸に考えてきたが、時代が下ればどうなるであろうか。

実は、この「創造的閑暇」がしだいにたんなる「閑暇無為」へと転じてゆくところに、古典古代的な生き方の崩壊の方向を認めることができるのではなかろうか。

（一九六四・九）

付2 ローマ人と死

一

ローマ人の死生観を示すものとして、よく次のような話が例にひかれる。骸骨を傍らにおいて酒を飲んだとか、酒杯に「今日の日を楽しめ、明日の日は定かならねば」という文句や、あるいは骸骨の模様が刻まれていた、というのである。饗宴の席に骸骨を持ち込むというのは、エジプト人の風習であり、元来、お客との間の「友情と愛情」を高めるものであったのに、ローマの貴族たちにおいては、それも、やがては死ぬ身、息のあるうちに歓楽の限りを尽そうということになったのである、と解されている。まさに、現実主義者、現世享楽的なローマ人の一側面を物語るものといえよう。

実は、墓には普通「土が汝の上に軽からんことを」と刻んだのであるが、

「人間は生きているうちが花、死んでしまえばそれまでだ」

「我々もいつかは死すべきもの、決して不滅ではない」

「このいのちが終れば、すべては無に帰す」

あるいは、

「魂なんていっても、死とともに消滅する」

というような、一見、来世あるいは永生の否定ともよみとれる言辞が、名も知られざる人の墓碑銘などによって今に伝えられている。基調音は、一見ペシミスティックであるが、むしろ我々としては死に対する開き直りというものに打たれる。

しかし彼らは、それほど割り切っていたのであろうか。

もちろん、彼らとて決して死に無関心あるいは超越的であったわけではない。どうしても否定しきれないものとしての来世を思うのも当然であった。その上での、右のような死に対する一種の開き直りであったのではあるまいか。

二

ところで、普通、死者は地下＝墓所に納まったまま、冥界の死者＝亡霊として地下の世界で生きつづけると信じられていた。しかし、生前の行ないによって天に赴くこともできる、という見方もあり、更には、あの世は天空にあるとか、あるいは月の世界にある、と信じた人もあれば、また大洋の彼方に至福の島が浮んでいる、と思っていた人もあるようである。ところで、どのように信じようが、来世を待つ思いそのものは、ローマ人にあっては元来さほど暗いものではなく、案外楽天的なものであった。

もちろん死を悼み、歎く声は聞えてくる。とりわけ突然の死や子どもの死に対しては、神と運命にむかっての呪詛の声が響いてくる。それは、それとして受けとめねばなるまい。しかし、そこにも、——呪詛においてすら——死に対するローマ人の現実主義的側面をよみとることができるのではなかろうか。死をこの世の苦悩からの肉体的・精神的解放とみなし、「いくら涙しても致し方ない。運命を変えることはできない」、あるいは「…死せる息子のため嘆くなかれ」「お母さん、悲しまないで下さい…これも運命なのです」という文句を墓に刻むことになる。

「死んだ人に物を供えても致し方ないではないか」という発言——ひとはこれをエピクロス派の考えあるいは声であるというが、むしろ先に述べた流れの中にすえたい——がある一方、現実にはお供えが山と捧げられ、贅美を尽した墓のつくりやその装飾がみられる。また、死後の世界で故人に奉仕するものとしての副葬品の数々は、彼らに「家にいる」かのように思わせるためであった、という。これは、一見大きな矛盾である。

しかし、前者はまことに大らかな、現実主義の立場を示すものであり、一方、後者はエトルリア人の場合と同じような、死後の生の営みとか死者と生者との交わりという彼らの思いを具体化したものといえよう。死者の友人や近親たちが、年中、とりわけ死者の誕生日や死者の年祭の日には、墓所で食事をすることによって故人をしのぶのである。そのためには台所までついている墓所すらあった。「神人共食」といえるかどうかはともかくとしても、死者との交わりを示すものといえよう。

もちろん、ラテン文学の主モティーフとして「死は眠りである」という発想があり、墓所には、永遠の青春を象徴するものとしてのバラが飾られ、墓の壁やヴォルト（アーチ型天井、穹窿）にバラが描かれる。

ところで、まさに、

「死は消滅ではなく、生きている場所の移動・変化である」

「死ぬのは、ただ身体だけだ」

という表現も、右のような死に対するローマ人本来の大らかな姿勢をふまえた上でのもの、というべきであろう。

たしかに、ローマの伝統的な宗教は、死後の裁きとか魂の救済といったようなものを内に秘めた永生の問題を取り扱っていなかった。しかし、彼らといえども、襲いくる死の恐怖に対してあくまでも楽天的で、無関心といった姿勢を貫くわけにもいかなかったのであろう。

それに対応する一つの道として、次のような生き方が示される。死を肉体と魂との分離と考え、死はもとのものに帰ること、故郷への復帰ととらえ、そこで、死は自然の営みであるからおだやかな心でそれを受けとめねばならないとして、死の準備のための、この現世における正しい生活をまず考えたのである。これこそ、まさしくストアの教説を支えとする生き方であり、また、死への対応の仕方であるといえよう。

今一つの道は、密儀信仰の神秘的な儀式に加わることであった。入信の儀式は、神と経験を分け合うこと、すなわち死を越えて未来の生命にと拡がってゆくものとの霊的な交わりを意味したが、密儀信仰そのものは、ヘレニズム世界や東方世界からのものが多かった。たとえば、狂躁的なディオニュソス信仰が、そのよい例であろう。この二つの道といえども、決して暗い、しめったものではなく、楽天的な思いに支えられたものであった。

ところで、ローマ人とりわけ教養人の死生観を培ってゆくストアの教説といっても、カエサルの独裁に抗して、北アフリカのウティカで自刃して果てた小カトー（ストアは自殺を否定していない）、つまり共和政末期にストアの理念に殉じた人物と、一方とき下って、帝政期のストアの哲人、たとえば皇帝マルクス・アウレリウスの場合、両者に差はなかったであろうか。心の平静さを失わず、短剣を胸の下に突き立てて自らの命を絶った小カトーには、こと成らずといえども、晴朗な天空の下で、神の心、宇宙の秩序との合致を信じ通したい、という思いがよみとれるが、次第にローマ人の心の底にペシミスティックな諦念が定着してゆく。「ローマの永遠性」を信じる気持にもかげがさしてくるのであった。

結局、世のすべては移ろいゆき、死は一歩一歩迫りきて、やがては自己も空に帰す、と観ぜざるをえなかった哲人皇帝マルクス・アウレリウス——もう世も暗く、哲人の心も重かったのである。ただ、自然の秩序は不変であるという信念に支えられ、運命に身を委ねてゆく、という点に変りはなかったとしても。

三

ときの流れとともに色合いを変えつつも、このような、ストア思想を拠りどころとしたローマ人の死に対する姿勢や思いが貫流してゆく一方で、その底にあるものとして、はるかに古く大カトーにまつわる逸話を想起する。プルタークの伝える話である。彼は、一生に三回後悔したことがある、という。そのうちの一度とは、遺言なしで一日すごしてしまったときのことである、と。ローマでは、遺言はなによりも、相続、ローマ人の言葉によれば家名・家産・家の祭祀の相続であるが、それにかかわることであった。

死後の現実への、我々の及びもつかないほどに異常な配慮、これこそ魂の問題よりローマ人をずっと強くとらえてはなさなかったことではあるまいか。そしてまた、そういった配慮を受けとめ、「父祖の遺風」を尊重してゆく子孫の心づかい、具体的には葬儀を大々的に挙行し、生前の栄誉を示す印をつけた「祖先の像」を家の広間に飾ることなどを想起すれば、まさしく興隆期から最盛期のローマ(私は、大カトーの頃、つまり共和政中期ローマを最盛期とみなしている)の人たちにとっての、とりわけ国政にたずさわった人たちにとっての「死」は、一個人の問題ではなく、家の問題、ひいては国家の問題であり、しかもそれは単なる理念上のことではなく極めて具体的・現実的なことだったとみることができよう。そういった点でも、まさに現実主義者ローマ人だったといえよう。

実は、この姿勢は、ヘレニズム思想、すなわちストアやエピクロスの教説の影響（ここでは、エピクロスの教説の影響という具合には述べなかったが、前の方のペシミスティックな匂いから一種開き直り的なオプティミスティックなものにと展開してゆく墓碑銘に、そのかげがみられるともいえようか）の深さ如何を問わず、一貫したものであった。

死、つまり祖先崇拝に凝集される個人・家・国家の結びつき、そういったものがローマを大ならしめたということをいちはやく見抜いたのが、興隆期いや最盛期のローマ世界に投げ込まれたギリシア人の歴史家ポリュビオスだったのである。

「祖国のために死するは、誇りなり」という具合に高らかに叫びえたのも、「祖国のために尽した人の死後に行く先に、天界の定まった場所を予定し、そこでこの人たちが至福者として永生を享ける」ことを信じて疑わなかったからであろうか。もちろん、これはストアの衣に包まれた表現ではあるが、その底には、真にローマ的なもの、家を媒介とした国家と個人の死との結びつきについてのゆるがない確信がある。

「第一に祖国のこと、第二に両親のこと、第三に自分のこと」というように、死が一個人の問題にとどまらず、家及び国家の問題と素直に結びついていた。それが、ローマの支配及びローマの名の永遠性の確信ともなっていたのである。それは一にぎりの人たち、元老院議員とか新貴族（ノビレス）たちの思いであったかもしれないが、実はそのような人たちが、ローマをひっぱっていたのでもあった。ところが、次第にこの三者、個人と家と国家の、他ならぬ死を軸とする結びつきが弱まり、消えてゆく。それがある点ではローマの衰退のはじまりであったということもできよう。

ローマの永遠をなんとか信じたいが、「ローマにとって、あとにくるのは死以外のなにものでもない」というほろにがい思い、末期感が、次第に人の心の底に澱りのように沈んでゆくのであった。これはまた、ストア思想・ストア的生き方を軸としても、死への思いや死に対する姿勢が、小カトーからマルクス・アウレリウスへと微妙に変ってゆくこと、そのこととも照応するのではなかろうか。

（一九七六・一二）

巨大都市ローマの表と裏——古代ローマ散策——

ときは一世紀、春の昼さがり。ヤニクルムの丘、いまのヴァティカンの南にあたる高みに登る。眼下のティベル川を舟が飛ぶように流れてゆく。川の彼方に目をやる。世界の主たる七つの丘、ローマの町が横たわっているのだ。大理石張りの神殿や公共建築物、赤煉瓦の家々がひしめきあっている。川を渡ってくる風が快い。町のどよめきも、ここまでは伝わってこない。水夫の楫(かじ)とる合図も、船頭の叫び声も、まどろみをかき乱す程のものではない。町から外に延びてゆく街道には、楽しそうに馬車に揺られてゆく人の姿もみえる。その車の音もここまでは届かない。

詩人マルティアリスは、友人の山荘に迎えいれられ、木陰にやすらっているのだ。「永遠のローマ」と詠じたのは、アウグストゥス時代の詩人ティブルルスであった。しばらくの間、ローマ帝政初期の人たちと一緒にローマの町を歩いてみよう。

フォルム・ロマヌムで

丘を下りて町にはいる。道はうねうねしている。建物の高さを二〇メートルに定めたアウグストゥスの制限令を越えていそうな高い家々は、一階高くなるごとに前にせりだしている。頭の上になにが落ちてくるか分ったものではない。脚にぶっつかるのは、犬だろうか、豚だろうか。左右均斉、図表的な単純さといった都市プランを好んだローマ人にとって、このローマの町の無秩序さは例外的といえよう。

町の中心は、フォルム・ロマヌム(ローマ広場)である。なんたる人の流れか。公共建築物の林立する間を、正装した役人が通る。トゥニカ(下衣)だけの人も泳いでいる。髪の黒い人、金髪の人、頭を剃った人、目の青い人や黒い人、輿に乗った人も通る。ギリシア語や、わけの分らぬ言葉もとびかう。町の中心は、またローマ帝国の中心でもある。東方オロンテスの流れはティベルに通じていた、といえよう。

実は、このローマ広場にも歴史があったのだ。むかしは、低い湿地帯であったが、大下水溝を設けることによって、ティベルへの排水も行われ、周辺の丘に住んでいた人が、市(いち)を開くため、ここに集まってきた。そのようにして、フォルムはまず取引の場所として発展することになった。また、ここに来るたびに新しい情報が手にはいる。政治的談義も行われる。道も舗装され、神殿、商店、両替・金貸の店、取引場も設けられてゆく。

共和政期の喜劇作家プラウトゥスは言う。「偽証する奴に会いたいなら、会議場(コミティウム)にいったらよかろう。うそつき、ほら吹きなどなら、禊(みそ)ぎのウェヌスのおやしろにいってごらん。放蕩者で妻帯した金持ちなら、バシリカ(取引場)でお探しになるのがよかろう。そこには、年頃の町の女や、女たちと交渉している男どももいるし、魚市場には、どんちゃん騒ぎの大好きなお方もおられる」(鈴木一郎氏訳)と。

しかし、広場の様相は次第に変ってきた。カエサル時代からは、市場としての性格は薄れてゆく。公共建築物が建てられてきたのである。そして、一世紀のこの雑沓だ。フォルムの雑沓が頂点に達するのは、第五時から第六・第七時、つまり今の十一時頃以降である。そして第八時、今の二時頃に役人の仕事が終ると、人の出はふえるばかりだ。政治演説をする人もいれば、詩を朗読する男もいる。法廷弁論を練習する声、金貸のテーブルに響く貨幣の音も聞えてくる。

ここでフォルムを彩る二つの型の行列に出会う。一つは将軍の凱旋式の行列だ。軍神マルスの原からフォルムを通って、ユピテル神に犠牲を捧げるためカピトルの丘にむかうのであった。実はウェスパシアヌス帝（在位七〇―七九）まで三二〇回の凱旋式を、ローマ市民は目にしたのである。見物人の桟敷が設けられる。四輪の馬車の上の将軍の衣裳は、紫色で、黄金色の縁取りがあり、月桂樹の冠をつけている。勝利の記録を記した大きな板――あのカエサルの「来た、見た、勝った」という句も、この板の上にみられたのである――、白衣裳の犠牲獣、捕虜、戦利品とつづく。群衆は、将軍にからかいの文句を投げかける。神々の妬みを和らげるためのものだ。

人の目をひく行列には、公職にあった人、高貴な人の葬送行列もある。貧乏人や子供の埋葬は夜ひっそり行われるが、貴顕の士の場合はそうはいかない。フォルムを練って埋葬の行列が行われるのである。

一体、どんな職にあった人が亡くなったのか。先触れ、フルート・ホルン吹き、泣き女、父祖の肖像（マスク）まで持ち出される。生者のみならず、父祖すべてが葬送行列に加わっているのだ。彼らは下界から死者を連れにきているのである。父祖のマスクをつけるのは俳優であり、身分や地位に応じた衣裳、栄誉の印もつける。死者は、公衆によくみえるようにと台の上におかれ、父祖の像のあとにつづく。その前に、黒衣、ファスケスを持った先導吏（リクトル）、あとに喪服の家族が歩む。あれこれと指図する人の声、好奇心から群がってきた見物人のどよめき、肉親の歎きの声、ホルンの音、なんたる騒々しさか。「死者にも聞えるほどだ」とか、「ローマで最もうるさい見世物」というのも、無理からぬところだ。

やがて行列も歩みをとめ、遺体の台は演台（ロストラ）の前におかれ、父祖の像（＝肖像をつけた人物）はそのまわり、高官の席につく。従者は環をつくる。息子あるいは死者に最も近い親族が演台にのぼり、群衆にむかって「追悼演説」を行なう。華々しくも、厳かなひとときだ。

フォルムのそとに

フォルムの外に出てみよう。フォルムから店舗が閉め出されて多くの大きな市場ができ、繁華街・盛り場が移動してゆくばかりか、ローマの拡大とともにフォルム自体の数もふえてゆく。

各方向に伸びてゆく店舗の線の一つが、ウェラブルム地区の盛り場となる。ここはローマの胃袋といってよかろう。酒、チーズ、油、パンなんでも手にはいるし、大金融街をも構成する。

もう一方に伸びると、本屋と靴屋の並ぶ通りが、スブラ地区の雑沓につらなる。この地区の入口には女床屋が座っている。金具屋や漂布業者、食料品屋も軒を連ねる。卵、鶏肉、野菜、果物、酒すべてが驚くほど安い。買物客には、身分の卑しい連中、奴隷も多い。とっくみ合いをしている若者もいる。ひとはロンドンのソーホーというが、東京なら何処に当るか。あのカエサルも、若かりし頃この地区に住んでいたのである。またここは罪人の鞭打たれる場所であるばかりか、「スブラの真中に座っているような、あまり評判の良くない女の子を、競売人がついこのあいだ売りに出した」とマルティアリスも言うように、この地区に接して娼婦もたむろしている。

店を構える人だけではない。「壊れたガラスみたいなもの」や「古靴」を売買したり、下衣だけの香具師(やし)は、がらくたものをせり売りしている。へビ使いもいる。ソーセージを売る屋台、豆好きのローマ人のためよく煮た豆粥を売りさばく人、流しの歌よみ、踊り手など、喧噪・混乱の渦である。

一方それにひきかえ、高級品店の軒を連ねる地区もある。マルスの原に近い、サエプタ(投票場)のあたりである。ローマに集まる贅沢品、高価な奴隷が、ここで買い求められる。「水晶色の紫の衣を着てぶらぶら歩きするお方」や、輿にゆられた紳士、貴婦人の姿も目にはいる。

緑なすマルスの原の広々した辺りで、ようやく一息つくことができる。柱廊、劇場、大浴場、聖廟などの壮麗な建物の散在するなか、若者がスポーツにはげんでいる。槍投げ、円盤投げ、ボクシング、レスリングと汗を流しては、ティベル川に跳び込む。しかし、この辺りにも次第に高層賃貸アパートの波は押し寄せてくる。

ティベルの河岸には倉庫が立ち並び、港湾労働者や仲仕の荒っぽい叫び声がとびかう。橋の上には乞食がたむろする。もっともローマ人はティベルの橋をなかなか増やさなかった。河のむこう岸は別世界とされ、ユダヤ人や下層民の住むところ、なめし皮屋もこのあたりには多い。行商人もこの界隈をうろつく。しかし、高台にかけては高級別荘地帯となる。

貧乏人のアヴェンティン、金持ちのパラティンというように、地域毎に色分けもできるが、それも時代とともに薄れてくる。

戸口や柱に花環、ミルテや月桂樹などの常緑樹の葉、色リボンがかけられ、玄関に敷物のしかれている住居がある。結婚式の行われる家であろう。入口に松や糸杉の枝のおかれている邸宅もある。不幸のあった家であろう。四辻には小さな祠(ほこら)がたっている。その地区の守護神が祀(まつ)られているのだ。

すべての道に名前や番号がついているわけではないが、道路の名称も一四〇位分っている。そのうちの一六が共和政期からのものである。ガラス吹き、靴屋、金貸など職業名のついた通りが最も多い。しかし、住居には番号表示がない。従って家を探すのはなかなかむつかしい。目印として示されるのは、神殿や公共建築物、それに大樹などである。たとえば「床屋通りのフローラ神殿のそば」という具合である。大樹といえば、街路樹はともかく、樹木も決して乏しくない。

フォルム・ロマヌムにもオリーヴやブドウ、イチジクの樹が象徴的にたっており、カエサルのフォルム傍らの大きな蓮は、雑踏の中、馥郁たる香りを漂わせていた。またローマの始まりまで遡るという糸杉をはじめ聖樹や大木にもこと欠かない。葉ずれさやかな丘もまだある。混沌たる中にあっても、田園の民であったローマ人の心を、とりわけ別荘を持てない輩の心を町の緑が和らげてくれるのであった。

日没とともに、日中は禁止されていた荷車の通行がはじまる。祭りの日、凱旋式、公式の競技日、建物の修復以外のときは、日中の車の通行は認められなかったのである。今は、食料品や塩を満載した車がはしりだす。昼間は城門のところに留めおかれた駅馬車も、町中を疾駆する。松明持ちの奴隷が、馬の前に立って、道を照らす。

夜は公の照明らしいものはない。道ゆく人は、すべて、明かりを持った従者——奴隷であろう――を必要とした。玄関のところで、人待ち顔で明かり持ちが立っている。家の中では宴席が設けられているのであろうか。

斧や桶をもって巡回する夜警兼消防掛にも出会う。不審な奴をひっとらえる役もするのである。警備の人が見廻っても、暗くて不用心であることには変りない。酔漢や、ならず者が、夜っぴてうろついている。それればかりでない。頭に何が落ちてくるか分らないのだ。昼間でもそうなのだから、暗闇に乗じて、がらくた、塵芥、汚物を窓から道に投げ棄てるのも当り前であろう。こういったことに対して、政府がとくに取締令を出したとも思えない。もちろん「液体もしくは固体を窓から投下することで通行人に与えた危害は、その建物の全居住者に責任がある」という取決めが出たり、「市民が、なんの心配も危険もなく散歩できるようにするのが、政府の仕事である」という法学者の見解（法規定）もあることはある。しかし、そういう取決めで充分というわけにはいかない。ものが当って死んでも、相続人はほんの僅かの賠償金しかもらえなかった。

特別なお祭りのとき、特定の場所では、大々的に照明の設備ができた。夜でも狩猟競技や剣闘士競技の行われることさえあった。全ローマを照らそうとした皇帝もいる。しかし、それは例外というべきで、夜は暗闇、特に理由のない限りひとは家にいた。

ただ騒音のため、「眠るというのが、なかなか高価につくのだ」、「平和な眠りは金持ちの特権だ」、という声さえ聞えてくる。

都市の行政――水と火と

必ずしも住み良いとはいえない大都市ローマのため、為政者もさまざまな手を講じる。「パンとサーカス」とは、人心収攬策としてあまりにも有名な表現である。つまり「穀物の無料給付と見世物・催し物」である。しかし、今日は、もっと地道な〝水と火〟に関してローマの町がどうであったかをみてゆきたい。ローマ人は現実主義者である。混沌たる町にも、それなりの秩序が保たれていたといえよう。

火といえば、絶やしてはならぬ、かまどの女神ウェスタの聖火、ローマの永遠性を象徴するこの火を護持する斎女のことがすぐに思い浮ぶが、火事に対しては、無秩序に拡がった町、油のランプ、燃え易い建物といった点、古くからローマは大火に見舞われることが多かった。しかも一度火災が発生すると、手がつけられない。すぐ焼野原だ。ところが、火事に対する方策は皆無に等しかった。海上物資には保険がかけられたのに、家には火災に対しても保険はかけられない。その上、狭いローマ、ふえる人口、土地の価格が上昇すれば、安普請の高層アパートがどんどんつくられる。それにも拘らず、常設の消防隊は生まれなかった。一応、前三世紀以降、志願者によって警察兼消防ができ、夜、町を見廻りはしている。しかし、それがどれだけの働きを示したか。

第一回三頭政治家の一人、クラッススが自分の奴隷から消防隊をつくったのは、大儲けをするためであった。火事があると、現場にかけつけて、焼けつつある家や類焼しそうな家、それに土地を買い叩く、そのための消防隊だったのである。次いでアウグストゥスの登場とともに、ある一人の人物が、やはり自分の奴隷から一応民衆のためにと消防隊をつくりあげたが、それも消滅する。結局、皇帝の下、ようやくはじめて、七千人の解放奴隷から成る恒常的な、七個大隊の夜警隊（消防も担当する）が生まれ、ローマの十四の地区に配置される。なんと長い前史であろう。

夜警隊は市内の各所に分駐して町を巡回し、治安と火の番に当るのである。ここで一応形は整った。町の七百カ所に消火栓が設けられたばかりか、家々には水をいれた桶が据えつけられる。つるはし、手斧、棍棒も防火用具である。各部隊には四人の医者も配属されている。しかし、手押しポンプや濡れた毛布で装備された消防・夜警隊が、どれだけ消火の役を果したかは問題であろう。もっとも、この夜警隊は、消防と夜警の二つの仕事を一手に引き受けたため、その役割と発言権は極めて大きなものとなった。共和政期には存在しなかったいわゆる都市警察的な秩序維持機関でもあるとすれば、この部隊が、そのままで皇帝権力の支柱としていかに役立ったかは明らかであろう。

夜警隊は、本来的にはローマの正規軍団には数えられていなかったが、隊員の社会的な地位の向上にともない、とくに自由人生まれの者までこれにはいることによって、隊員の俸給も普通の正規軍兵士より高くなり、三世紀以降はローマの軍団兵と同一視される。紀元後二四年の法では六カ年、更には三カ年勤務するとローマ市民権が与えられる。主に騎士身分から成る夜警長官及び夜警隊員は、火災から家々を守るために防火用水を点検したり、火事の原因を調査して一種の裁判官的な役割をも果す。押込み、盗み、隠匿なども裁く。もちろん、彼らだけで市の治安に当ったわけではなく、イタリア生まれのローマ市民から成る市警大隊も設けられてはいる。

水に関しては、上水道と下水溝の整備を挙げることができる。

ローマの人は、古くはティベル川及び井戸、泉からの水を使用していたが、彼らが上水道の整備に乗り出すのはきわめてはやい。すでに前四世紀に、長さ一六・五五キロの水路、アッピア水道が建設されている。その後も第二、第三の水路が造られる。

河または泉から取り入れられた水は、貯水池↓水路↓市の貯水池、それから三つの水路（↓水槽）にと分かれる。その間、ところによっては延々とつづく水道橋を設ける。

三つに分かれる水路の一つは、皇帝用（皇帝の所領・建物など）に充当され、全給水量の二四・四四パーセント、今一つは個々人（主に貴顕の士）の家に、全給水量の四四・一七パーセント、第三が噴水とか貯水池その他の公用に供給される公共用水で、三一・三九パーセントにあたる（これは『ローマの水道について』という本を物した一世紀の人、フロンティヌスの主張をふまえたオーストリアの学者の整理であり、水路全体を考えた上での、つまり町にはいる前に郊外ですでに給水されることをふまえた上でのものであるが、筆者の百分率は誤っており、私が訂正した。なおフロンティヌス自身の百分率は、ローマの町の中だけに限定して考えたものに則っているため、皇帝用一七・一パーセント、個人用三八・六パーセント、公共用水四四・三パーセントになっている。『建築書』の著者、前一～後一世紀の人、ウィトルウィウスは、①貯水池や噴水用、②公衆浴場用、③私人用と三つに分けている）。

水道管は鉛管、陶器製、さらには土を削った形の管というより土の水路から成るが、安価で修理が容易であること、また害にならず、健康によいという理由で、鉛製より陶器製の管がすすめられている。鉛害を知っていたからとみられる。しかし、現実には、どうも一般には鉛管が用いられていたようである。

水道は、本来が、そして原理的には、公の用にあてるためのものであった。ところが個人用にふりむける量がしだいに増えてくると共に、さまざまの規定がそれに絡んで生まれてくる。

個人住宅用の水道に関しての規制はなかなか厳しい。まずそれは決まった口から引かねばならず、その開口部に取りつけられるべき管の寸法が定められ、役所のスタンプがおされる。また各家屋への引込管の長さも口径も厳しく定められる。このようにして、水の供給量は、一日、四二〇リットルと決められていた。

こうなると、高層賃貸アパートの住民には水はなかなか供給されない。そこで、この連中は、手桶で公の泉に自分で水を汲みにゆき、汗水たらして上の階に運びあげねばならず、それが厭ならば、水運搬人夫の手を借りなければならない。

人夫は、ふつうは奴隷、ときには解放奴隷から成る。水桶をかついで、町中歩きまわり、安い料金で泉から住居に水を運んでくれるこの連中は、いろいろな家に出入りするので、話題も豊富であり、一種の情報屋になっていた。

しかし、どのような形をとるにせよ、ローマの町の人は、他のどこと比較しても、いかなる近代都市の住民と比べても、遜色ない位、水は潤沢に供給されていたというべきであろう。

四百キロ以上の長さの水道が、日に、百八万立方メートルの水を供給していたのである。大理石や青銅の浮彫や彫像で飾られた噴泉が人の目を楽しませる。アウグストゥスの片腕だったアグリッパ一人で、三百の大理石や青銅の像、四百の大理石の円柱で、公共の噴泉や池を飾っている程である。

ただ一般民衆、とりわけ二階以上のアパートに住んでいた連中が、充分にそしてスムースに恩恵に浴したかは問題であろう。

泉（噴水）や貯水池、いや水道そのものを常に清浄に保つ仕事が、当然必要とされる。そこで水道長官が任命されて、水道に関係のある一切の仕事が託される。

アウグストゥス帝のときに水は無料で供給されたが、そのようにしつづけるわけにもいかなかった。水路・水道管の保全には多額の費用を要したからである。そこで、自己の所領に、ローマへの水路を通させる市外の土地所有者に対して、水路を清潔に保つ義務を負わせた。

彼らには、その代償として、所領に直接、水を引くことが許された。水路の保全についての規定としては、水路自体を毀損しないことと、その両側一定幅の土地には植物をうえたり、建物をたてたりしてはならない、という二点の取決めがみられる。とくに水路を欠損したり、水を汚濁した者には、すでに共和政期から厳しい罰金刑が下された。なお、勝訴した告発者には、その額の半分が与えられたという。

しかし、個人が水道をその家に引くというのは、現実には必ずしも容易ではなく、個人の家の水道使用許可もしだいにむつかしくなり、規定も厳しくなる。家の所有者が死ぬと、即日、水道使用の権利がなくなる。使用許可は人間に対して下されているのであって、土地あるいは家についているのではなかったからである。相続人あるいは新しい家主が、使用許可を更新しなければならない。人口がふえると、使用の要求も増し、使用量もふえる。政府当局としてもさまざまな規制を加えてゆく。もっとも、貴顕の士の家の水道は、そう簡単には大公衆浴場や噴泉の犠牲にはならないが、政策の展開に対してはしだいに安閑としてもおられなくなる。

その住居まで水のひかれていない下層市民、特に高層アパート住民のことを含みにいれた上でのことならば、「なんの役にもたたない、ピラミッドより、水道がいかに有用であるか」という発言も、一応耳にとめておいてよいのではなかろうか。

最後に下水について一言触れておこう。その歴史は古く、すでに王政時代に造られたという大下水溝（クロアカ・マクシマ）は、とくにフォルムの排水を行なった。ところで、幹線となったこの大下水溝へと連なる網目状の下水溝が造られてゆくが、そこには、雨水を流すこととともに共同便所の排水の問題があった。便所は大理石張り、町の各所、道路や広場に設けられ、水で清掃され、男女共用である。

高層の賃貸アパートには、汚水管も便所もない。彼らには、下水溝の恩恵も直接には及んでいないのである。道路の公衆便所にかけこまざるをえないし、夜間用のおまるの中身は、朝、塵芥とともに外の大きな箱に捨てられる。夜陰に乗じて、中身を道路にぶちまけるけしからぬ輩も多く、一騒動起るのも必定であった。

なんといっても、各家の排水管が（といっても高層住宅の場合は一階のそれに限られる）直接町の下水溝に結びつけられるかどうかが、住民の最大の関心事であったが、それは特に法的な取決めや規定で義務づけられたわけではない。

穴を掘ってそこに汚物・汚水を貯める、ということも当然あり得たし、それを汲み取り、肥料として売る連中も登場している。

しかしそれでも、汚水は、雨水とともにほぼ下水溝を通ってティベル川に流されてゆく。汚物も川に、そして大海へと運ばれてゆくのである。

「大下水溝は、記録に残る土木工事のうちで最も安いものの一つ」というマンフォードの言葉を一応認めるにしても、果してどれだけ衛生・健康というものを考えた上での構造物であったのか、あるいは高層アパートの住民、つまり大多数のローマの町の人たちにとってどうであったのか等々、とりわけ民生面に限っても、上水道の問題と同じように、排水のこともバラ色に描くのはゆきすぎであろう。（一九八二・一二）

付 ローマの水道

なにもここでローマの水道についてのこまかい議論をくりひろげるつもりはない。私は、今は水道をめぐる法的な諸問題に関心をもっているのであるが、ここではただ、鉛害とローマの水道についての最近の研究の一、二を紹介することによって、前の文章を補いたいだけなのである。

ローマの町の七本の主要な水道＝導水路――水路自体は勿論もっと沢山ある――を検討すると、総延長の一二パーセントだけが地上を、そして導管の残りの部分が地表面下、つまり地中を引かれていることが分る。とすれば、水道管としては、三つの型の中、主に鉛管か陶器＝土管が使われるわけである。

ところで、ローマ人が、鉛毒――鉛害についての知識を充分に持ち合わせていたことはたしかである。ウィトルウィウスもはっきり言っている。

「もし、われわれが、水が衛生的であってほしいと望むならば、水はできるだけ鉛管で導かれない方がよいと思われる」（森田慶一氏訳）

そこでウィトルウィウスは、鉛管よりも陶器管を勧めるが、なによりもそれは今記した鉛害という点を第一の理由とし、工事をする人、またその水を飲む人双方のためであるとする。第二には工事の容易さ（型の造り易さ、接続部分がパテで封じられること、あるいはパイプの接続のたやすさがあるという）と耐久性の点、第三に経済性をあげている。

しかし、鉛毒――鉛害が知られていたにもかかわらず、ローマの水道には、とくに個々の住宅及び噴泉と町の近くの給水塔との間の導水路、すなわち最末端の水路〔やサイフォン〕には普通、鉛管が使われていたようであり、鉛管はこのように広く用いられた。いや用いられざるをえなかったことはたしかである。その点、陶器管の有利さを説く根拠としての右の第二、第三の理由にも、逆に地理的条件や古代の技術水準などをふまえた異論がないわけでもない。たとえば、工事は技術的に鉛の方が容易であるとか、地中の場合、上からの重力、あるいは管内部の圧力ということも考えるべきだというのであるが、今はこの問題には立ち入らない。ここでは、本当に鉛害というのはなかったのであろうかという点だけを考えてみよう。

この問題に関しては、最近の研究によれば、ローマの水道の鉛管が必ずしもその水の利用者に害をもたらしたとはいえないというのである。それは、第一に「流れ」の問題、つまり水が導管の中を常に流れているかどうかということ、第二に水質、つまり軟水であるのか硬水であるのかという問題にかかわるという。この二点の指摘自体は、必ずしも目新しいことではない。ただ、二、三以上のことに深く関連する問題が残っているのである。すくなくともローマの水道は、昼夜の別なく導管の中を流れていたとみられる。このことが、鉛害を少なくしたのであるという。この点に関しても、まだまだ検討してみなければならないことがいくつか残っている。それは、なんの力で水をローマの町に導くことができたか、サイフォンは用いられたのかどうかという問題もからまってくるし、更には蛇口の存在の有無もまた大いに問題となるであろう。

前者に関しては、ローマの水道にサイフォンが用いられたという事例は殆どなく（一例だけともいわれる。因みにサイフォンには専ら鉛が使用される）、高圧という考え方もなく重力による導水が行われたというにとどめておこう。これは、鉛が用いられたかどうかという点に関連し、その限りでは問題となるが、直接は鉛害に結びつかないからである。

ここで問題は蛇口の存在ということになる。われわれの常識では、蛇口は通常は閉められており、水を使うときにのみ開けるのである。閉めてあるということは、水の流れをストップさせていることに他ならない。となると、考古学的な発掘の結果、沢山出土しているといわれる蛇口の存在そのものが、「絶えず流れる水」と矛盾するのではなかろうか。カナダの一論者によれば、出土品はわれわれが普通言う蛇口ではなく、「ストップ・コック」（とめ金・活栓）にすぎない、というのである。それは導管の途中につけられるもので、普通はオープンの状態にあり、ことあるときに閉める、従って水流という点では問題にならないとする。またよしんば、出土品がいわゆる蛇口であるとしても、それがどれだけ普遍的であったかを検討しなければならない、ともいう。たしかにこれらの点は、もうすこし検討の必要があるが、傾聴すべき見解といえよう。

事実、ローマの水道では、絶えず水は流れていたようで、溢れ出る水は、様々な用途に充てられていた。水の使用量が問題になるのではなく、配水管の切り口に応じて課税されたことも、右の点に関連するものであった。

第二の問題は水質であり、硬水であるのか、軟水であるのかということが、鉛害に関連してくるというのであるが、それは、まずどちらの水質の水に鉛分がよく溶けるかということ、次いでどちらが鉛管と水流の間に壁、沈澱物をつくったかということになる。

一般に、鉛の溶ける水と溶けない水があること、それは、軟水と硬水の差であるといわれている。その際、まず水を採る場所、水源地の地質が問題となる。水が、石灰岩のような水成岩の上を流れるときには鉛は水にとけない。花崗岩のような火成岩の上では溶ける。また水を硬水にするには、炭酸カルシウムが必要であり、またそれが導管の内側に壁をつくらせる、というのである。ところが、ローマの水道は、主に石灰岩の地質の個所からひかれてくるのであった。

たしかに、結論的には、硬水が、第一には鉛分を溶かさず、且つ沈澱物で導管との間に壁、すなわち炭酸カルシウム(炭酸石灰)の壁をつくったというのである。このような導管内の沈澱物についてのローマ人の訴えはよく知られている。また炭酸カルシウムは壁であるとともに鉛を吸収する役割も果す。なお一論者は鉛害に関して温水と冷水との差を俎上にあげるが、この問題に立ち入る必要はあるまい。

このようにして、ローマ人にとって、鉛管も彼らの衛生上、さほど害はなかった、害は少なかったのではないか、といわれている。

たしかにローマ人は鉛毒を知っていた。しかし、鉛は鉛管だけではなく、広く医薬として使用され、また化粧品の中にも鉛ははいっていたのである。たとい水道管の鉛は無害、もしくは害は少ないという主張が正しいとしても——勿論、まだ問題は残る——、やはり鉛害の問題は人骨を調べた上でしか云々できない。

最近の一研究では、今日の人骨よりもローマ人のそれには、二倍近い鉛分が含まれていたことが明らかになっている。しかし、問題は、人骨中の鉛分は主としてなにによるのか、あるいは地域差はどうなのかというところにある。まだまだ調べ、考えてみなければならないことが数多く残っているようである。

ポンペイ──神の手で埋没された町

「汝は美しい。そのままとまってくれ」

こう叫んだのはファウストであった。紀元後七九年八月二四日、火山の神は、ヴェスヴィオ火山を大爆発させ、ポンペイを地上から消し去り、時計の針を永遠にとめてしまったのである。

ところで、神を嘆じさせた「美しさ」とはなんであったか。ポンペイが当時もっとも美しい町であったからというのではない。あるいは、もっとも栄えた町であったからというのでもない。たとい地方商業の中心として栄えていたといっても、ゲーテが嘆じているように、たしかに町は「せせこましく小さい」ものだったのである。

では、なぜ一七四八年までの長い眠りにおちいらねばならなかったのか。それは神のたわむれか。ポンペイがただ一ポンペイを今に伝えるのではなく、地中海世界の覇者、ローマそのものを伝えるということを思えば、神はポンペイに「古代ローマ」の繁栄の頂点をみたのではなかろうか。

ポンペイはナポリの東南東約二五キロ、ヴェスヴィオ火山の東南麓に位し、六六ヘクタールに及ぶ遺跡である。遺跡なるものが、多く現地表下に埋もれているのに対して、ポンペイはそれらとは異なって小さな丘陵状をなしている。もちろんそれは、町自体がもともと先史時代以来のヴェスヴィオ爆発の堆積物からなる、ほぼ四〇メートルの高さの丘の上にあったからである。

ところで重要なことは、ポンペイの町をのぞきみて、その生活を語ることが、実はローマのそれを指摘することに他ならないという点である。ローマがイタリア半島を征服し、また地中海世界を支配するということは、その支配地域がさまざまのニュアンスを帯びながらもローマ化してゆくことを意味する。地方の都市そのもの、あるいは都市生活を外的、内的両面からみて、そのようにいうことができよう。

しかし、ポンペイのローマ化は一日で成ったのではない。この付近の町はギリシア人の建設にかかるものが多いが、ポンペイはそれらとは異なり、オスキ人によって建てられた町と考えられ、その歴史は前八世紀までさかのぼる。エトルリア人、ギリシア人、サムニウム人に占領されたのち、真の意味でローマ化が進んだのはやはり前九一年にはじまった同盟市戦争（イタリア戦争）以降ローマの植民市となってからであった。そこで役人の名称、建造物、道路などがローマ的な色合いを帯びてくる。もっとも建築上のローマ化が確立するのは、紀元後六三年の大地震による崩壊後のことであった。

ところが、やはり町はすべてローマ化してしまったわけではない。伝統的な要素とローマ的なそれ、ローマ的といった場合も、純ローマ的なものとローマがヘレニズム世界から受けついだものと二つの流れがあるが、そういったものの対立・相剋は止むことがなかったと思われる。われわれが遺跡を歩いて一番興味深く感ずるのは、やはりこのようなさまざまな要素の錯綜、いや混融である。

しかし、今日は直ちにローマ化という点に立ち入ろう。「パンと見世物」という言葉がローマの町に関して市民大衆懐柔策としてよく使用されるが、ここポンペイにも円形闘技場および大劇場、小劇場の設備がある。円形闘技場はわれわれに知られたローマ時代のそれの最古のもの（前八〇年頃）で収容人員二万人強、大劇場は半円形の露天劇場で五〇〇〇の観客を収容し、小劇場は被蓋劇場で実際は音楽堂として使用され、一五〇〇人の聴衆をおさめた。

ところで、ポンペイの人口は、最盛時には二万乃至二万五〇〇〇人を数えたと推定される。この数字と「見世物」のための設備の大きさとを比較したとき、ひとはいったいどのようなことに思いいたるだろうか。

「パンと見世物」がローマ化のひとつの側面、しかもすぐ目にはいる面であるとすれば、もっと広く都市の発展全体からみて機能的なローマ化の側面はどうであろうか。それには、この人口三万たらずの町が、都市計画の点、二〇世紀の今日のわれわれ日本の諸都市に比べてみても、はるかに「近代的」であることを指摘したい。

まず第一にその道路である。これはすべて敷石で舗装されている(もっともポンペイは石に恵まれた町ではある)。幅は大きな道で六〜七メートル、小路で三メートル余、ところどころに踏石がおかれて、横断歩道をなしている。車道と人道の別があり、車道には深く食い込んだ車のわだちの跡さえみとめられる。まちかどには水道の共同栓が設けられ、その下に石造りの水槽がある。水道はほぼすべての家にひかれ、排水溝が実に合理的につくられているのは驚くほどである。

もちろん、だからといってポンペイをあまりにモダンに考えてはならない。ここで再びゲーテの感慨が想起されよう。しかし、ゲーテは西欧世界の人である。日本人であるわれわれとしては、日本における都市の成立の歴史と西洋のそれ——それがたとえ古代都市であろうと——の相違を思うのである。

こういった思いをよびおこさせるものを今一つあげれば、公衆浴場を除き公共建築物が町の三カ所に集中していることである。第一の地区が都市生活の中核をなす中央広場一帯で、市役所や市会議場、各種の神殿、学校がたちならぶ。第二のそれは三角広場地帯であり、大劇場、小劇場、各種神殿が設けられ、第三のそれには円形闘技場、大パラエストラ（体育場）がみられる。決して公共建築物と個々人の家とがいりまじっているのではない。このような町の機能的な統一が、たとえば日本の「近代」都市にはたしてみられるであろうか。

ポンペイの個人住宅は、一見みな同じようにみえるが、そこには紀元前四〜三世紀のイタリア式住居から紀元後一世紀のローマ風家屋までのうつりかわり、家屋構造の変化がみられる。たしかに家屋についての充分な知識がなければ、町の歴史的、経済的な性格や市民の生活も理解することは出来ないであろう。ポンペイがローマの外港オスティア（ここもポンペイに相並ぶ古代都市の遺跡である）と異なっている点は、あらゆる面におけるローマ化の進展にもかかわらず、古イタリア風の家屋がまだたくさん残っていることである。

その特徴は、まず住居が個々家族単位のものであるところにあり、オスティアのように大きな賃貸住宅＝アパートがみられない点である。もっともポンペイは、独立家屋様式からアパート式賃貸住宅への発展の途上にある町ともみられる。公共の施設や建築におけるローマ化のすみやかさに対して、個々人の住宅のそれは一歩おくれていたといえようか。

ポンペイの市民生活を文字で伝えるものとしては、もちろん大理石、青銅板、そして普通の石に刻まれたものもあるが、それ以上に落書きとしての「ひっかき書き」が残っている。落書きはおもに公共建築物や普通の家屋の凝灰石の外壁（一般にポンペイの家屋は、外、道路に面しては窓がない）に描かれ、または刻まれたものであり、時事諷刺的、あるいは即興的なものが多い。

「壁よ！　おまえはこんなに落書きの重みを支え、あえいでいるのにくずれ落ちないとは！　なんたる奇蹟か！」と記されているほどである。

壁に記されたといっても、書かれたり、刻まれたりしたものと、「ひっかき書き」という二通りの型がみられる。第一の型は、各種の役人の選挙の立候補者の推薦文や円形闘技場の見世物の知らせ、家屋や物品の賃貸から紛失した品物についての公告など、市井の大小さまざまのことが対象となる。なかでも立候補者推薦文がわれわれの目をひく。それは、主に壁に赤く大文字で描かれる。立候補者の名が書かれ、立候補した役職名、公的な認可の呼びかけ、更にはしばしば支持者の名や支持する組合、団体の名がつづく。推薦者は個人（友人または隣人）の場合もあれば、各職能の組合（布漂白業者、鍛冶屋、パン屋その他）や宗教団体、はては飲み仲間まではいることもある。

「私は何某を……の職に選んでくれるようにお願いする。かつての飲み仲間すべてがこの人を推薦する。後略」と。この類いの文章をそれほど広く考察したわけではないが、紀元前八〇年頃の推薦文がきわめて簡明・直截であるのに対して、紀元後のそれがいささか長く、当選後の約束（公約？）の付加されているものが多い。もっとも長いといっても、前者が七〜八字からせいぜい二〇字であるのに対して、後者はその倍、もしくは三倍近くになるだけのことである。いずれも極端な省略法に従うからといえよう。

では、公約とはどんなものであろうか。「……この人はよいパンを支給してくれるぞ」「闘技を開催してくれるぞ」といった具合に、ここにも「パンと見世物」が大きく顔を出す。

一方、文字通りの落書きとしての「ひっかき書き」になると、全く髪の毛のように細い字で書かれるが、その内容はまことに千差万別である。もっとも落書きには諷刺から人情の機微に属するもの、古今洋の東西を問わず相通ずるものがあるといえよう。店舗のそばの壁には品物の値段の計算が記され、恋人はその綿々たる思いを、生徒は暗唱しなければならない文章を、円形闘技場の観客はお気にいりの闘技者への讃美、応援の句や相手に対する悪口を書き散らかす。悪口、ざれごと、脅迫の文句も諸所にみられる。横町や娼家の壁には遊冶郎のざれごとや遊女のからかいの文句などが残る。横町や小路といった町のどんな片隅からも、この町で生まれ、恋し、うたい、金をもうけ、相争った人間の哀歓が、重なりあい、どよめきながらわれわれに呼びかけてくる。たしかに、ここには人間がいたのだ。赤裸々な人間性の流露がみられるのである。彼らはまさに古代人であった。

（一九六四・九）

Ⅱ　地中海とローマ

ローマと地中海

ギリシア人と海との関係、すなわち地中海が古代ギリシア人の社会・経済・生活にどういう意味をもっていたかについては、わが国においても、ほぼ常識というものができあがっている。しかし、基本的には同じような社会構成をもち、しかも地中海を「内海」と化してしまった古代ローマ人の海に対する関係は、さほど明らかにされてはいない。

なるほど、ギリシア人が海の民であったのにくらべると、ローマ人はあくまでも陸の民であり、イタリアを「果実・オリーヴ・ブドウ酒の満てる土地、牧場には馬や牛、その他の家畜が群をなし、さまざまな流れが貫き、湖沼で飾られているすばらしい土地である」として、そのイタリアの大地に根をおろしていることを彼らが誇っていたことはたしかである。しかし、その彼らも、究極的には地中海を真の意味で「われらの海」(mare nostrum)としてしまうまでになるのである。

いったい、その間にどのような変化・発展があるのであろうか。一応常識として知られる「ギリシア人と海」の関係を背後にひかえさせて、ローマおよびローマ人と地中海との関係を簡単に描いてみたい。

一

アフリカ北岸の、現在のテュニジア共和国の首都テュニスの北に、カルタゴの故地が拡がる。このあたりは、ローマ帝国華やかなりしころには、属州アフリカすなわちローマの穀倉の一つとして知られていた。この地のビュルサの丘の上に小さな博物館があり、出土品が二つの部屋に蔵められている〔一九六一年のことであり、一九七九年には、新装、しかも改築中であった〕。

ところで、美術史的にみた場合、逸品といえる類いのものは見あたらないが、ここに収められている出土貨幣の中に、シシリー、南イタリアで鋳造されたものが多くみられた。これはいったい何を意味するのか。出土品によって推理を働かすことは、きわめて大きな危険性をはらんでいる。そこには、碩学ロストフツェフすら免れることのできなかったおとし穴、つまり社会を構成する主体を見失うという危険がある。

しかし、ここで私が指摘したいのは、もっと素朴かつ簡単なことである。地図を案ずるまでもない。カルタゴとシシリーとは一衣帯水といい切るべきかどうかはともかく、ほんのひとまたぎである。

ローマ時代の史料をひもとけば、シシリー出身の「イタリア商人」がアフリカで商業活動を行なっている例がみえるし、またシシリーの港々にアフリカ出身の貿易商の姿が見られる。これは紀元前一世紀の話である（ちなみに、現在のテュニス市——旧フランス領である——の人口構成をみると、一九五六年の総人口四二万のうち二〇パーセントがフランス系、一〇パーセントがユダヤ系であるが、そのほかに一五パーセントのイタリア系の人が指摘される）。

ビュルサの丘を降りて内陸に進めば、半分土の中に埋もれた円形闘技場がある。反対に海岸にとって返せば、アントニヌス・ピウス帝（紀元後八六—一六一年。在位一三八—一六一年）の浴場の跡が、なかば海に没して拡がっている。すくなくとも、アフリカ北岸、しかもローマとはかなり異なった社会を擁していたカルタゴの地にも、地中海を「内海」として活躍するイタリア商人の足跡は印せられ、いわゆるローマ化も進み、円形闘技場や公衆浴場跡など完全にローマ化した形姿をいまに留めているのである。

スペインもはずれ、ポルトガル国境に近いあたりに、メリダという町がある。いわゆる農産物の集散地としか名づけようのない、特色のない、土臭い町である（一九六〇年の人口は二・四万強）。

セビリアから隔日に一本しかない長距離列車に揺られて、この町を訪れたのは他でもない。ここはローマ時代の「アウグスタ・エメリタ」という町で、紀元前二五年に建設され、帝政期には属州の一つヒスパニア・ルシタニアの首都としておおいに栄え、紀元後四世紀の人、アウソニウスはこの町をアテネに優る帝国内では第九番目の町としていたほどであり、アグリッパにはじまり、その後改修された建築物のあとを今も多く留めていると聞いていたからである。六四のアーチをもつといわれたローマ時代の橋のあと、五五〇〇の座席をもつ劇場跡、更には一万五〇〇〇人を収容するという円形闘技場の跡を訪れた。たしかにすばらしく、なによりも大きさに圧倒された。

しかし、それらの壮大さよりもなによりも、「ローマ」の香りをしのばせるのは、だれもちょっと気づかないもの、遺跡の傍らにある簡単な排水溝の、落着きというか、ところを得た姿であった。これこそ、数千キロを越えて波及してきた「ローマ」なのである。この感を今すこし強めさせたのが、郊外に残った水道の跡、いや跡というよりは残骸であった。決して美しいものではない。おもむきなど全くない。スペインに残るローマ時代の水道、つまり導水路の跡といえば、タラゴナ郊外、あるいはセゴビア市内のものが、はるかにりっぱで、それなりのあじわいがある。しかし、情趣の一かけらもとどめない残骸を見て私の心に揺曳したのは、「ローマ」であった。ローマ文化の波及——メリダがその最西端の地ではないにしても、スペインの僻遠の地に、その文化の影をおとしているのである。

ところで、このように地中海周辺に拡がったローマ文化は、外面的には同じ性格・種類のものであったことが指摘されよう。すなわち、あらゆる都市が、外から触れただけでも「ローマの町」のように市広場（フォルム）をもち、劇場・円形闘技場・公衆浴場・水道・橋梁など、これすべて種類も性格も同じ類いのものをかかえていた。

しかも、そこにくりひろげられる市民生活は、地中海型とでも名づけられるものであった。帝政期、いわゆる「ローマの平和」のうちつづく時代には、いかに地中海周辺の各地から「ローマの町」にひとが蝟集したか、そのありさまが、セネカなどの筆によってありありと伝えられている。一方、各都市において営まれる市民生活が、これまたすべて「ローマ市民」のそれに他ならなかったといえよう。このような求心性と遠心性の交錯するところに地中海型的な市民生活が形成されてゆく。そのあとをいまに留めているのはイタリアやスペインだけではない。私が驚いたのは、ユーゴスラヴィアというきわめて異質的な文化圏にも、こういった「生活の型」の名残りがはっきり見られたことである。

さかのぼれば、ローマ共和政末期においてすでに、「ローマ人」と呼ばれることを、シシリーの人も、アフリカの人も渇望していたのである。「ローマ人」と呼ばれるのは誇りであり、また魔力的な響きすらもっていた。そして、地中海世界、いや帝国各地において繁栄していた町々は、いずれも「小ローマ」といわれるにふさわしいものであった。

二

すでに紀元前二世紀半ばに「以前は世界のできごとがばらばらであったが、……このとき以来(第二ポエニ戦争から一六八/七年の間に)、歴史が有機的関連をもつ全体的なものとなり、したがってイタリアやアフリカのできごとがアジアやギリシアのそれと結びつき、ともに一つの目標にむかうようになった」と考えたのは、アカイア人(ギリシア人)の歴史家ポリュビオスであった。

地中海世界が一つの世界となる歴史の歯車は、たしかに紀元前三世紀、すなわち第二ポエニ戦争のころから回転している。しかも、それは一見共和政末期、つまり紀元前一世紀に完結したかにみえる。キケロをはじめとした共和政末期の人々は「ローマによる世界の支配」を誇らかに謳う。ただし、そこにはまだ厳密な意味での地中海世界の「一体化」=「等質化」はみられない。それはなぜか。

地中海世界は、ローマによるいわゆる属州の形成により、たしかにローマの支配領域にはいったことは明らかで、その限りでの、言い換えれば社会的・政治的な意味でのローマ化は進んだが、この支配領域=属州の民衆は、決して「ローマ市民=厳密な意味でのローマ国民」を構成してはいない。彼らがローマ市民となるときにはじめて、地中海世界の等質的な統一が完成するのである。それが、紀元後三世紀のカラカルラ帝の勅令であった。

ここにおいてはじめてローマ市民権が地中海世界全体をおおうことになり、法的に、地中海世界は等質の世界となる。社会的・政治的・法的な意味での一つの世界の成立、これを「世界帝国ローマ」の完成とみるのであるが、このような世界の成立するにあたって、否、成立するまでに地中海自体はどのような役割を果してきたのであろうか。

地中海世界が一つのものとなるまでに地中海の占めた位置は、さまざまの角度からとらえることができよう。ここでは、ローマの地中海支配がなによりもまずその軍事力及び政治力によるものであったことを想起して、軍事史の観点から問題を簡単に考えてみよう。

農民の国であり、陸軍国であったローマが、地中海に本格的に取り組みだしたのは、ポエニ戦争においてであった。それは、海の民・フェニキア人の植民市、カルタゴとの対決を通してであったといえよう。

ローマがそれまでに積極的に地中海にのり出す意志があったかどうかという点は、研究者の間では疑われている。たとえば、カルタゴとの間に締結された条約がこのことを物語るといわれる。それは、伝承によれば、共和政成立の第一年目のものと、前四世紀中葉のものと推定されている条約であるが、そこにはいまだローマ人の海上商業の必然性を示唆するものは見当らない。

しかし、カルタゴとの対決をもってはじめて積極的に（受動的な面は後述。対海賊の問題である）、地中海の問題に取り組む。前二六〇年のシシリー北岸の海戦でカルタゴ海軍を破ったのが、そのはじまりとなる。次いで、第一ポエニ戦争と第二ポエニ戦争の間のころ、ようやく海上貿易への道がひらける。ギリシアの諸ポリスの海上への発展の時代と、距たること何世紀であろうか。

だがしかし、海軍力は一ローマをもってしてはいかんともなしがたく、艦隊その他は、アテネをはじめとした東方、つまり東地中海の諸都市およびイタリア半島にあるギリシア系の都市の助力をあおがなければならなかった。ローマ自体が海軍国へと脱皮してゆくのではなく、このようにローマの地中海世界制覇の道が、実はローマ以外の力を借りねばならなかった、否、借りることのできたところに、すなわちローマの外の力をローマの支配の拡大に結びつけえたところに「ローマの政治力」→「支配の秘密」をみることができよう。

ところが、海の民を東地中海に保有したことは、必ずしも常に、ローマにとって、このようなポジティヴな働きを示したとは限らない。それが、海賊である。

海賊は、古くはイタリア半島の海岸を荒したと伝えられており、対海賊策として前三三八年アンティウム（ラティウムの町であることに注意）の根拠地を討ち（ただし、その後もアンティウムの海賊の活躍はみられた）、前三一一年にはパトロールの艦隊を設け、「海事二人委員」を任命し、イタリアの海岸防衛を委ねている。もっとも、この官職は非恒常的で、しかもローマの対外戦争に積極的な役割を果してはいない。前三世紀にはアドリア海の海賊を駆逐しているが、この制度自体は前二世紀までしか存続せず、前一世紀には再び海賊の跳梁が目立ってくる。

カエサルすら、若年の折、ロドス島に向かおうとして海賊に捕えられたということ、これは一挿話にすぎないが、ただそれだけにとどまらない。ローマに対する各種の叛乱、たとえば奴隷叛乱も、海賊との結びつきという地中海的な規模で以てとらえなければならないということになるのである。もちろん海賊だけではない。あの有名なスパルタクスの叛乱の「故地に戻る」という一本の太い縦糸も、地中海的な視野でもって問題に取り組まねばならないことを教えてくれる。

それはさておき、次には、奴隷貿易で前一六七年ころからとくに自由港として繁栄を謳歌した東地中海の眇たる小島・デロス島に目を転じてみよう。面積わずかに三・六平方キロ、現在(昭和三十四年)は博物館員、一軒の宿泊所の家族が住むだけのほぼ無人島といってもよいこの島では、最盛期には商品としての奴隷が、日に一万に及ぶ程取引されたといわれる。奴隷、とりわけその供給が海賊の活躍と結びつくことが多かったのはいうまでもない。皮肉なことには、このデロス島も前六九年に海賊によって破壊されている。海賊の跳梁跋扈には、ローマ政府当局も全く手を焼いていた。海賊の根拠地としてはキリキア(小アジア南部の地方)が知られているが、特に紀元前六七年、地中海の海賊を掃討する大権を得て、この地方をおさえ、地中海から海賊を一掃したポンペイウスは、東地中海一帯の地方を自己の地盤とすることができたばかりでなく、ローマでの絶対的な発言権を増した（求心的な力の増大に転ずることができた）のである。しかし、なによりもローマが異常な大権をポンペイウスに委ねなければならなかったところに、東地中海の海賊の力の絶大さを想起すべきであろう。大ポンペイウスの後も、共和政末期の内乱において、海賊の力がポンペイウスの息子によって利用されることはあったが、ここで一応地中海の波は鎮まる。

三

地中海自体は、本来的には必ずしもローマの発展にとってポジティヴな要素であったのではなく、ネガティヴな性格をも多分に蔵していた。それを統御しえた、たとえば海軍力としての東方の吸収、または海賊の掃討といったこと、そういうところに、彼らの力つまり高度の政治力をみなければならない。このような経過を通じて、地中海自体のうちに内在していたポジティヴな要素、それはギリシア史の叙述のはじめにおいて地理的条件として必ず描かれることになる要素、たとえば地中海の「透視性」その他をひき出し、地中海を自分のものとする。地中海世界の軍事的、さらには政治的支配の成立の過程の底にあるものは、こういう具合にとらえることができよう。

ところで、この発展に付随する今一つの側面として、次のことがただちに想起されるであろう。まず、地中海を狭しと闊歩するイタリア商人の姿が、すでに紀元前二世紀ころからすこぶる多くみられる。あるいは、笈を負うて東地中海の諸都市（とくにロドス）へと向かうローマ市民の姿も認めることができよう。もちろん、共和政末期から帝政期にかけて地中海が重要な通商路になっていることは、いかなる人といえども否定できないであろう。

たしかに、ここで地中海はローマの「内海」に化しているかにみえる。当時の史料にも地中海を「内海」あるいは「われらの海」とするとらえ方があらわれているが、先に示唆したように、私は、この時代の地中海を真の意味での「ローマの内海」とはみないのである。それは、たとい以上のような表現あるいは事実がどれだけ列挙されようとも、また地中海周辺に幾多の「ローマ市民植民市」が建設されるのをみようとも、地中海を囲む諸地域は、いまだ厳密には、法的にローマの支配領域にとどまり、決して狭義の意味でのローマと法的等質の世界ではなかったからである。では、なにゆえにこのような点を強調しなければならないのか。ローマの支配領域はローマではないというのか。いや、そうではない。ローマの独自性を考えるからなのである。

ローマの独自性とは、まず第一に、ローマが本来的には都市国家であるということを出発点とする。実は、厳密な意味での国家ローマとは、「ローマ市民共同体」を指し、その領域的な拡がりは「ローマ市民権のおよぶ範囲」にほかならなかった。このような国家を構成するローマ国民、すなわちローマ市民の政治的に支配する地域が、いわゆる「ローマ帝国」(Imperium Romanum) なのである。したがって、私がいま取り上げた段階、共和政末期から帝政初期にかけての時代には、狭義の国家ローマ、すなわちローマ市民権の及ぶ範囲は、イタリア半島全域に拡がってはいるが、半島のそと、つまり属州民は、ローマ市民ではなかった。このように地中海周辺の地域が狭義の国家ローマでないという点が、この時代の地中海を、私が真の意味でのローマの内海とはみない理由である。

次いで、ローマの独自性の第二は、なによりも国家ローマと支配領域としてのローマ帝国が一体になるところにある。すでに指摘したように、カラカルラ帝をもって一応完結するのであるが、方向としてローマがたどった地中海世界支配の道は、この世界の等質化にあり、そこにローマの独自性、たとえば古代東方の諸国家による統一事業にみられない独自性を認めることができよう。

厳密な意味での国家ローマとローマ帝国 (Imperium Romanum) が一つになったとき、別の言葉でいえば「ローマ市民権」がローマ帝国、つまり地中海世界全体にまで拡大されたとき、法的統一体としての地中海世界が完成し、そのことによって、真の意味で地中海が「国家ローマ」の「内海」と化すのである。ローマがここまでに至りえたからこそ、またローマの統一がこのような独自性をもっていたからこそ、単に通商路となった段階、あるいは「ローマ帝国」に包摂された時代の地中海を、まだ正しい意味での「内海」とはみないのである。

四

都市国家ローマが世界帝国へと変身するかにみえるその中をつらぬくものは、都市国家自体を帝国全体にまで拡大する方向であった。それはまた、都市国家をささえる精神、つまり市民精神を広く地中海世界に伝播し、かつ植えつけることになったのではあるまいか。一応完成した世界が等質の世界であり、しかも市民精神あるいは市民意識がそこをつらぬいていたからこそ、ローマ文化が近代ヨーロッパ文化の一源流を形づくってゆくことになるのである。

私たちが、地中海周辺の諸国に残るローマの遺跡をたずねる際、そこに見るのは水道の跡であり、劇場や円形闘技場の跡であろう。しかし、以上のような形で地中海世界が一つのローマ世界になったことは、それを造りあげた人たちの末裔の内奥で脈打つなにものかを育くんできたのではなかろうか。

ローマによる地中海世界の統一はたしかに一日ではならなかった。それとともに、そこに成立したものはきわめてオリジナルなものであり、したがってその限りにおいての地中海であった、とみるのである。

地理学関係の方々を読者にもつ本誌〔『地理』〕に、歴史、特にローマ史を学んでいるものの立場から、本邦においてほぼ常識と考えられる歴史上の知識をもとに試みたスケッチの目指したのは、次の点である。地中海自体は、今も昔も、そしてカルタゴ人にとっても、また中世の回教徒にとっても、同じ紺碧の色をたたえている。それが、ローマの地中海世界の統一とどう結びつくのか、という問いを起点に、まず第一に、地理的条件つまり地中海が歴史の発展にどう働くかということ（地理的条件に対して主体としてのローマの政治力の指摘）、第二に、ローマによる地中海世界の統一の独自性、その中で地中海の占める位置を指摘したのである。

（一九六四・四）

〔付記〕
本文中のテュニスの人口は一九七五年で五五万四〇〇、メリダは一九七〇年で三万八二〇〇である。

付 ローマと海賊

普通ローマ人は、陸の民であって海の民ではないと言われている。たしかに、彼らが海上に乗りだしていったのは、建国後かなり年月がたってからのことである。この点は、明らかにギリシア人あるいはカルタゴ人とはちがっていたようである。しかも彼らは、積極的に海に出ていったのではなかった。とすれば、ローマ人が海上において「自ら」海賊行為にでるのはもちろんのこと、逆に受身の立場で、海賊に遭遇するのも時が下ってからのことといえよう。

今、「自ら」などと記したのはほかでもない。それは、古代世界においては、もともと海賊行為と、貿易、植民あるいは海戦とは区別がなかったからである。英語の海賊(pirate)という言葉の語源にあたる、ギリシア語のペイラテース、そしてそれを受けたラテン語のピラタ(pirata)とは、「企てる、行動する、試みる、経験する」を意味する語から生れたもので本来「船に対して行動にでること=攻撃をする者」の意味であったことをわれわれは知っているし、事実、古くはいわゆる海賊行為も一箇の生産活動とみなされていたほどであった。

海の民として母国あるいは母市から出てゆく民族は、ギリシア人にしても、フェニキア人にしても、当然のことながら、上のような広い意味での海賊的な行動をとることも多かった。日本語の海賊の「賊」というのは、いかにも秩序に対する反逆的な意味が強すぎるが、少なくとも古代世界においては、単なる賊にとどまらない、はるかに広い意味をもっていたのである。

とりあえずここで、海賊というのも、ローマ的な、政治的・法的秩序の枠内でのとらえ方にほかならないことを指摘しておきたい。

実は、地中海が海賊活躍の場を提供することになるには、古典古代の物資輸送の手段と航海の仕方がこれまたあずかって力あったといわねばなるまい。何よりも、古典古代の世界においては、物資の輸送は、おもに陸上ではなく海路行われたことが、海賊活躍の最大前提条件であった。船は、昼間、海岸沿いあるいは島伝いに航行する。それを軽い、船足の速い海賊船が襲うのである。

海賊は物を奪うだけではない。人をも捕える。それは身代金を獲得するためであり、また奴隷として売り払うためでもあった。

また、その時々の反体制派と結びついて、ときの支配権力に対する厳しい対抗勢力ともなりえたのである。あるいは逆に、地方勢力と一体になり、秩序安定にも一役買う。要するに、彼らの活躍の場はまことに広かったのである。

ところで、海賊といっても、常に海の上を遊弋しているわけではなく、その根拠地があった。それは地理的・風土的にみて、第一に、いりくんだ海岸線や島嶼の存在など、船を碇泊させ、しかも海にのりだしてゆくのに恵まれていること、第二に、後背地が峻険であること――それは背後を衝かれないだけではなく、農耕に適せず、豊かな生産の望めないため、人を駆って海にむかわせることにもなる――などが、条件としてあった。そのようなところを地中海に求めるとすると、イリュリア地方（現在のユーゴ、アルバニア海岸）、リグリア地方（北イタリアから南フランスの海岸地帯）、キリキア（小アジア南岸地帯）が、右の条件にかなっていたといえる。したがって、これらの地が、ローマ時代の地中海の海賊の根拠地となったのもゆえなしとしない。彼らはここに砦を築き、家族や財産を擁していたのである。しかも、そこには様々な民族的・文化的要素が、絡みあいながら存在したのである。共和政末期ローマを脅かしつづけたキリキア海賊を構成する人たち、あるいは彼らの催した多様な供犠や宗教的な儀式は、このことを物語ってくれるといえよう。

右のような地方に根城をもち、地中海を闊歩する海賊に対しては、秩序維持を図る側としても、結局、すこぶる厳しい姿勢でのぞまざるをえなくなる。それが、海賊処刑の公開性、しかも処刑自体の厳しさ、つまり斬首、磔刑、野獣に、という形をとらすことになるのである。これらの刑は、すべて刑罰としては反逆者や奴隷などに対するものであった。

しかし、現実にはそれぞれの地方の治安状態、海賊との力関係によって微妙に揺れることになる。いずれにせよ、キケロのいう「万人の共通の敵」とみなす考え方は、秩序の安定とともに次第に強くなってゆく。

実は、西地中海海域においては、早くから一方ではエトルリア人とカルタゴ人、今一方ではギリシア人が、自分たちの商業上の競争相手を海賊まがいの行動——相手からみれば明らかに海賊行為——で圧迫していた。それに対して新興勢力であるローマは、本来海に積極的な関心はなかった。

しかし、都市ローマの存するラティウム海岸が、海賊、とりわけギリシア人の海の民に襲われることがしばしばあったため、彼らも防衛措置をとらざるをえなくなる。こういう形で、海賊にぶつかるのである。海辺に植民市を建設して海賊に備える一方、前三一一年には「海事二人委員」を設けているが、この役職の人が積極的に活躍したという証拠はない。

ところで、イタリアの西海岸を荒らしたテュレニア海の海賊は、テュレニア人、つまりエトルリア人とよばれたが、この中にはエトルリア人だけではなく、イタリアからの海賊のすべてが含まれていたと思われる。その信憑性には疑念を呈する人もあるが、ローマ南方の町アンティウムの人々は、町がローマ人に占領・植民（前三三八）された後も、海賊として活躍したといわれている。彼らは、まさにイタリアからの海賊というべきであろう。

元来、海賊行為と商船の拿捕との区別はなかったが、秩序化とともに、次第に外人と敵、海賊行為と拿捕行為、さらには合法的な通商と略奪とは区分されてゆく。

ところが、たとい第一ポエニ戦争によって初めて艦隊の重要性に目覚めたにせよ、ローマは、恒常的な海上パトロール艦隊をもつことがなかった。西地中海の治安は、とりわけ西リグリアをおさえるギリシア人の植民市マルセイユの人たちに委ねられた。スペインとの通商路の確保は、ローマにとって死活の問題だったのである。イタリア東方の海域の治安も有力な地方勢力に託されたのであるが、イリュリア政策の失敗、アドリア海でのイリュリア人海賊の跳梁は、ほかならぬその地の安定政権の力の弱さによるものであった。ローマは、苦心の末、とりわけ前三世紀末のイリュリア戦争により、この水域の治安を回復している。

いずれにせよ、常備のパトロール艦隊を持たないローマは、それぞれの地方勢力に治安維持を託さざるをえなかったのである。

ところが、前一世紀には、東地中海での海賊の跳梁――ローマ側からみればこうなる――は、目にあまるものとなった。ローマの通商路、とりわけ穀物の輸入路がおびやかされた。東方遊学の途中の名門の子弟で、海賊に捕えられるものも続出した。

しかも、事態はそれにとどまらない由々しいものがあった。それは、ローマに対する各種の叛乱が、たとえば奴隷叛乱も、彼らと海賊との結びつきという地中海的な規模で展開したということである。さらには、東方のポントゥス大王ミトリダテス、西方スペインのセルトリウスの相呼応する蜂起にも、海賊が一枚嚙んでいたのである。

ところで、この共和政末期ローマの地中海の海賊の根拠地は、キリキアすなわち今の小アジア南岸地帯にあった。この地方は、なによりも深い入江、高く険しい山脈が海岸近くに迫り、陸からも海からも攻めにくい地帯であったといわれる。この地方を根城にする海賊は、政府当局の力が強く、取締りが厳しくなると、ここに逃れこみ、取締りが弛くなると、また外に出ていくということを繰り返していた。

とりわけ、この地方に蟠踞する海賊は、様々な民族および構成要素からなり、ローマの厳しい徴税に苦しむ属州諸都市と結びつくこともあった。その場合、当然、海賊制圧の役割を果すべき地方都市が、逆の立場をとったわけである。

そこでローマの将軍は、いくたびも海賊掃討の任を帯びて、東方に派遣されることになった。まず前一〇二年にアントニウスが、ついでセルウィリウス（前七七～七五）、さらにはメテルルスが、という具合にである。彼らは、海賊の根城（陸上基地）を叩くことで、海賊掃討をめざすのであった。そこで、このキリキアと今一つの根拠地クレタ島に将軍たちの全力が注がれる。しかも、それぞれの段階で、属州民や同盟市の「海上勢力」の助けを求める。しかし、いりくんだ地形のため、海賊を殲滅するまでにはいたらなかった。前七〇年代には、海賊は大胆にもイタリアの海岸道路を襲うまでになった。絶えざる食糧不足に悩まされ、商取引部門を担当する騎士層（属州の徴税請負にもたずさわる階層である）の圧力で、ガビニウスの法が前六七年に通り、初めて海賊の息の根をとめることができたのである。ここに登場する人物がポンペイウスであった。

この法により、ポンペイウスには前代未聞の特別な軍指揮権が与えられた。まずガビニウスの提案は、ポンペイウスに一五人の副司令、二〇〇隻の艦隊、必要な兵士を徴集でき、ローマの国庫および属州の徴税請負人の資金を自由にできる権限が――三年にわたり――与えられ、しかもこの大権を、島嶼・海岸（イタリアを含める）、そして内陸五〇マイルの全地中海に及ぶものとした。このような特権を一個人に与えるのは、独裁者を生む危険があるとの反対もあった。しかし結局、この提案が通ったばかりか、さらに五〇〇隻の艦船、一万二〇〇〇の歩兵、五〇〇〇の騎兵を与え、副司令の数を二四人にふやす等々の今一つの法も追加された。そこで、殲滅戦が展開することになったのである。

地中海の海上と海岸地方を九地区に分け、各地区に副司令（指揮官）を派遣し、ぶっつかる海賊を包囲し、追いたてて捕捉したり、それぞれの拠点に閉じ込めて撃滅する。逃げおおせた海賊はキリキアの地に戻ったので、ポンペイウスは四〇日間で西地中海を制圧したのち、東方に転じて、海賊を僅か三カ月で地中海から一掃した。

根拠地を叩くことは、海賊の妻子や財産を抑えることでもあった。決して彼らは、海の上を風のまにまに漂う連中ではなく、地方官憲と結びつく柔軟さがあったのも、このような家族・財産をもつ存在だったからと思われるが、ともあれ、様々な民族、多様な構成要素から成る海賊の息の根はとめられた。この時、キリキア海賊の大部分が、植民者として、荒れ果てた小アジアおよびギリシアの諸地域に配されて、平和な市民生活に入ったらしい。この連中がポンペイウスのクリエンテス（子分）になるのも当然であった。

地中海には平和が戻ったのであり、文字通り地中海はローマ人にとって「われらの海」となったといえよう。ローマを長く悩ましつづけた海賊は「全く地中海から姿を消した」と、ポンペイウスを讃めたたえる声がこだまする。

しかし、現実にはやはり問題があり、海賊はその後も生き続けた。それは、このポンペイウスの次男が、海賊と結びながら、いや海賊行為をとりつつ、再起を図ったことからも明らかである。もっとも、これは海賊を抑えたポンペイウス、いやその一族が地中海を掌握することになったことを物語っているともいえる。

ただ、帝政期に入ると、歴史上初めて地中海全域のパトロールが完成し、紀元一・二世紀には地中海からほぼ海賊は消えてしまう。もちろん、その後も海賊のかげはみられるが、もはやローマの支配を揺がすほどのものではなかった。ストラボンも大プリニウスも言っている。「海賊の危険はなく、海上取引は安全である」と。しかし、地中海の外での海賊の勢いは大きくなる。紅海のアラブ海賊や黒海の海賊がそれであるが、それらはもはや小論における考察の外のことである。

ローマが地中海を「われらの海」にしてゆく過程における海賊、端的にはローマにとっての海賊については様々な角度から論じられてきたし、このスケッチもやはりそのような性格のものである。すべては、ローマ的秩序樹立の方向における海賊の姿、動きにほかならない。ところが海賊の方の立場にたって歴史をとらえ直してみるとどうなるのか。これが、今後新しく要求される視点であろう。史料的制約と我々を支えてきた思考の枠組みを考えてみると、それは決して容易ではない。

海賊が全地中海的規模での反ローマ闘争の一翼を担ったこと、つまりローマ的体制に反抗したことは明らかである。しかし、それにとどまらず、そこにはそれなりの一つの秩序あるいは体制への志向もよみとれるのではなかろうか。

もちろんそれは、「ローマ的秩序」という物差しで計ってはならない。別の尺度が必要であろう。海賊の間にも守るべき規律があり、なによりも、略奪品の公正な分配を図ったことはたしかである。更に妻子・財産を擁したばかりか、民族的にも様々な要素をうちにもち、地方都市との連繫もみられた点に注目したい。それよりも、彼らの国家形成力を忘れてはなるまい。キリキア海賊について、いやそれ以前の段階の地中海各地の海賊に関しても、やはり同じようなことがいえるのではなかろうか。

（一九八一・四）

〔付記〕

実は、このようなエッセイをものしたのち、たまたま、最近のフランスとハンガリーの学術雑誌に目を通していたところ、海賊に関して視座の変革をうながす文章にぶっつかった。たしかに右に示唆したように、海賊の方に視点をすえて考え直してみなければならないと思う。たとえば、ある学者は海賊の発展を段階的にとらえ、(1)生存のため、(2)商業活動として、(3)国家（形成）タイプ、(4)国際的なタイプとする。もちろんこれらの型は、発展の型であるとともに、また現実には相互に関連し合い、複合的なものとなっているといわねばなるまい。

（一九八一・五）

「われらの海」

はじめに

古典古代の人、つまりギリシア人・ローマ人と地中海との関係、あるいは古典古代の歴史における地中海の役割という問題は、今まで様々の人によっていろいろと論じられてきた。この点をもっとも分り易く示してくれたのは、村川堅太郎教授の文章である。戦前の河出書房版『西洋歴史』第四巻の「ギリシア」の第一節「地中海岸定住」、及び戦後では文藝春秋社版『大世界史』第二巻『古典古代の市民たち』の第一章がそれに当る。そして、「液体の道」という表現もよく知られ、「地中海的風土とギリシア・ローマ文化」というような問題に対しても、それぞれの人が一応それなりの解答を出しているので、ここでは、すこし違った角度から「地中海」を考え直してみたいと思う。

なによりも第一に、古典古代の人が地中海をどのように呼んでいたのか、つまり呼称の問題がある。とくに、呼称がどのように変っていったのか、その発展・変化の中に一体如何なる問題が潜んでいるかということを整理し直すことが、第一の課題となる。

第二には、そのように整理し直した場合、普通われわれがよく耳にする表現、あのローマ人が地中海を「われらの海」(マレ・ノストルム)と呼んだことの中に含まれているものは一体何か、地中海を「われらの海」と呼んだことが、理念的及び現実的にどういう意味をもつのか、そして、なによりも地中海を文字通り「われらの海」にしたのは誰か、ということを考え直してみることになる。

第三には、以上の点ともちろん関連することであるが、全く異なった視角からの問題、ポンペイウスやカエサルに世界帝国理念が認められるとすれば、その中で一体「地中海」はいかなる位置を占めていたのか、という点を検討することになる。この問題はなかなかの難問であるが、せめて考察のいとぐちを示すことができれば、それで可としたい。

地中海の形成・成立及び大洋すなわち外海との関係に関して古代人がどう考えていたかということも、ふりかえってみなければならないが、今回はその問題は端折ることにせざるをえない。

ただ当面の問題との関連において、次のことは指摘しておかねばなるまい。ギリシアの哲学者や地理学者の典型的な考え方については、ほぼ次のように言うことができるのではないかということである。

すくなくとも陸地というか、それぞれの地方の形、すなわち地形の知識は、海岸線のスケッチや輪廓づけによって得られたと考えられるが、ギリシアの地理学者にあっては、もう一歩進めて「世界」あるいは「人の住むこの世界」(オイクメネ)像とは、ほとんどすべて地中海の周遊・周行のプランに基づいて作られたものであるということが指摘されよう。オイクメネと結びつくのは地中海であって大洋や外洋ではないということである。また、このことは、言い換えれば地中海周辺地域だけによってオイクメネ(人の住み得る世界)が形成されるということである。

このようにみてくると、右のような考えに対して外洋と世界(オイクメネ)とが関連をもたされるのは、あるいはヨーロッパの内陸部までオイクメネのうちにくりいれられるのは何時か、あるいは誰の手によってか、という問題が当然生まれてくるといえよう。ポンペイウスやカエサルの世界帝国理念を考える際の伏線としても、一応こういった問いを常に潜ませておきたい。

一　呼称の変遷

まず地中海の呼び名であるが、古代人が地中海をどう呼んでいたか、そこにはどのような意味が籠められていたか、そしてそれがどのように変化・発展したかという点を一瞥してみたい。

一般には、地中海はギリシア語ではただ単に「海」（タラッサ）と呼ばれていた。またエジプト語及びアッシリア語では「大きな海」という訳語の当てられる呼び名をもっていた一方、アッシリア語では「前方の海」に対して「後方の海」と呼ばれたようである。もちろんこの場合、前方の海とはペルシア湾を指している。また、ヘブライ語では、地中海に関しては「大きな海」という表現が使われていたようである。

もっとも、ギリシア語でも、ただタラッサ（海）と呼ぶだけではない。やはり夙に、「大きな海」という表現も使用されている。

ところで実はプラトンも、「われわれのそばの海」という表現を使用しているが、これは、第一にわれわれに関わりの深い海の意に他ならず、〝われわれ〟という意識が鮮明であること、第二にそのわれわれとはギリシア人にとどまらない、オイクメネにある人すべてを指していることは明らかである。また「われらのそばの海」とは、他の海及び外洋（オケアヌス）に相対するものであった。それがアリストテレスになると、どう変るか。この哲学者がやはり同じく地中海を「われわれのそばの海」とみなしている点はプラトンに連なるが、それは、他の海に相対するものではなくなる。オイクメネの外にある海に相対して、オイクメネのうちなる海となるのである。「われわれのそばの海」という呼称は、更にテオフラストスやストラボンにと継承されてゆく。

一方、それに対して、「ヘラクレスの柱のこちらの海」という呼称がアリストテレスにあらわれる。もちろん、それはヘロドトスの言う「柱の向うの海」と結びつく。これは前五世紀はじめ頃にあらわれた呼称である、と論者は言うが、大洋、つまり外海についての知識が広まるとともに、前四世紀以降は、この「ヘラクレスの柱のこちらの海」、更には簡単に「内側の海」という呼称が定着してゆくのであった。

実は、こういった表現に対応するものは、ラテン語にもみられる。ラテン語の「内にある海」（マレ・インテルヌム）とか「内なる海」（マレ・インテスティヌム）は、右のギリシア語に当るものといえよう。

ところがラテン語といえば、われわれは「われらの海」（マレ・ノストルム）という表現にぶっつかる。この表現は、現存史料ではカエサルの『ガリア戦記』（五―一―二）にでてくるのが最も古い例である。カエサル以前にそう呼ばれなかったというわけではないが、初出がカエサルというのである。前五五年、ブリテン島への渡航の準備をしていることを記すところに、「われらの海」という呼称が出てくる。しかも、それは大洋（オケアヌス）に対するものとされ、「内なる海」と「外なる海」という呼称の対立にも通ずる。

カエサル以外にも、同時代人のサッルスティウスの『ユグルタ戦記』に三回ほど大洋・外海（オケアヌス）に相対してマレ・ノストルムという語句があらわれる。時代がすこし下れば、リウィウスに見られるばかりか、プリニウスやタキトゥスにも類似の表現がある。更には地理学者の叙述では、一世紀のポンポニウス・メラにでてくる。彼は、地中海が三つの大陸と大洋（オケアヌス）に囲まれていること、また四つの海、つまりカスピ海（北のオケアヌス）、ペルシア湾、紅海、地中海が大洋につながるというのである。

しかし、ここで注意しなければならないのは、「われらの海」(マレ・ノストルム)という表現が使用されているのは、史料の上ではカエサルが最古であるが、実際にはこの表現をローマ人は一体いつごろから使用するようになっていたのか、という点が確定しがたいということである。

ただ、ギリシア語史料では、前二世紀の人たるポリュビオス、あるいは前一〜後一世紀の地理学者ストラボン、あるいは更にプトレマイオスにみられるギリシア語の、あの「われらのまわりにひろがる海」「われらの傍らの海」という表現が、ローマ人の考え方、またはその表現の影響を受けたものといわれている。とりわけ、ここで問題となるのがポリュビオスの場合であろう。カルタゴのことを語る際、「内海」というアリストテレス以来の表現をも使用しているポリュビオスが、明らかにラテン語の「われらの海」(マレ・ノストルム)に当る「われらにかかわる＝まわりにひろがる海」というギリシア語を使用していること、このことの中には、前二世紀半ばからのローマ人の心のなかに「地上世界」(オルビス・テッラルム)、「われらの地球」(ノステル・オルビス)、「ローマ世界」(オルビス・ロマヌス)という表現あるいは意識、そういったものと並んで、やはり「われらの海」という考え方、あるいは意識や表現も存在したことを示すのではなかろうか。

この場合の「われらの海」(マレ・ノストルム)とは、われわれの内海、われわれのオイクメネに属する海、あるいはもう一歩進めて、われらの支配下にある海を意味していると論者は主張するが、この見解をそのまま受けとってよいであろうか。差当り、そういう捉え方があるとしておき、くわしくは次の節において考えることにしたい。

ところで、「われらの海」(マレ・ノストルム)に較べると、いわゆる「地中海」、つまり「土地=大陸の間の海」という表現が何時ごろから使用されたかというと、それは、案外遅いことに気がつく。三世紀のソリヌス(プリニウスやポンポニウス・メラに依拠するところが多い)が、「大陸の間の海」=「地中海」と記しているのが、初出であるといわれていた。しかし最近は(一九六九年)ある論者がこれは未だ固有名詞に非ずとし、初出は七世紀のセビリアのイシドルスであるとして。

「内なる海」「ヘラクレスの柱のこちらの海」、それから「われらの海」、更には「大陸にかこまれた海=地中海」という呼称の変化の底には、内陸部にと歴史の舞台が拡がっていった現実があり、したがって、それは理論的にも、実際にも、ローマの世界帝国への進展と大いに関連するところがあったとみなさなければならない。

二 「われらの海」

次に、「われらの海」(マレ・ノストルム)と呼ばれたことのなかに含まれているものは一体何か、地中海を「われらの海」と呼んだことは、理念的及び現実にはどういう意味をもっていたのか、ということを考えてみなければなるまい。

この点に関して、一応の見通しというか、あるいは一つの角度から照明を当てることにしたい。実は、かつて「ローマと地中海」というエッセイ(一九六四年発表。本書一〇〇頁以下)の中で、ローマ人の言う「われらの海」が文字通り「われらの海」になったのは、後三世紀のカラカルラ勅令によるものと考えたことがある。その際、地中海周辺地域が文字通り統一的な世界、法的に等質の世界になった時点をもって「われらの海」(マレ・ノストルム)の完成とみたのであった。

しかし実は、共和政末期、内乱の時代にローマ人が地中海を「われらの海」と考えていた、その底には、「われわれの支配下にある海」あるいは「海の支配」(インペリウム・マリス)という意識が充分にあったとみなすべきではなかろうか。この点に関しては少々留保が必要であろう。というのは、一論者が、地中海そのものを支配領域とみる考え方に関して、ローマ人の意識の中には「海上支配」は生まれず、ただ支配領域のうちにある海という意識が育ってゆくにすぎない、と主張していることを想起するからである。たしかに、ローマとカルタゴの争覇戦、あるいは東方進出においては「海上支配」という考えが、その根底にあったとは考えにくい。

しかし、共和政末期になると、「地上世界」（オルビス・テㇽラルム）と表裏一体をなす理念として「海上支配」（インペリウム・マリス）というものが生まれてゆくのではないか。

次に、理念にとどまらず、現実に地中海を「われらの海」としたのは誰か、ということを調べることを通して、右の問いにも答えてみたい。ここで、われわれはポンペイウス及びカエサルの業績を考えてみることになるのである。

三　ポンペイウスと地中海

ポンペイウスについては、前六七年に地中海から海賊を一掃した業績と、その翌年からはじまる東方平定の偉業、この二つに焦点を合わせて考えてみなければならない。

まず海賊一掃の大業であるが、ローマ人を長年にわたって悩ましつづけた海賊を地中海から一掃したのは、なんといっても劃期的なことであった。周知のように、若きカエサルにもロドス島に向おうとして海賊にとらえられた話がある。それにとどまらない。ローマに対する各種の叛乱、たとえば奴隷叛乱もまた、海賊との結びつきという地中海的な視野からとらえなければならない。その海賊を一掃できたことに関しては、なによりも第一に掃討の仕方に問題があり、次いで第二にその成果及び同時代の評価において、きわめて独自なものがあることに注目したい。

第一の点は、具体的には海賊の退路、海岸および陸地との結びつきを絶つこと、しかもそれを全地中海的な規模で行なったことである。まさに統一的な視角及び立場から地中海をとらえたものといえよう。在来の政治家が、海賊に対しても、また地中海に関しても、局地的な視野あるいは方策でもってこと足れりとしていたのに較べると、なんといっても劃期的なことといえよう。

第二の点、成果と評価という点からいえば、わずか三カ月でもって、何十年、何百年とローマを悩ましつづけた海賊の災厄を地中海から一掃することにより、キケロの言を借りれば「ポンペイウスの勇敢さによって、外洋からもっと外のポントゥスまで、あたかも一個の安全で鞏固な港のように、ローマ国民の掌握するところとなり……」と賞讃されるように、文字通り「地中海」を「われらの海」とすることになったといえよう。

されればこそ、カエサルと元老院の保守派との同じローマ人同士の争い、すなわち前四九年から前四五年にかけての闘いが、全地中海的な規模で行われるのであった。まさに、「ポンペイウスは海賊掃討によって海の支配権（インペリウム・マリス）をローマ国民にとりもどしてくれた」と評価されることになる。先に、ローマは「海上支配」を意図していたのではない、という一論者の言を挙げたが、実は、このようにしてここではじめて、はっきりと現実問題としても「海上支配」権をローマは掌握する。海の支配者は、ローマ世界（インペリウム・ロマヌム）の支配者であるということになる。

次に、大ポンペイウスの事業としては海賊掃討にひきつづいての大業、いや海賊征討と結びつく仕事、つまり東方の平定について考えてみなければならない。小アジア、アルメニア、シリア、パレスティナの征服者としての彼は、ボスポロスからエジプト国境までを一つの統一的なプランの下に統御した。

このことをもって、同時代人は、ポンペイウスによって「世界帝国」が完成した、とみなすのであった。まさしくインペリウムと「地上世界」（オルビス・テッラルム）が、公式のドキュメントにおいて、同じ意味をもつことになったのである。ポンペイウスは、この「地上世界に平和を与えた」人物として称讃される。「地中海」をわれらの海としたことと並んで、この地上世界＝人の住む世界＝三大陸、ヨーロッパ、アジア、アフリカの統御者として讃めたたえられるのである。

そのもっとも良い例として、前五五年に奉献された「勝利のウェヌス」（ウェヌス・ウイクトリクス）の神殿の周りに建てられた、記念碑の銘文を想起すべきであろう。「グナエウスの息子、大ポンペイウス、大将軍は、世界の海岸、大洋のうちなるあらゆる島を海賊から解放した。また、敵に脅かされていたアリオバルザネスの王国、ガラティア、更にはそれに隣する地方、属州アシア、ビテュニアを守った。また（以下略）」というのである。

キケロもポンペイウスを賞讃して言う。「三つに分けられた地上世界の海岸及び諸地方を三つの凱旋式によって、われわれの支配下においた人物」、あるいは「これでもって、全地上世界がわれわれの支配下にはいった」と。

三大陸を制圧した将軍というのは、実はプルタークの記すところでもあるが、そこには右とはすこしく異なる、ポンペイウス像・評価、そしてわれわれの見てきた地中海像がみられる。

「彼はシリアを手に収め、アラビアを経て紅海に進みたいという熱望を抱いていた。

このことにより、世界制覇者として、世界を四周から取り囲む大海の気に触れようと望んだのである。彼ははじめアフリカにおいて、征服者として外海にまで進出し、ついでスペインにおいて大西洋をローマの西境とならしめ、さらに三たび、アルバニア人を追ってカスピ海に達しようとするところまで行ったのが最近のことであった。今や彼は征旅の足跡を紅海のほとりにまで印しようと、勇躍出発したのである」〔吉村忠典氏訳〕

これは、実はアレクサンドロスの壮大なプランをふまえたものであるとみる点、論者の見解はほぼ一致しているようである。

ここには、「地中海」よりも、むしろ世界、そして世界を取り囲む大洋のことが考えられているのではなかろうか。この史料は、次のカエサルの世界帝国プランを考える際に、もう一度考え直してみたい。ここで問題は、カエサルの世界帝国とはいかなるものか、その世界帝国において地中海はどのように位置づけられるか、ということになる。この点は、まだ充分に検討していないので、一つの見通しを指摘するにとどめたい。

四　カエサルの世界帝国と地中海

実は、カエサルは晩年、いや暗殺される直前に、次のようなプランをいだいていたといわれる。三月十八日にローマを出発し（彼は三月十五日暗殺されている）、パルティアに対する戦争にむかうこと、更に戦いの終了後、各地を巡遊して、その支配領域が四周「海」でもって画されるようにする、というのであった。ここで問題となるのは、その後半のことである。それはプルタークの伝える話であり、信憑性という点に大きな問題があるからである。プルタークでは、次のように記されている。

「そこで、遠征を準備し、計画することになったのである。それは、まずパルティアを目指し、これを平定してからヒュルカニアを抜けて、カスピ海およびカウカソスに沿って黒海沿岸をまわった後、スキュタイ人の地に侵入し、更に、ゲルマン人に隣接する地方や、またゲルマニアそのものを席巻してから、ガリアを通ってイタリアに戻るというものであった。このような遠征事業でカエサルは自分の支配領域を一つの環のようにし、その周りをぐるりと大洋がとりかこむようにしようと図ったのである」

このプルタークの文章は、夙にすこぶる重要な意味をもつものとみなされていた。

様々な議論が展開してきたが、第二次大戦後に物されたドイツのある学者の説に従いながら、この記事を考え直してみたい。

その前に一言しておかなければならないことがある。それは、属州巡回あるいは支配領域の巡回ということのもつ意味である。実は、属州あるいは支配領域を経めぐるということ自体、為政者の統治行為に他ならなかったとみなしたい(カエサルの場合、その色合いがすこぶる濃かったのではないかと思う。㈠エジプトにおけるクレオパトラとのナイル周遊、㈡アフリカ戦役後のサルディニア寄航)。

そこでプルタークの記事の問題となるが、一論者が、これを単なる噂さ、あるいは机上のプランにすぎないとするのに対して、先に述べたドイツの学者は、プルタークの記したところは信憑性の批判に堪えるものであり、単なる机上プランに非ずとしている。その根拠の第一は、カエサルの現実体験が、すでに大洋、世界とローマの支配領域との関連を考えていたことを示すという点、第二は、外洋をもって世界帝国の国境とするというのがアレクサンドロスのプランの再現であると考えられ、しかも「世界支配・世界帝国」に関して、カエサルは常にアレクサンドロスを念頭においていたことが実証されること――カエサルがいかに、しかも常に、アレクサンドロスを念頭においていたか、意識していたかという点は明らかである――この二点である。

次に、それに加えて強調されるべきことは、カエサルがそれぞれの地域・地方に関してはっきりした知識がなければ行動を起さない人物であったこと、ところがこのカエサルの周遊プランには地理的な誤りがあったということである。ところがこの誤りは、当時の一般的な常識である地理的な知識の誤り、つまりエラトステネスからポセイドニオスにと連なる誤りに基づくものであったとすれば、このプランにみられるカエサルの地理的な誤り自体、逆にカエサルのプランの現実性を示し、机上のプランでないことを支える根拠となる、というのである。傍証として、北方からイタリアに達するというのは、ローマに抗しつづけたポントゥス大王ミトリダテスの見解であったこと、したがってこの時代にあってはある程度想定されうるプラン――常識的といえるかどうか、そこまでは問題であるが――であったとみることができる〔これは最新の見解である〕。

このようにみてくると、カエサルのプランの真実性を、その限界も、欠点も含めた上で認めなければならなくなる。ただ一点問題が残るとすれば、先に記した同じプルタークにみられるポンペイウスについての記事であろう。それは、ポンペイウスも類似の考え方をもっていた。したがってカエサルの独創ではない、とみるか、あるいは、両者ともプルタークのつくりあげた記事もしくはプルタークの依拠した史料、プルタークの同時代人の通念・知識をふまえたものとするかということである。

しかし、このカエサルに関する記事を信憑性の批判にたえるものとした上でここで問題にしなければならないのは、四周を海で囲まれるという形での世界帝国のなかにおいて、地中海はいかなる位置を占めるのかという点であろう。

もちろん、カエサルは地中海が内海であることを知っていた。しかも、その上で今述べたような四周を大洋で囲まれる帝国、という考えをいだいていたとすれば、そこに矛盾はないだろうか。そこに問題は残っていないだろうか。それは、プルタークの記事に触れられていないアフリカをどう解するかということにかかわる。アフリカの砂漠の南に、そもそもなにかあると考えていたのか。

アフリカを知悉しているカエサル（アレクサンドリア戦役やアフリカ戦役を想起したい）は、当時の地理的な一般的知識をふまえて、その南にも大洋が存在していると考えたのであろう。とするとプルタークの記事はどうなるか。実は、アフリカの支配に関しても、当然の自明的な前提があったのである。それは、たとえばスペイン——外洋、この関連と同じものといえよう。スペインとアフリカの支配をも含めて、その上でのプルタークの記事であったと考えねばならない。

しかし、このことはさほど重要な問題ではない。当面のわれわれの問題意識からすれば、むしろカエサルの世界帝国プランに関しては、次の点に注目しなければならない。それは、一論者の説くように、古代史においては地中海が問題となることがあっても、大洋（オケアヌス）が考察の中心にすえられたことはない、という点である。その点からも、カエサルの自己の支配領域の四周を大洋で画すというのは、たとい可住地＝大陸を四周でとり囲む大洋という地理的な認識があったにせよ、地中海——地中海岸定住——世界（オイクメネ）という捉え方が一方に厳として存在したとすれば、古代人の在来の思考や生き方の枠を抜き出たものと解すべきではなかろうか。しかもそれが実は、すでにポンペイウスにも萌芽的にはみられるものであったとみなければなるまい。

そこで言えることは、ポンペイウス、カエサルという共和政末期ローマに聳立する二人の政治家にあっては、地中海を文字通り現実に「われらの海」（マレ・ノストルム）にすることによって、理念の上ではそれを包んだ、あるいはそれを越えたものが生まれていることが明らかになった。いや、理念の上だけではない。やはりここで、カエサルによるヨーロッパ内陸部の平定事業のもつ意味の大きさを想起しなければならない。実は、それまで古典古代の人にとっては、感覚的にもまた現実にも地中海岸定住性あるいは地中海岸しか問題とはならなかったのである。たとえば、彼の登場する前にはガリアはスペインへの通路にすぎなかったといわれていたとすれば、そのガリアの内陸部までローマ世界にくりいれられたことのもつ重要性は、いくら強調しても強調しすぎることはない。

逆に言えば、地中海が文字通り「われらの海」になることによって、それを越えたものが為政者にとっての問題になってゆく、といえるのではなかろうか。

帝政期にも、経済史的には、地中海は「われらの海」として大きな役割を果しつづけるが、政治史的、あるいは政治家及び支配者の抱負・経綸の中では、その占めるウエイトは小さくなってゆく、といえるのではあるまいか。それが、表現形式上の「われらの海」（マレ・ノストルム）から「大陸＝大地の間の海」（マレ・メディテラネウム）という変化・発展に対応するといえよう。

もちろん、別のところで指摘したように（本書一〇〇頁以下。「ローマと地中海」）、真の意味で、地中海が「わが海」となり、国家ローマの「内海」となるのは、「ローマ市民権」がローマ帝国全体に拡大されてはじめて、とみなすべきであろう。そのためには、ポンペイウス及びカエサルの時代からやはり、ある程度の時間が必要であった。もっともこれは別の視角からのとらえ方である。

むすび

「われらの海」（マレ・ノストルム）という呼称が浸透してゆく一方、相変らず「大きな海」（マレ・マグヌム）という呼び名も生きつづける。それは、アリストテレスからアウグスティヌスまでずっとみられるのであった。ただ、この呼称がギリシア語の「大きな海」にそのまま連なるかどうかには疑念を呈する人もある。

しかし、古代世界の一番最後に登場するのが、今日の英語・独語の「地中海」を意味する「地中海」（マレ・メディテラネウム）である。すでに述べたように、初出が三世紀のソリヌスであるのか、七世紀のイシドルスであるか、問題であるが、厳密にはイシドルスの登場をまたねばならないようである。ただ、ソリヌスからオロシウスに至る間、たしかにメディテラネウスというのは、マリティムスに相対する表現として、単に「陸地の中の」という意が強いにせよ、したがってソリヌスやオロシウスでは単なる「内海」というニュアンスが濃いにせよ、一論者が主張するように、ソリヌスにおいてはじめて純粋に「大陸の間」とみなす萌芽があり、それがイシドルスではっきり定義づけられたとみるべきであろう。

そういった意味で、三大陸、つまり内陸までが問題となってゆく流れの中に、近、現代のわれわれの使用する「地中海」＝「大陸の間の海」という表現が育ち、確立することになったとみたい。

（一九七〇・一）

〔付記〕プルタークの訳は元稿のそれとは異なり、新訳を拝借、あるいは採用した。

ローマ史の旅から

デロス島

かなり詳しいギリシアの地図をひらいても、デロス島はなかなか見つからないであろう。ましていわんや、普通のヨーロッパ地図には全く見あたらない。それもそのはず、星くずのように島々をちりばめたエーゲ海、そのなかにあってもこの島は最長個所で南北五キロ、東西一・三キロ、面積はわずかに三・六平方キロにすぎない。博物館員と一軒の茶店兼宿屋の家族が住むだけの無人島といってもよい。しかし、古代ギリシアの歴史をひもといた人は、誰でも、この島の名は知っているであろう。

ギリシア神話のアポロンとアルテミスの二神が生まれた島という言いつたえがあり、そのためにアポロンの神域が設けられて長く信仰の中心となっていた。更に、島の名はデロス同盟に結びつく。ついで、ヘレニズム時代に東地中海貿易の一中心として栄え、紀元前一六七年ころから特に自由港として繁栄を謳歌している。最盛期には商品としての奴隷が、日に一万にも及ぶほどに取引されたといわれる。この時代の奴隷は、海賊の活躍と結びつくことが多かった。そういう意味では、海賊によって栄えたともいえるデロス島が、皮肉なことには紀元前六九年に海賊の手で破壊された。そして、それ以後、いくたびか復興の試みもみられたが、今日までずっとほぼ無人島であった。

デロス島への道はかなり不便である。いやデロス島だけではない。ギリシアの島めぐりは決してたやすいものではない。船会社は十数社、それぞれが一隻ないし二隻位の定期船を就航させているにすぎない。したがって、島と島とを結ぶ便はきわめてすくない。たとえば、東地中海きっての大島クレタとロドスを結ぶ便でも、週一便乃至二便である。

この眇たる小島、ただ遺跡があるだけの島への、本土からの直行便はもちろんない。画家の島とうたわれる、牧歌的な風車の島、ミコノス島が、定期航路の寄港地である。

そこから小さなボートに揺られること一時間でデロス島に達する。

デロス島は最高峰一一三メートルの岩がちの島であり、博物館の館員の奥さんのくわをふるう菜園が目にはいる他は、すべてが岩であり、石ころである。遺跡は、前七世紀から各時代にわたっているが、主にアポロンの聖域と殷賑をきわめた港町としてのそれからなる。なんと様々な神さまの神殿があったことか。広場(アゴラ)の跡もいくつか残っているし、劇場跡もある。また、ギムナジウムも、スタディオンもある。市街地、住居跡も発掘されている。なにしろ盛期には、二万五千の住民を数えたというのである。

ただ、空と海との気の遠くなりそうな青さが、野生のケシや野菊の咲き乱れる遺跡を、決してしめっぽくないカラリとした清朗なものにしてくれよう。聖域を護っていたという獅子像に、はるか故国のお社(やしろ)の参道の狛犬(こまいぬ)を思い出しても、あのさやかな葉ずれの音はここにはない。

この島に一歩足を印すれば、ひとは歴史家となり、詩人となるであろう。

僕がこの島に旅したのは四月〔一九五九年〕も末のことであった。デロス周遊の根拠地、ミコノス島はもうアメリカ娘たちの水着姿が目立っていた。デロス島へのボートは、これらのお嬢さんをも運んだ。しかし、甲羅干しに余念のない彼女たちは、古代の港跡に着いても腰をあげない。この人たちにとっては、デロス島もフロリダの海岸もえらぶところがないのであろう。

炎天下の遺跡めぐりの後に、三部屋しかない宿に一夜のやどりを求める。うれしいことに歴史に思いをはせ、人生を語る客があった。デンマークの老婦人である。夕べの帳のおりてくるとともに、冷気につつまれる。傾ける葡萄酒は必ずしも銘柄品ではないが、「レチナ」(松脂入りのもっとも大衆的なもの)が昼間の疲れをいやしてくれる。

ギリシアを旅するものは、自然と廃墟の美しさもさることながら、ギリシア人の外客歓待の心に打たれることであろう。それは、ゼウスの神のいい伝え以来のギリシアの伝統である。

島めぐりの船の中でも、単なる好奇心のまなざしに出会うのでなく、団らんの中に招じいれられるであろう。野道をゆけば、畑仕事のお百姓さんに、手をふってよびとめられ、葡萄酒と羊の串焼きをふるまわれることも多い。

ミコノス島の高みで、汗びっしょりの僕に、少女が両手にさげたカメから顔をふくようにと、汲みたての水を惜しげなく差し出してくれた。「この水は?」との僕の問いに、「これは飲み水です。しかし、もう一度下の村まで汲みにいってきます」と言うのであった。

古来の外客歓待の心ばえ、と言ってしまえば簡単である。ただ僕の目には、碧空にゆっくりまわっている風車の白さが、痛くなるくらいに泌みこんできた。

（一九六四・一〇）

「キリストはエボリにとどまりぬ」

「ほんとうにキリストはエボリまできてとまってしまったのだ。エボリの町で道路と汽車はサレルノの海辺をあとにして、ルカニアの不毛の土地にはいりこんでいる。……いやこの土地にはキリストばかりか、時間もなく、個人的精神もなく、希望もなく、因果関係もなく、理性もなく、歴史もない」（清水三郎治氏訳）

カルロ・レヴィはこのように言っている。反ファシスト運動のためこの地方に流された北伊トリノ出身の作者の言は、すこし割引きして聞かねばなるまい。たしかに、ハンニバル戦争以来南イタリアが荒廃していたこと——もちろん、すでにローマ帝政期に繁栄をとり戻したとみる見解・主張のあることも知ってはいるが——はよく知られ、ほぼ常識となっているが、南イタリアといってもテュレニア海沿岸地方は一見荒れてはいない。オレンジ、レモン、イチジク、ベルガモットの樹々が鮮かな緑色を陽光に輝かしている。とすれば、バジリカータ（ルカニア）やプーリアといった長靴のカカトのあたりが問題になるのではなかろうか。

この地方を文字通り素通りしたにすぎない私〔一九五九—六〇年〕には、荒廃の程度をとやかくいう資格はない。ただ、この地方において着々とすすめられている農地改革が、どうもあのローマ時代に企てられた土地改革の一帰結のように思われてならない。農民の一人一人とじっくり語り合うチャンスもてず、ただメタポントの海岸で若者たちと葡萄酒をくみかわしたにすぎない私、もちろん現代イタリアのことには全くの素人である私に、農地改革の実態を描きだすことは無理なので、政府の報告書をのぞいてみることにしよう。政府の報告が、一体どの位現実を示しているかは問題であるが、一つの側面を照らし出し、現在の問題点を指摘していることはたしかであろう。

プーリア（昔のアプリア）、バジリカータ（ルカニア。つまりグラックス改革の土地標石が出土している地方であることを想起したい）、モリーゼの農地改革は、周知のように一九五〇年に施行された三つの農地法の一つ（暫定法）によるものである。この三つの法の対象となるのは、ポー河口とかサルジニアまで含めたきわめて広い地域であるが、ここでは前記三地域に関する一九六〇年の報告書から一、二数字をあげてみよう。

土地改革の対象となるのは、総面積の四四・八％である。当然、まず土地収用が行われる。一四三七人の土地所有者、一九万九三九八ヘクタール、そのうち二三八人はある程度の土地所有を認められ、結局一八万五六〇ヘクタールが国家の手に収められる（総面積の五・三四％）。しかし、その後収用面積はすこし増え、最終的には一九万八五四六ヘクタールとなる。ところで、土地を収用された地主は、おおむね不在地主（総面積の六六・九％を所有する）であり、広く小作経営を行なっていた。収用地の九一・九％が播種耕地または牧草地であり、わずか八・一％が果樹園及び森林となっているのは当然のことであろう。

それをこの地方の平均と比較すると、次の通りとなる。

	耕地	牧草地	果樹園	森林
この地方の平均	四八・八％	一九・五％	二二・二％	九・五％
収用地	六〇・三％	三一・六％	五・八％	二・三％

ついで土地の割当の問題となる。有資格者の規定もなかなか面白いが、どれだけの土地が割当てられたかをみると、一家族平均二・五ヘクタール、最高一四から最低〇・四ヘクタールといったところである（もちろん、歴史的・社会的条件も異なり、農業技術の進歩・発展その他を考えねばならないが、ちなみにローマ時代の単位を記せば、一ユゲルムは四分の一ヘクタール、ローマの古い伝承上の世襲地は二ユゲラつまり二分の一ヘクタール、ティベリウス・グラックスの貧民に分配した土地は三〇ユゲラ＝七・五ヘクタールに当る）。土地割当には二つの型がある。

一つは、組織的に移住してくる家族に、少なくとも家計維持に必要な収入を確保させるために割り当てる場合。今一つは、一ないし二ヘクタールしか土地を所有していない貧農に家計の「補助地」として割当てられる場合。前者は、一九五九年三月末日現在、一万六〇七七件、一三万五二六五ヘクタール（収用面積の七八・五％）。平均すると、水利に恵まれた地域が四・五〜五・五ヘクタール、丘陵地帯が六〜一〇、最高が四五〜五〇となっている。後者は、一万五〇五三件、三万六九七一ヘクタール（収用面積の二一・五％）である。

割当契約に関しては、売却契約により三〇年年賦、利子が三・五％、三年の試験期間を定めるなどなかなか興味をひく規定もあるが、ここでは、一九五〇年から五九年の間に、一体どの位の人が落伍したかをみてみよう。再譲渡三二六、放棄五〇、追放二四〇、これらの合計は全体のわずか三・八%にすぎないという。政府の報告であるから割引きして聞かなければならないが、数字だけみれば、一応成功の部類にはいろう。

農地改革は、決して土地の再分配というだけにとどまらず、植民、そして土地改良、社会福祉、協同経営組織等々の総合的な変革をともなっておしすすめられている。私の歩いたのはこれらの地方のほんの一部で、しかも都市の周辺部に限られている。南イタリアの地がすっかりバラ色に輝いているなどとはとても言えないにしても、ローマ共和政期以来の荒廃を──常識として私たちの頭にしみこんでいるものであるが──とり戻しつつあることが、ひしひしと肌に感じられた。

ゲーテは、その『イタリア紀行』(一七八七年五月二八日)において、ナポリで彼独得の観察眼を働かせて、イタリアの人、南国の人が無為の徒であるという北の方の連中の俗説を、実にあざやかにうち砕いている。「のらくら者」「怠け者」どころか、すべての人がそれぞれの方法でまさしく「生きている」ことを私も痛感した。「暑いところは人を怠惰ならしめ……」という風土による人間の規定は、どうも簡単にはうなずけない。「豊饒による怠惰」という人もあれば、また「貧困による怠惰」とみなす人もあろう。しかし、なによりもそういう規定の底にある「怠惰」という一つの価値観・価値意識に支えられた捉え方自体を、もう一度考え直さなければならない。

南イタリアの農地改革は単なるお役所仕事ではなく、しかも統計の数字にあらわれる以上に、一歩一歩進んでいるようにみえる。しかし、その点に関してやはり専門家の説明・解説を聞いてみたいものである。

（諸資料は、一九六〇年に在フランクフルト、イタリア総領事館・文化担当官ジャンニ・セルウァーニ氏の示された御厚意によるものである。）　（一九六二・一二）

カルタゴの故地にて

——旅日記より（昭和三六年七月九日、テュニス・カールトンホテル）

テュニス航空の四発機は、海水浴客らしい人を三十数人乗せて、マルセイユから二時間ちょっとで地中海をひとまたぎする。アフリカ大陸が見えてから、赤茶けた陸地沿いにかなり飛んで、やっと野原のテュニス空港に安着。もっともこの飛行場がたいした代物で、二本の滑走路のほかにはカマボコ型兵舎が一棟あるだけである。

さて、カルタゴの故地がテュニス郊外二〇キロ足らずのところに拡がっていることは分っているが、一体、交通機関は、遺跡の現状は、といったことは小さな案内書でははっきりしない。政府発行のテュニジア紹介書も二〇〇ページの大部分が現代テュニジアの説明にあてられている。飛行場のカウンターで安い宿を世話してもらい、ひとまず旅装を解く。

日曜日なので、観光局や旅行案内所などもしまっているようだ。ただ幸いなことに、カルタゴの故地一帯には海水浴場ラ・マルサゆきの郊外電車が二〇分おきくらいに通っているらしい。海水浴客——アラブ系、フランス系、あるいは階層もさまざま、色とりどりといったところ——で鈴なりの車に身を委ね、海岸沿いに北にゴトゴト走ること三〇分たらずで、その名もカルタゴなる駅に放りだされる。とにかく高みから俯瞰しようと、高み、つまりビュルサの丘（海抜六〇・五メートルとか）のクリーム色の教会（カルタゴの大司教座のあったところ）を目標に歩きだす。

しかし、駅を一歩出ると、さあ大変、案内人がよってくる、物売りがやってくる。物売りといっても、発掘品（と称するもの）をふところから取り出して売りつけるやからで、セリヌンテ（シシリー島の遺跡）以来久しぶりにお目にかかる。かなりの国々の遺跡をまわってきたのに、これが二度目である。案内人たちは、政府発行の証明書をうやうやしく差しだし、「汝は予をやとわざれば、何も見ること能わず」と脅迫するが、こういった方々につかまっては大変と「予は専門家（？）なり。汝を必要とせず」とかなんとか、いさましいことを言ってようやく退散ねがう。しかし、遺跡はこのあたりに散在しているはずなのに、全然道しるべはないし、道をたずねるべき人も見あたらない。

聖堂傍らの博物館をどうやら探しあてる。珍らしいもの、たとえば一九六〇年出土のモザイクなどは、すべてテュニスの博物館に移されているのであろう。しかし、古代貨幣がなかなか豊富で面白い。とくにローマ時代のシシリー、南イタリアのそれが多く、カルタゴ――後の属州アフリカ――とこの地方とのつながりがしのばれる。中庭には、コリント様式の柱頭がごろごろところがっている。

ビュルサの丘の南斜面には、フェニキア人（カルタゴ人）の最古の墓地があったと推定されるが、今はっきりと残っているのは累々と連なる城壁の跡である。ここには柵もなければ、高札もない。ところが、またもや古銭売りがはだしで追っかけてくる。どこからか遠めがねで人の来るのを見ているのであろうか。内陸の方を望めば、広々とした眺めであるが、東はすぐ、といっても五百メートルくらいはあろうか、目の痛くなるような紺碧の海、テュニス湾になっている。文献の上ではこの丘にあると考えられる各時代また各種の遺跡には、諸説紛々としてまだその所在の判然としていないものも多い。

なるべくサッパリした身なりの人を探しては、道をたずね、たずねしては町を抜け、だだっ広い道路を内陸に一〇分たらずゆくと、円形闘技場に達する。キリスト教関係の史料によく出てくるこの円形闘技場は、なかば砂に埋もれている。広々としたこの野原においてみると、いかにも小さなものであるが、物の本によるとローマのコロッセウムに匹敵する大きさということである。あたり一面は原野のようであるが、どうも麦畑らしい。しかし、あぜもみぞもない。

道路わきでは丁度脱穀の最中である。大きな脱穀機（私の想像が正しければである）を動かしているのは三、四人だが、なんと十数人もむらがっている。水甕や上衣などをあちこちに固めておいているところからみると、見物人ではなく、みなこの機械で働く人であろう。これならば、スペインの片田舎でよく見た、ロバにぐるぐると臼をひかせる方がましではないかという気がする。もっともこれは全くの知識のなさによる思いというべきかもしれない（スペインの事例は脱穀であったか問題であるし、この場面も経営その他をふまえなくては、なんともいいようなかろう）。

ただ、私の方をみなうさん臭そうに見ている。ギリシアの田舎、文字通り私の歩いた限りのギリシアで出会った人たちの人なつっこさが思い出されてならない。ネメアでもミストラでも、そしてマリアでも、どこでもギリシアでは、人の輪の中にいれられてしまった、いや、畑仕事の人たちが、その手を休めて円陣の中に私を誘いこんでくれた。雰囲気というか、あるいはよそものに対する目がかなり違うな、という感じである。

再び町を横切って海辺に引きかえす。海岸沿いに別荘（であろう）が立並び、ジャズの音も流れてくる。その海辺に、というよりかなりの部分が海に埋没していると思われる。アントニヌス・ピウスの名の冠された浴場跡が、ものものしく鉄条網に囲まれて横たわっている。しかし、門番君は、もうあと閉門まで三〇分だからといってなかにいれてくれない。例の「明日来い」である。まだ日はさほど傾いていない。しかし「日没一時間前まで入場許可」という南ヨーロッパでよく見られた類いの規定なのであろうと、自分を納得させる。

浴場跡を背に、砂ぼこりのひどい街道をてくてくとサランボーまで歩く。フロベールの小説でその名も有名なここには、カルタゴの旧港の跡がある。今はほとんど池、それも普通の公園の池みたいになっているところが、いわゆるカルタゴの人工港の軍港のあとであろう。元来が、直径三二五メートルの円形と聞いていたが、それにしてもなんと狭いことか。夕べの帳の下りてきた海辺では、体格雄大なヨーロッパ系の女性がただ一人まだ甲羅干しに余念ない。岸壁の蔭では、一二、三歳の子が、円陣をつくった七つ八つのはだしの子どもたちに本を読みきかせている。
もうこの先の商港の跡とか、カルタゴ人の墓地まで足をのばす気力も体力もなくなっている。テュニスにもどる電車は、潮の香を一杯に含んだ人いきれで息もつまりそうである。町は、南ヨーロッパのどの町でもみられたように、夕暮どきの散歩をする人たちでごったがえしている。五〇万の住民のうちの四分の三が欧州系の人といわれるが、そういえば肌をむきだしにした女性も多い。さて、明日は、今一度カルタゴの遺跡か、内陸ドゥガ（トゥガ）か、ウティク（ウティカ）か、と思案しながら、雑沓を宿へ急いだ。

（一九六二・七）

カルタゴ・ローマ・テュニス

一

私がテュニジアを訪れたのは、丁度ビゼルタ港をめぐるフランスとの風雲が急なときであったから、一九六一年の夏のことである。しかも、フランスの旅を終えたその足で、地中海を真南に、マルセイユからテュニスに飛んだのであった。

実は、南フランスの旅の最後の日、アヴィニヨン駅頭で、武装した兵士をつんだ汽車が陸続と南にむかうのを目にした。そのとき、あの汗くさい皮革の匂いが、今はもうはるか昔となった戦いの日々のことを、ふと思い出させた。しかし、町行く女性に奇声をあげてからかっている若い兵士たちのくったくなさそうな姿には、戦争などとはほど遠い、なにかスポーツ競技にでかける若者の人間臭さを感じさせるものがあった。その翌日、私はマルセイユからテュニスに飛んだ。

ところが、地中海を一またぎする飛行機は至極のんびりしたものであった。海水浴か、あるいは保養にでかけるらしい、肌もあらわな女性がお客の大部分を占めていた。それは、丁度リスボンからカサブランカへ、あるいはモロッコの町・テトゥアンからセビリアに飛んだときと同じような、地中海を南北につっきるどの夏の旅にもみられるあたりまえの光景である。真昼の地中海は、さざなみがきらきらと陽光に輝いていた。

ビゼルタをめぐる風雲はますます急を告げ、フランス・テュニジア両国が一触即発の事態においこまれているというニュースを読んだのは、テュニスに着いた翌日であった。だがしかし、町のたたずまいは平常そのままで、なんら格別の変化もみられない。この変化のなさが、私をして「現代のテュニジア」の問題に軽々には立ちいらせない、そう簡単には割りきらせないものを感じさせた。しかも、私の目にうつるこの「変化のなさ」が一体テュニジアという国のどの側面であるのか、見当がつかない。テュニジアの旅行が古代を求める旅に終始したのも、こういった理由による。実は、あとで知ったのであるが、「ゼネスト、デモがくりひろげられて……」と報告されていたし、またフランス軍が正式に軍事行動に訴えたのは、その十日あとのことであった。

それに率直に記せば、私はアフリカにおいてはあくまでも「よそ人＝外国人」であった。アフリカ大陸に足を印するのも、もうこれで三度目であるが、やはり、なんといってもすこし緊張する。この緊張感は、一体どこからくるのか。ヨーロッパ的な教養世界の文化的な伝統のなかではぐくまれてきた私——ここではその点の是非善悪をめぐる様々な問題にはたちいらない、ともかく明治以来の日本の歩みがそうであった事実は否めず、私も一応その流れの中にひたってきたといえよう——にとって、アフリカとはなんとなく異質的な世界と観ぜられ、身がまえることになるのであろう。

そういえば、かつて日本からヨーロッパに向かうとき、カイロ、イスタンブールを経てアテネにはいって、ほっと一息ついたことを思い出した。アテネはヨーロッパであった。

「緊張などしない。どこでも平気だ」、あるいは「ヨーロッパこそ肌に合わない異質の世界だ。アフリカに足を印するとホッとする」という人があるかもしれない。しかし、そういう人にかぎって、おしきせ旅行であったり、あるいは一人旅でなかったり、また万金をふところにしのばせた旅であったりする。あるいは「文明」にあきた人の旅であれば、そういうこともあろうか。

アフリカ、あるいは非ヨーロッパ世界に対する緊張が昂じてか、テュニス飛行場で、到着早々、飛行機の切符——あと中近東諸国一二カ所を途中下車して東京にいたる切符――を落してしまった。パスポートをおき忘れたのは、たしかタンジール(モロッコの町)の飛行場であったたし、アフリカは私を緊張させるのであろうか。幸い、切符はただちに私の手に戻ったが、着陸直後のこの不始末、テュニジアの旅の前途が思いやられた。

これほどしばしば地中海を上下、すなわち南北に飛んでも相変らずの有様で、緊張はすぐにはとけない。地中海は、やはりヨーロッパとアフリカをさえぎり、隔てるものなのであろうか。たしかにそういうような気もする。だがしかし、必ずしもそうではなかった時代をわれわれはもっているのである。それが、地中海を内海とした古代ローマの時代なのである。

二

テュニジア共和国の首都テュニスの北部約二〇キロのあたり一帯が、カルタゴの故地にあたる。

現在のテュニジアについては、ただ北アフリカの一カ国という程度の知識しかない人でも、カルタゴといえば、すぐハンニバルの名を思い出すであろう。またカルタゴとローマとの戦い、すなわちポエニ戦争を知らない人もいないであろう。しかし、テユニジア共和国がただ単に過去の栄光のみに生きる国ではないということは、もちろんのことである。ブルギバ大統領にひきいられたこの国はアラブ世界でも独自の地位を占め、その平和共存主義はナセルのアラブ連合のアラブ民族主義との対立を生んでいるが、アラブ世界をリードする一つの主張であることは周知の通りである。

だがそれにもかかわらず、カルタゴの放つ栄光はあまりにも大きかった。中世初期に民族移動によってヴァンダル王国がこの地にきずかれたことも、またアラブの侵寇以後の輝しい歴史も、すべてこのカルタゴの名のかげにかくれてしまっているかのようである。それは、必ずしも私が西洋古代史の研究を志しているからだけではあるまい。

そのカルタゴであるが、たしかに古のカルタゴの町はテュニスの北東の海岸一帯を占めていた。テュニスの町はずれから出ているかわいらしい郊外電車も、サランボーとかカルタゴといった名の駅を通って、別荘地・海水浴場「ラ・マルサ」に及んでいるのである。

しかし、サランボーで電車を捨てても、またカルタゴ駅から歩きだしても、古代カルタゴにはなかなかぶっつからない。カルタゴを今に伝えるのは、わずかに軍港のあとだけである。ハンニバルをおくり出し、カルタゴの栄枯盛衰を見てきたこの軍港の跡はいかにもせまい。直径三二五メートルの円形の港、二二〇隻のガレー船を碇泊させたというので、ある程度の大きさを想像していたが、これでは浜離宮や後楽園の池ではないか。また池の真中に島がある。その島の上に立って軍司令官が号令を下したという。軍司令官なんていうものではなく、子供の水泳練習にピリーと笛をならす先生が立っていたような気がしてならない。

もちろん、この他にも「古代カルタゴ」の遺跡は残っている。この軍港の先に矩形の商港跡もあるし、なによりも、墳墓の跡がそれである。しかし、カルタゴの故地を訪れて、ひとはなにに突きあたるかと問えば、それはローマにである、という答えがかえってくるであろう。私の目にしたのも、カルタゴを滅ぼしたローマであった。

試みにカルタゴ駅で電車を捨てるとしよう。身分証明書を高くふりかざした男が駆けよってくるであろう。国家公認のガイドの証明書であるという。ガイド君はガイドをするだけではなさそうで、出土品を売りつける仕事までもっているようである。そういったお方には御遠慮願って、道を東に、海岸の方にとる。白壁の瀟洒な家々の間を通り抜けると、突きあたるのは、古代ローマの皇帝、アントニヌス・ピウス帝（紀元後八六〜一六一年。在位一三八〜一六一年）の浴場跡である。アフリカで最大の広さをもつピウス帝の浴場は、半ば海に没している。もちろん、美術史的にみてそれほどのものが残っているわけではない。舗装モザイクも少々残っているが、コリント様式の柱頭がごろごろしているだけである。スケールがなかなかのものであることは、歩きまわればすぐに納得がゆく。

一方、道を内陸にむかってゆけば、半ば砂に埋まった円形闘技場のあとがみられる。キリスト教徒迫害の歴史にたびたび登場させられる代物である。大きさはローマのコロッセウムに匹敵するといわれる。

カルタゴの政治・宗教上の中心で、カルタゴ滅亡後ローマ総督府のおかれたビュルサの丘の上には、クリーム色の教会（聖ルードウィヒの礼拝堂、更にはカルタゴの大司教座のあった聖堂）が聳えたつ。この丘の斜面にはカルタゴ時代のもっとも古い墳墓があったといわれるが、われわれの目にはいるのはそれを蔽うローマ時代の遺跡である。累々と城壁の跡が連なるし、またコリント式の柱頭もころがっている。丘の上の博物館の陳列品もローマ時代のものが多い。一体、これはなにを物語るのであろうか。

ローマの拡がりとその統一性なのである。カルタゴを求めて、ローマに突きあたったのである。ひとは、あるいは反問するかもしれない。汝のいう「ローマ」も遺跡であり、廃墟であり、要するに「死んだローマ」にすぎず「生きたローマ」ではない、と。だがカルタゴが死んでしまっているといえても（もちろん、アラブ世界との関連など考えると、そのように言いきれない点もあるが）、ローマは死んでいるとはいえまい。カルタゴの文化、それはたしかに、そのままの形ではどこにも生きていない。それに比べるとローマは生きている。生活慣習として、市民精神として。それがスペインであり、フランスであり、またこの北アフリカ（ここでは前面にでていないが、一つの底流といえばよかろう）なのではなかろうか。

そのローマ世界においては、地中海はヨーロッパとアフリカを隔てるのではなく、ヨーロッパとアフリカに囲まれた内海であり、両者を結ぶものでさえあった。ローマ世界の人たちは、われわれのようにアフリカに違和感というか、とまどいを抱かなかったにちがいない。この点はくわしく調べてみなければならないが、ローマ人にとっては、地中海は障壁ではなく、内海であり、この地域も、ローマ化の進展した土地、何よりも搾取の対象の場であり、ローマ人にとっては上からのぞむ姿勢をとりえたからこそ、と言えないだろうか。

三

テュニスのメインストリートは広々とし、棕櫚椰子の街路樹ものびやかである。メジナ（アラブ人居在地）も案外こざっぱりしている。ところで、町をゆきかう人は千差万別、黒あり、白あり、褐色である。それもそのはず、この町の人口構成がそうである。手許にある統計（一九五六年）によれば、総人口四二万のうち、二〇％がフランス系、一〇％がユダヤ系、そしてその他に一五％のイタリア系の人が指摘される〔最新の統計ではどうなっているか。興味があるが、あえて、旅の当時の資料のままにした〕。

フランス系の人の比率は、かつてこの国がフランスの植民地であったから当然のこととして、イタリア系の人の多さはなにを意味するのか。イタリアとアフリカ、すなわちシシリー島とこの旧カルタゴの地が一衣帯水の間にあることを示すといえよう。ローマ時代には古代イタリア人のこの地に来り住むものも多く、南イタリアやシシリーで鋳造された貨幣も数多く出土している。私も、テュニジアを去るとき、イタリアの飛行機でシシリーのパレルモまで、ほんの一飛びに飛んだのであった。

このような複雑な人種構成がこの流動する国際政治にどのような働きを示すのか、もちろん軽々に断ぜられないにせよ、そんなところから私の「現代テュニジア」に対する思いは回転しはじめる。一国の首都だけをみて、その国を判断することは危険である。まして数日の旅でその国を云々することなど許されないであろう。ここでは、今記したような思いを回転軸とするひとりの旅人の感想をつらねるだけのことである。

ビュルサの丘から内陸の方をみると、目にはいるのは、はるかに伸びる野原とも畑ともいいようのない拡がりであった。一日その野原を歩いてみて私の心に去来したのは、ローマ時代にローマの穀倉として大ローマの台所となった「豊かさ」である。昔は穀倉であった。そして今は——。たしかに大きな脱穀機は回っている。しかし、そのまわりに群っている数十人の若者を見て、土地所有関係や人的な関係、更には経営まで掘り下げてみたい気にさそいこまれた。そういった誘惑の根底には、この「豊かさ」になにか方向が与えられたならば、一つの大きな力となるのではないか、という思いが横たわっていたのではなかろうか。

一日、私はラ・マルサで泳いだ。海水浴場といっても、ビーチ・パラソルの花がひらく、きらびやかなものではない。土地っ子の泳ぎ場である。これまでもスペインのタラゴナ、イタリアではサレルノ、カプリで地中海の水にひたった。ところが、一般に泳ぐための海水浴場は土地っ子のもの、日光浴のための海水浴場は保養・観光客用のもののようにみえた。

ここでも土地っ子の間にはいって泳ぐ。連中の喜ぶこと。車座の若者の間に招じいれられる。覚つかないイタリア語を主に、いろいろの外国語をチャンポンに語る私に問いかけるようなまなざしの真摯なこと。今ビゼルタをめぐってテュニジアとフランスの若者が四つに組み合っているのに、彼らはなんたることか、泳いでいるときではあるまい、と詰問するのは容易であろう。しかし、そんな表面的な問いに一体どのような返答が期待できよう。ただ、この歓談している若者たちの目をのぞきこみ、そしてまた輪をなした小学校一、二年生位の子供たちの高らかによみあげる詩が、風に流れてくるのを聞いて、すべてを未来に、そしてこの人たちにゆだねておこうと思うだけであった。

（一九六五・七）

〔付記〕昭和五三年に、つまり約二〇年ぶりにカルタゴの故地を訪れたときの印象や感慨は、もちろんこの一文のそれとは全く異なったものであった。外的には遺跡の整備、さらにはユネスコの後援による、一種の発掘オリンピックともいうべき各国の遺跡発掘の展開に驚かされ、内的には、アフリカに対する気おくれや違和感が私からも消えていたということである。

テュニスの人口は、一九七五年（昭和五〇年）には五五万四〇〇、一九八〇年（昭和五五年）には一〇〇万に達したという。

ハンニバルの象
——質問に答えて——

ハンニバルが第二ポエニ戦争で象をみごとに使った話は、よく知られている。しかし、戦史上、象を戦争に使用したのはカルタゴ人だけであったのか、他にもみられたとすれば、それはいったい何時ごろから、どこで、という問いをはじめとして、さまざまな疑問がつぎつぎに湧き出てくることであろう。

一言でいえば、ハンニバルの使った象の主体はアフリカ象であったが、それは現在の私たちの知っているアフリカ象とはちがった小型のアフリカ象であり、もちろん馴致・使役は可能であったと考えられること、またインド象をカルタゴまで運ぶことも当時の国際関係、カルタゴの商圏やその勢力圏を想起すれば決して不可能ではなく、事実ハンニバル軍にはインド象もいたであろうということ、こういう具合に答えることができよう。

しかし、ここでは古代における象軍の歴史を回顧しながら、ハンニバル軍の戦象を位置づけることによって、もっと幅の広い解答を用意しなければなるまい。

現在とは異なり、古くは象はシリア・メソポタミアにも生息していたらしく、オリエント世界では象狩りは王の特権とされていた。しかし、インドで象が広く使役その他に使われていたのに対し、ヘレニズム世界では、象はもっぱら戦争に使用されてゆくことになる。

実は、ギリシア世界では古くは象牙が商品として知られていたにすぎず、アリストテレスが象についての正確な叙述を残してはいるが、ヨーロッパ人ではじめて象軍に出会ったのは、あのアレクサンドロス大王であった。前三三一年のガウガメラの戦闘では、ペルシア軍にはインドからの象が十五頭もいた。次いで前三二六年、インダス河の支流ヒュダスペス河上流でインド王・ポロスの率いる二百頭の象の大軍とアレクサンドロスは戦い、大変な苦戦の末、これに打ち勝っている。しかし、大王自身は結局象軍を編成・使用しなかったらしい。

ところが、大王の死後の戦乱の時代（遺将たち〈ディアドコイ〉の時代）からヘレニズム時代にかけて、象は大いに戦争に使われてゆく。しかし、個々の戦闘でどれだけの役割を果したか、その効果については問題がある。このヘレニズム時代に使われた象は、エジプトのプトレマイオス四世のケースを除き、ほとんどすべてインド象であった。遠くシリアからエピルス（西北ギリシア）まで、インド象が連れてゆかれたのである。

前二八〇年には、南イタリアのヘラクレアの戦場で、ローマ人がはじめて象軍に遭遇する。エピルス大王・ピュルロスの率いる戦象だったのである。ついで第一ポエニ戦争で、カルタゴ軍の象にローマ軍はぶっつかることになるのであった。前二六一年、シシリーのアグリゲントゥムにおいてである。頭数は五〇ないし六〇。その後は、シシリー及びアフリカの戦場、更には第二ポエニ戦争勃発前のスペインで、カルタゴ軍は戦象を使用してゆき（たとえばハンニバルの父、ハミルカルは一〇〇頭以上、ハンニバルの義兄、ハスドルバルは二〇〇頭、また前二二〇年のタグス河畔の闘いではハンニバルが四〇頭）、第二ポエニ戦争となる。

ところで、インド象の貿易をシリアのセレウコス王家が独占していた上に、シリアとエジプト、更にはカルタゴとの関係、とくにカルタゴの商圏の拡がりからしてカルタゴにもインド象が輸入されていたことはたしかであるが、やはりカルタゴの戦象の主体はアフリカ象とみなければならない。アフリカ象は馴致・使役不能ではないのか、という疑問が起るかもしれないが、なによりも私は、アフリカ象といえども馴致不可能という具合に言い切るのに懐疑的である。しかし、よしんばアフリカ象は馴致できないという通念を認めるとしても、この場合のアフリカ象は、現在普通に知られている中部及び南部のアフリカの象ではなく、別の、小型のものであったとみられる点が、馴使の可能性に関して問題となる。

ところで、各種文献史料から北アフリカにも象が生息していたことはまちがいなく、またヘレニズム時代のある戦闘においてインド象に対峙させられたアフリカ象が、インド象にくらべて小さく、弱かったと史料にあり、こういった点をふまえて、古代には現在のアフリカ象とは違った型のアフリカ象が生息し、それが戦象として使用されたと考えられるのである。更に、普通、いくつかの貨幣に刻印されたカルタゴの戦象をよく見ると、明らかにインド象とは異なった型の象であることが分る。

実は、カルタゴ人の使用した戦象は、アトラス山脈の麓、モロッコ海岸に至る地帯に生息していたと考えられる〝草原の象〟――現在の普通のアフリカ象とは異なるもの――ではないかとみられるのである。特にこの型の象は、南テュニジア（カルタゴの版図内）のガダメスのオアシスに広くたむろしていたらしい。

それはインド象より小型であり馴致も容易であったばかりか、元来、調教には、輸入されたインド人象使いが当ったとみられる。もちろん、次第にアフリカ生まれの人も調教の腕を磨いていったにちがいないが、象使いはインドイ＝インド人と呼ばれつづけてゆく。

では、カルタゴの戦象はすべてアフリカ象から成っていたのか。どうもそのようにも言い切れず、カルタゴに輸入されたインド象もまざっていたようである。ハンニバルが雪のアルプスを越えてイタリアに率いていった三七頭の戦象は、結局、最後に一頭になってしまったが、その生き残った一頭がシュルス＝シリアのもの、と呼ばれたこと、また他ならぬ一貨幣に刻まれたこの象の示す特徴から（反論もあるが）、それはインド象であったらしいと考えられるからである。

スペインの戦場で象を使ったばかりか、イタリア遠征に際し、スペインに二一頭を残し自ら三七頭の戦象を引具したハンニバルは、アルプス越えの後、象が二〇頭となり、次いで一頭だけになった後も、カルタゴ本国から戦象を補充しているし（約四〇頭）、一方、この第二ポエニ戦争を通じてスペインで戦象が使用されている。更に、兄ハンニバルを追ってイタリアにはいった弟のハスドルバルも一〇ないし一五頭の戦象を率いてきたし、シシリーの戦場での象、マゴの率いる象も知られている。とくにザマの決戦では八〇頭の戦象を並べたことは有名である。

ザマの戦い後の条約で、ローマは戦象の残りをカルタゴから奪い、この巨獣の訓練を禁じた。　第一ポエニ戦争からほぼ六〇年間、カルタゴは戦象を使用しつづけたわけである。

では、いったい戦象は戦闘でどれだけの効果が期待され、実際いかほどの働きを示したのであろうか。戦象のもつ役割・意義は、なによりも敵に対する心理的な圧力にあったはずである。

第一ポエニ戦争でアフリカの地におけるレグルスの率いる軍勢の敗北後、象を恐れたローマ軍がしばらくは敢えて野戦に打って出ようとはしなかったことからも、それは明らかである。具体的には、投槍などに対する楯となり、兵士は象のかげにかくれて攻めてゆく、という具合に近代戦におけるタンクのような役割を果したと考えられる。しかし、それに対しては、たとえばザマの決戦では、大スキピオの適切な布陣によって小まわりのきかないハンニバル軍の象を突進させて空を切らす、という手を打つなど、充分の対応策が講ぜられた。またなによりも、象は機械や道具でなくて生きた動物、しかも神経質な動物であった。この点を、相手方は常に巧妙についたようである。

このようにみてくると、古代の戦史において象は必ずしも決定的な役割を演じたとはいえないようである。共和政期の戦闘での一、二の例を除き、ローマ人が戦象をほとんど使っていないのも、その証拠といえばいえるかもしれない。（一九七五・九）

ローマの遺跡をたずねて
——スペインの旅から——

一

私がスペインを旅したのは、一カ月半たらずのことであった（一九六二年のこと）。したがって、西洋古代史の研究を志す私の目にしたのは、ほんのわずかの遺跡と博物館とに限られ、歴史を支える自然とか歴史を耐えてきた人たちの生の営みは、ただかいま見たにすぎない。

それにもかかわらず、その短い旅で私をとらえたのは、ローマ帝国の大きさと今も生きているローマの伝統とであった。ローマの町に残っている水道・闘技場・劇場などは、スペインのどのような僻遠の地にも見出すことができる。「ローマの平和」は、片田舎のすみずみにまで及んでいた。伝統という固い表現を使ったが、それはたんなる遺跡ではなく、ローマ的生活あるいは慣習といえばよかろう。午後一時すぎ、店が扉をおろし、家が門をしめて、町が死んだようになる。ひとは午睡を楽しんでいるのである。こんな生活態度も、ローマから受けついだものといえよう。

しかし、今のスペインをつくりあげてきたのは、ローマだけではない。ケルト・イベロ人、フェニキア人、ギリシア人、アフリカからはいった回教徒ムーア人、それを追いはらったカトリック教徒の伝えてきたものがある。セルバンテスの描く騎士の世界があり、中・南米に雄飛した開拓者のそれがある。それらの織りなす多様性を充分に味わせてくれるのが、スペインの旅である。しかし、まずスペインはローマという大流の中にくりいれられたのであるから、私たちの遺跡めぐりもそこからはじめよう。

二　古戦場

「ヌマンシア」　元来スペインはケルト・イベロ人の築いた世界であり、一日で「ローマ化」したのではない。長い苦しい抵抗の歴史があった。反ローマ闘争の歴史の最後を飾る町がヌマンシア（むかしのヌマンティア）なのである。その英雄的な抗戦をいろどる挿話のかずかずは、今に語りつがれ、人々の心の底に生きつづける。セルバンテスをして筆をとらせたのも、このヌマンシアの戦いであった。

ヌマンシアへの道は遠い。マドリードから北に二五〇キロ弱、特急のガソリンカーにゆられること四時間で、ソリアという人口二万〔一九七六年、二万八六〇〇〕ほどの田舎町につく。そこからバスで約十数分、数軒の農家しかないガライという部落のあたりが昔のヌマンティアとなる。スペインの地図をひらいても、この村の名はでてこない。どんなにくわしい地図を手にしてもみつけることのできない田舎なのである。

ソリアは、農産物の集散地としか名づけようのない町である。しかし、教会の多い町でもある。そのせいか、異邦人の私に、町ゆく人がそれほど好奇心を示さない。それが、私に安らぎをあたえてくれるとともに、逆に物足りなさを感じさせる。町人が私の手をひっぱるようにして連れていくのは、教会あるいは修道会の経営する、といって悪ければ運営する宿舎であった。かわいらしい小柄の修道女たちがいれかわりたちかわりロビーの私をのぞきにきては、なにがおかしいのか、クックッと笑いをこらえてささやき合う。神父さんとソーダ水（サイダーか）で割ったブドウ酒をおそくまで汲みかわしたのち、はいったベッドの枕の上の方にはキリスト像があった。

明ければいよいよヌマンシア遠征。ガライの部落を通り抜けてゆくはずのバスは、これでよく走れるものだと思うほどのガタガタ車である。事故がないとは不思議なくらいと思っていると、発車のとき、乗客はみな十字をきる。老女はおもむろに、若者は気ぜわしく。神に感謝の思いをこめてか、ともかく行旅の安全をこいねがうのであろう。

野原とも言えず、丘とも言いきれないなだらかな起伏を越えて七キロ、一七、八分も走ったか、「お客さん、あれがヌマンシアですよ」と帽子をアミダにかぶった車掌君が誇らしげに指さすかなた、忠魂碑らしいもののそびえる丘がむかしのヌマンティアである。

車を捨てて、羊の糞について丘をのぼってゆく。七月の太陽は真上に照っているが、汗がしたたり落ちることもなく、風が頬に快い。その爽快さは不思議なほどである。そういえば、ソリアの町もしのぎよかった。私の体がスペインに慣れてきたのか。それともふつうの旅籠屋ならぬ教会ホテルの食事がよかったのか。あるいは、このあたりはほんとうにしのぎよいのだろうか。

「ヌマンティアは、二つの川、そして峡谷、深い森に囲まれた、要害堅固の地なり」と古書にいう。しかし、今は深い森などみるべくもない。よく耕された畑がひろがっている。

「守備の兵は歩・騎合わせて八千にすぎざれど、これみな一騎当千のつわものたち、寄せ手のローマ軍は三万の歩兵に加うるに二千の騎兵。……ついで兵力を投入すること六万……」。ヌマンティアの人々は十年の包囲戦に耐えたが、最後は八カ月間にわたる兵糧攻めにあい、刀折れ矢尽きたのである。ときは紀元前一三三年、寄せ手の総大将は名将小スキピオであった。

私が今目にするのは小高い丘である。そして瓦礫であり、野草である。一基の顕彰碑がたっているだけの、文字どおりの廃墟である。大理石の柱などない。もちろん、建造物のありようがない。あざやかに丘をいろどる野草のかずかず、これはギリシアの春の野からずっと私にまつわりついてきたものである。ただ茂みがなく、葉ずれの音のしないのが、私をしめった思いにさそわず、からっとした気持にさせる。

五〇〇〇分の一の地図を広げて、町のあとや合戦の場のあとを案じていると、いつのまにか村人たちが私のまわりに輪をえがく。おぼつかないイタリア語に、もっと心細いスペイン語の単語の一、二をまぜながら、異邦人の私が彼らの祖先の戦いの模様を説明するという奇妙なこととなる。

「サグント」 ハンニバルの名まえを知らない人はあるまい。そして、彼が象をつれて冬のアルプスを越えた話もよく知られていよう。ハンニバルはカルタゴの名将であった。ところが、北アフリカ北岸の地カルタゴから南イタリアへは、シシリーを踏み台とすれば一またぎである。どうしてわざわざアルプスを越えてイタリアに侵入したのか。地理的な知識がなかったからではない。それは、スペインがカルタゴの勢力圏内、いやハンニバル一族の力をつちかった根拠地だったからである、といわれている。このスペインから南フランスを抜け、アルプスを越えて北イタリアに侵入したのがハンニバルの軍勢であった。そのハンニバルがスペインで一番最初に血まつりにあげた町がサグント（むかしのサグントゥム）である。紀元前二一九年の晩春から初冬にかけてのことであった。

サグントは、バレンシアの北三〇キロに当り、定期バスが三〇分ごとバレンシアとを結んでいる。歌で知られたスペイン第三の大都市バレンシアは、近代都市とはいえ背後に豊かな農耕地帯をひかえた町である。同じ農業を中心とする地域、いやむしろかえって貧しい地方ともいうべきであるが、光と色の交錯するアンダルシアのあの目くるめくような世界からここにはいると、人口五〇万を越える大都会〔一九七七年、七六万七〇〇〇〕とはいえかえって土臭さを感じる。その土の香りは近郊の村や町からただよってくるのであろう。その町のひとつがサグントなのである。

この町は元来ギリシア人が植民して開いたものといわれ、ローマと結んでいたのである。相手が異なったとはいえ、ヌマンシアと同じく壮絶な抵抗の歴史はスペイン人の脳裏に刻みこまれている。ハンニバルの攻撃を孤立無援で八カ月ももちこたえ、最後には「男はすべてうってでて討ち死にし、女は子どもを刺した末、自らも命を絶った」という。

このようにハンニバルの餌食となった町も、やがて再建され、のちには完全にローマ化して陶器の生産で知られるようになる。ハンニバル時代の遺跡は今はほとんどその形をとどめない。町を見下ろして聳えているのは昔の砦のあとであるが、砦というよりは峨々たる城山という大きなスケールをもち、サグント人、ローマ人、アラビア人と、あらゆる時代の人の手が加わっているらしい。廃墟は木一本なく乾ききっていて、ただ、トカゲがわが物顔に走りまわっているだけである。山ふところに抱かれるように作られたローマ式劇場は、六〇〇〇の観客を収容できたという。

バレンシアの町かどで、夕方六時から九時近くまでコーヒーをすすりながら道ゆく人を眺めていたときには、すべての女性が、「こよい会う人みな」というわけでもないが、美しく見えてしかたなかったが、さすがここまでくるともうその圧倒感はない。道を教えてくれるおかみさんのひたいの皺が安堵感をあたえる。

三　水道橋

「セゴビア」　ヌマンティアやサグントゥムにみられる抵抗の歴史にもかかわらず、スペインは完全にローマ化する（もちろん、サグントゥムは一クッションおいた上であるが）。ローマ化を示す遺跡ならば、スペインのどこにでも見つけることができる。遺跡にもいろいろある。橋があり、劇場があり、道路があり、そして水道がある。

セゴビアといえば、日本ではギターの名手の名として知られるが、それは町の名でもある。マドリードの西北約一〇〇キロ、騎士道文化のあと、カスティリアの歴史をさぐる人にはアビラと並んで見逃すことのできない町といえよう。マドリードを離れると、列車の車窓には、白壁の家々が濃い緑の森のなかに点在し、畑、森と豊かな田園風景がひろがってゆく。マドリードから東あるいは南にむかえば、町からすぐさま原野となり、いわゆる郊外がないが、この方角には決してそういいきれない趣きがある。小一時間走って山につきあたる。山を越え、トンネルを抜ける。電車はひどく揺れる。線路は、継ぎ目がなめらかでなく、上下にも波打っている。動物園のお猿電車を思い出すほどである。スペインの汽車にもずいぶん乗ったが、なめらかな線路はただアンダルシアのコルドバ、セビリア間で味わっただけであった。「あそこ、そりぁアメリカの基地の関係ですよ」と、スペインの老紳士は苦笑して教えてくれた。もっとも真偽の程は分らない。

セゴビアは二つの丘の上にある。その丘を黒い雲が圧し、それをつきあげる教会の尖塔と一種の緊張感をかもしだしていた。やがて、豪雨が沛然としてやってくる。雨に洗われて黒光りした水道橋は「悪魔の橋」の名にふさわしい感じがする。一六世紀はじめの本に、この橋は「しっくいもセメント（砂）もなしで、悪魔がたった一日で造りあげた」ものと記されている。だがもちろん、実際は、ローマ時代に町に水道をひくために造られたもので、つい最近まで使われていたらしい。

セゴビアは水道橋だけの町ではない。けわしい岩山に聳えるアルカサール（城砦）は、中世スペインの香りをとどめている。天守閣から南を眺めれば、一点の緑もない赤い大地が広がり、その中を一本の道がくねりながら地平線までのびている。この道を、馬やロバにまたがっていった人は、道の尽きるむこうになにを求めたのであろうか。

「タラゴナ」　タラゴナはケルト・イベロ人の時代からの古い歴史を秘めた町であ

る。ローマ時代の遺跡に富んだ点ではスペインでも一、二を争う。そして、今は海水浴場としても知られている。砂浜に遊ぶ人たちの体つきは日本人に近い。タラゴナの町を北に四キロ離れた谷あいにかかる橋は、町にひいたローマ時代の水道の跡である。かたわらに茶店が一軒あるだけの静かな遺跡である。セゴビアの水道跡がデーモン的な感じがするというならば、これはもっとおだやかなものといえよう。しかも、南フランスのポン・デュ・ガールのあの風格とはちがう、むしろ一種枯れた味がにじみでている。人を威圧するような感じはみじんもない。

一台のフォルクス・ワーゲンがとまる。半ズボン姿のドイツ人は「きのう、ここでコーラを三本飲んで大きな紙幣でお釣りをくれ、と言ったが、小銭(こぜに)がないと言われたのです。あす払いに来るとあやまって、今やってきたのですよ」と言う。茶店のおやじは「そんなこと構わなかったのに」と、のんびりしたものである。

およそ遺跡のあるところ、ドイツ人に会わなかったことはないが、ここもまたしかりであった。

四　スペインの多様性

スペインにあとをとどめ、そして今に生きているのは、もちろん古代ローマだけではない。たとえば、アンダルシアを歩けば、回教徒の結んだ夢のあと、あるいはそのツメあとのかずかずを見つけることができる。しかし、それとて単一の色彩ではなく、さまざまのヴァリエーションをつけた上のことである。

グラナダのアルハンブラ宮殿がイスラム芸術の傑作であることは、だれでもが知っていよう。宮殿内の博物館の館内を流れている調べは、一六世紀のヴィクトリアの曲であった。そして、宮殿の飾り窓からのぞむ、かなたの丘の斜面には、ジプシーの群の洞穴住居が見えた。

コルドバ郊外の部落の人たちは、フラメンコで私をなぐさめてくれた。しかし、翌朝、教会でひっそりと祈っていたのも彼らであった。

セゴビアのアルカサールの軽快さ、アビラの城門の重々しさ、いずれもスペインなのである。

単一民族の歴史しかもたない――この点には異論もあるようだが――私たち日本人が、さまざまな民族の重層する歴史を背負うスペインの人たちの喜怒哀楽をいったいどれほどつかめるであろうか、という思いが、今なお私の心のなかを去来している。

（一九六五・六）

Ⅲ　ローマ人の社会

ローマ人の社会

国家ローマ

ローマ人にとって、「国家」とはいったいどういうものだったたか。あるいは「国家ローマ」とは、そもそもいかなるものであったのか。

リパブリック（republic＝共和国）とは、実はラテン語のレス・プブリカ（res publica）という言葉からでてきた表現なのである。ところが、このレス・プブリカというのが、ローマ人にとっては「国家」を意味した。レス（res）とは「物」あるいは「こと」、プブリカ（publica）とは「公の」という意味であるが、このプブリカは、ポプルス（populus）→プブリクス（publicus）という具合に、もとはポプルスつまり国民、民衆、そして更には民会という語からでてきた言葉である。

このように、ローマ人にとっては、レス・プブリカ（res publica）とは、実は、公のもの、つまり国民のものであった。国民のもの――公のもの――国家ということができよう。したがって国家とは、決して超越的なものでもなければ、観念的・抽象的なものでもなく、ただ国民すなわちローマ人自身のものだったのである。主権在民ということをこれほど明快に示した語句は、他にあるまい。

なおローマ人が、国家を表わす表現として、ポプルス・ロマヌス（populus Romanus）すなわち「ローマ国民」、「ローマの民衆」という言葉を使っていたことを知るならば、彼らが国家をどのようにみていたかは、ますます明らかになるであろう。

こうみてくると、ローマ人にとって、国家は決して一人の人物のものではありえない。だからこそ君主政、ましてや独裁政など、たといどのような理念的粧いをつけようとも、ローマ人のもっとも忌避するところだった。カエサルが暗殺されたのもそのためであり、実質上の帝政が、「帝政」という表現を使用せず、また共和政的な制度の枠内で繰り広げられたのもこのためであった。たといカエサルが「共和政国家(レス・プブリカ)は実体のない、名のみのものだ」と喝破し、帝政期に国家が一人つまり皇帝の「もの」に化していっても、レス・プブリカという名そのものは生き続けるのであった。

このようなローマ人にとっていちばん重要なことは、「国民のもの」である国家のために、全身全霊をささげ尽すことだったのである。そして、それが可能であった時代こそ、国家ローマの最盛期だったといわねばなるまい。

したがって、彼らローマ人にあっては「生きる」ということは、具体的には政治人として国家のために生き抜くことに他ならなかった。しかも、個人的な欲望の追求がそのままで国家への貢献になると堅く信じて疑わなかったとすれば、彼らのとるべき道はおのずから明らかであった。

貴族政社会

以上のような点を念頭において、政治人ローマ人が生き抜いてゆくローマ社会の諸相を眺めるわけであるが、ここでは、共和政中期から末期にかけてローマ社会を構成する身分あるいは階層に焦点を合わせることにしたい。なぜこの時代を取り上げるかといえば、それは、共和政国家＝レス・プブリカが内面的に崩れてゆく時代ではあるが、その崩壊を食い止めようとする力と、共和政の対抗的な形態である君主政、独裁政を志向する動きとがぶつかった時代だからである。

ところで、まず共和政ローマ、つまり「ローマ国民のもの」である国家ローマとは、その実質において民主政ローマではなかったのか、という問いが発せられよう。それに対する解答は簡単である。ローマ共和政とは、実は貴族政的な共和政であった、と答えればよいからである。

一言でいえば、ローマ国民すなわち市民団（都市国家ローマであるから国民イコール市民）が自ら治めるという共和政ローマも、実は、ある特定の人たちが実権を握って回転させていったのである。それが、いわゆる貴族なのである。ただ、貴族といってもその実体は時代によって異なるが、古い時代にはパトリキ貴族、次いで名門貴族つまり官職貴族が登場する。また、ローマ社会の上流階層を構成していた元老院議員の人たちも、貴族という枠のなかにいれることができよう。こういった連中が、共和政ローマ、すなわち国家ローマを動かしていたのである。ここでは、この点をもう少し詳しくみることにしたい。

普通、共和政ローマを支えるのに、三本の柱があるといわれている。それが、民会すなわち市民総会と政務官（厳密には役人というべきか問題であるが）と元老院である。実は、ローマ人がいう「共和政国家（レス・プブリカ）」とは、君主政でないという消極的な意味のものではなかった。この三本の柱が存在すればこそ、否、三者の存在自体がレス・プブリカだったのである。ところで、この三本の柱の実質、つまり中身が、共和政末期のローマにおいて果して民主的であったかというと、実はそうでないのに気がつく。構成および運営のしかたが、まことに貴族主義的であったといわなければならない。

まず、市民総会としての民会であるが、いくつかの型に分かれるローマの民会の構成が、有力者、他ならぬ有産者に有利になっていたことはよく知られている。また、ローマが拡大し市民権が普及すればするほど、代議制を導入しなかった民会が、実質的には、いかに市民総会という名からかけ離れたものになってゆくかは明らかであろう。

また、一種の役人制度ともいうべき政務官の制度も、その点同様であった。いかなる人でも役人に就任できるという形にはなってはいるが、名誉職的な官職すなわち無給制の政務官のポストにつくことのできるのは、持てる階層に限られていた。一年任期制しかも同僚制という具合に権力が一人の手に集中するのを防いでいた点は、まことに「共和政国家（レス・プブリカ）」の原理に則ったものであったが、ポストは一人の手にではなくとも、ある特定の層の人たちの間に集中していたことは確かである。

次に元老院であるが、これは行政機関でも、また司法機関でもなく、単なる諮問機関にすぎないとはいえ、終身の議員によって構成されたとすれば、一年任期制という性格上恒久的な政策を打ち出せない政務官に代って政策遂行の中心機関となり、この議員連中の手に権力が集中してゆくのも当然であろう。しかも、高級政務官をつとめた人たちが自動的に元老院議員になるとすれば、このような連中が一つの特別な社会層、いや身分を構成してゆくのは、火を見るより明らかであった。

　ここで、おそらくまた次のような問いが発せられるであろう。ローマ共和政初期は、身分闘争の時代といわれ、パトリキ貴族に対して平民（プレベス）が政治的に同等の権利を求めて戦いをいどみ、ついに前三世紀半ばにその目的を達したのではなかったか、と。あるいは、護民官職という平民の権利を守る役職が生まれたのではないか、と。これでもって、ローマ社会には平民と貴族の差はなくなったのではないか、と。たしかに平民（プレベス）と貴族（パトリキ）との政治上の権利の差はなくなった。しかし、ローマは民主的な社会とはならなかったのである。

　すでに述べたように、形式上はきわめて民主的なローマの三本の柱も、その実質が、決して民主的なものではなくなり、しかも、ここに国政をリードする新しいタイプの貴族が生まれてきたからである。

　実は、平民（プレベス）でも貴族（パトリキ）でも、同じようにローマ国家最高の官職につけるようになると、今度はそのポストについた人たちが特殊な社会層を構成することになる。それが、ノビレス＝名門貴族＝官職貴族すなわち新貴族というものである。この人たちが、国家最高のポストであるコンスル職をたらい回しするようになれば、その社会はやはり貴族政社会といわなくてはならないであろう。

しかも、こういった類いの人たちは、やはりまた元老院議員でもあった。とすれば、元老院議員が特殊な身分としての地位を保ちつづけるのも当然であろう。

では、ローマ共和政社会には、いったいどのような身分差があり、それは社会をどのように特色づけていたのであろうか。

元老院身分

政治人として生き抜くのがローマ人である、といった。しかし、すでに述べたように、国家ローマは決して看板どおり「ローマ人すべて」によって動かされていたのではない。一にぎりの人たちが、政務官として、また元老院議員としてローマを引っぱっていったのである。

この元老院議員が、どういう具合にして一つの身分を形成していったかという過程は、ここでたどる必要はあるまい。ただローマ共和政末期社会をのぞいてみると、そこには、ローマ市民の間にいわゆる元老院身分と騎士身分および一般市民という身分の差が存在し（文字どおり完全に身分となるのは帝政期であるが）、しかもそのなかで最高の身分に位置づけられるのが元老院身分であった。

元老院身分の人は、原則として、その財産をおもに土地に投下して、明らかに土地所有者として生きてゆく。「土地からの上り＝儲けを得るのが、最高のこと」と考えられていたのである。だがしかし、たとい彼らがいかに田園生活を讃美しようが、平時は耕し、一旦緩急あれば鋤を武器に代えるというのは、もはや昔のことになり、現実には決して額に汗して耕す人ではなく、次第に一種の不在地主的な性格を顕にしていった。そして自らは、ローマでの政治生活に、エネルギーを傾注してゆく。つまりローマの政治を動かしてゆくのであった。

すでに前三世紀に、外国の使節が元老院を目して「王者の集まり」といったほどである。彼らは、自分たちがローマを支えるものである、否、ローマを大帝国にしたのである、と自負していた。ところが、よく考えてみると、この自負心の中にはたいへんな矛盾がひそんでいた。

都市国家ローマの担い手としての彼らにとって、ローマが都市国家から大帝国にと拡大してゆくとすれば、自分たちのそのよって立つ地盤が揺らいでゆくわけであった。

彼らを支えるものとしての人的なさまざまの結びつき、保護・隷属の関係、いわゆるクリエンテス（被保護者あるいは隷属者）関係が、ここで、都市国家と世界的な大帝国という矛盾を弥縫（びほう）する働きを示すことになる。制度あるいは組織としては都市国家的なものを越えた新しいものを導入できなかった彼らとしては、国政運営にあたり、いや自己の権力を保持するのに、法的なものを越える私的な結びつきしか、頼りにできなかったわけである。

ところで、この元老院身分の人たちの生き方や考え方の中核を構成する理念があったとすれば、それは、いったい何であったか。もちろん、ストアやエピクロスの教説がローマに滔々として流れこみ、そういったものによって生活を律する人たちも現われた。カエサルに抗して戦い続け、ついに共和政ローマに殉ずる如く、自刃して果てた小カトーの生涯など、ストアの教えに従った生き方の典型であったといえよう。もっとも、そういった生き方が、変動の時代にどれだけ歴史を動かす力たりえたかは、べつのことである。

元老院身分たるもの、その関心は選挙であり、裁判であり、ゲームであった。しかも、この三者はすべて一つに結びつく。選挙はゲームであり、ギャンブルであり、また裁判とも大いに関連する。別の言葉でいえば、政治的な立身出世にあらゆるものが集約されるのである。その際、すべてが市広場(フォルム)に凝集される、といっても言いすぎではあるまい。地方長官としての活躍も、実は中央のローマ政界での発言力を増すためのものであったし、また彼らに、金のための金という生き方は求むべくもなく、金といっても、軍隊を養い、そして投票者を買収するなど政治のためのものであったのである。

どのような理念・理想をふりかざしても、すべては政治にと収斂されてゆくのであった。

元老院身分の人の生き方として、特別に一人の人物を取りあげる必要もあるまい。カエサルでも、ポンペイウスでも、クラッススでもよい。その一生は巨細にわたり、プルターク英雄伝にフィルムの一齣一齣のように鮮明に焼きつけられ、また生き生きと描かれているから、それをひもとけばよいのである。

騎士身分

次に、騎士身分というローマ独自の身分が存在した。元老院身分の人にはその身分にふさわしからざるものとして禁止されていた商業や金融業などに、大々的に乗り出していった社会層である。国家的な財政機構をもたなかったローマでは、とくにこの身分のものが、国家事業請負人として、公共土木事業や徴税の請負に従事したのであった。しかも、その実業家・国家事業請負人としての活躍の舞台は、ローマの版図の全域に及んでいた。

しかし、騎士身分に属する人には、二つの型の生き方があった。一つは、いわゆる政治生活から一歩退いて、文字通り実業界あるいは学芸の世界に生きていこうとする型である。今一つは、さまざまな種類・性格の人的結びつき、すなわちクリエンテスをたぐり寄せながら、なんとか政治家として登竜してゆこうというタイプである。その場合、地方地主として生き抜くか、はるかに中央政界を志すかの差があるのも当然であろう。後者つまり政治家としての道をえらびとった典型例を、共和政末期最大の文人ともいうべきキケロに見いだすが、前者の例としては、キケロの友人であるアッティクスが挙げられよう。

アッティクスは、かなりの財産を父から相続し、それに加えて各種の経済活動により巨富を積みながらも、結局、政界の表面には姿を現わさなかったのである。

アッティクスは、党派の争いから身を避け、まずアテネで金融資本家として生きてゆく。だがしかし、イタリアの土地に投資しつづけていた普通の元老院議員連中とは異なり、イタリアを立ち去る際に、不動産をことごとく売り払ったため、党派の争いによる財産没収の難を免れた。そして東方エピルス、キュプルス、その他の土地に投資し、その地の市民や諸団体に金を貸しつけ、デロス、エピルス、マケドニア、ギリシアにおいて幅広い経済活動を展開した。それにとどまらずローマに住む元老院身分の連中の商取引にも関係し、利潤獲得の見込みがたてば、彼らに資金を用立てている。さらに剣闘士競技の勧進元となり、剣闘士の訓練場をつくって奴隷たちに技術を学ばせ、文書館を建てたり、書籍の出版にも乗り出した。

このようにして巨財を積んだのち、アッティクスはローマにもどる。しかも党派の対立の間を縫って遊泳しながら、なおも蓄財に意を用いたが、次第に投機的なものから地代や家賃をねらって土地や家屋に投資してゆく。世界各地から人間の蝟集するローマにおいては、家屋への投資はすこぶる魅力的であり、当代きっての富豪、クラッススの蓄財の道の一つもやはり同じであった。アッティクスはローマ郊外をはじめ地中海世界各地の土地を手にいれ、また公有地の賃借を行ないながら土地を拡大してゆく。さらに、イタリア半島各地の温泉場に別荘を買い入れている。これこそ、政治から一定の距離を保ちながら、共和政末期の動乱時代を生き抜いた騎士身分に属するローマ人の一つの典型的な生き方であった。

もちろん、このような型の人物にあっても、政治とまったく離れたところで商業活動、致富の試みが展開したわけではない。アッティクスが、スゥラの恐怖政治下、いかにして財産没収を免れたか、やはりそこには政治的見通し、あるいは政治的な動きがあったのである。ただ彼にとって特徴的な点は、自分の方から政治的な野心をほのめかす、ましてや振りかざすことがなかったことであろう。

だがしかし、同じ騎士身分出といっても、キケロの生き方はアッティクスのそれとは全く異なっていた。雄弁を武器に政治場裡を生き抜いてゆくのが、キケロなのである。もっとも、そういったことが可能だった根底には、階級的には騎士も元老院議員も同じ支配者層であったこと、持てる層であったという事実があることを忘れてはならない。騎士にも政治生活への道は開けていた点、一般大衆と彼らとは根本的に異なる存在だったのである。

ところで、騎士の活動の主舞台は、商業・金融・徴税請負の面であり、しかもそれが広く属州においてくりひろげられた。とすれば、ここに、属州をめぐって元老院身分と騎士身分の利害が錯綜することになる。元老院身分層は、地方長官として属州を借金の穴埋め場、さらには蓄財の場とみなしていたから、両身分層の衝突が起るのも当然であろう。したがって、属州での苛斂誅求を取締まる法廷の実権が元老院身分に帰すか、それとも騎士身分の手にはいるかは、前二世紀半ばからの共和政末期ローマの政界で、ことを図ろうとする人たちの重大関心事となった。

カエサルの場合もそうであるが、一般に有力な政治家を法廷に告発、弾劾するのが若きローマ人の政治生活の第一歩になっていた。元老院身分、騎士身分を問わないが、とくに騎士にとって法廷が政治活動の最大の場となったのも、以上のような背景があるからである。キケロが一躍政治家としての名を挙げたのも、前七〇年のウェルレス弾劾によってであった。

しかも、ある一定の高級官職のポストについたものが、自動的に元老院議員になれたとするならば、官職昇進の道の開かれていた騎士も当然、元老院議員となることができた。こうみてくると、共和政末期社会には、政治面の担当者としての元老院・騎士両身分、そして商業（もちろん、この場合、小商人の世界のことではない）担当者としての騎士、これらが支配者階級として存在したことが分るであろう。しかし、もっと突っこめば、元老院議員や騎士のなかの一にぎりの人たち、とりわけノビレスといわれる人たちがローマを動かしてゆくのであり、その点、やはり寡頭政社会というべきであろう。

一般市民

このように、元老院身分といい、あるいは騎士身分といっても、両者ともに持てる層すなわち土地所有者層(騎士といっても、徴税請負の際、担保に供するのが土地であったことを想起したい)であることは間違いなく、政治参与の道も同じように開かれていたのに対して、両身分に属さない一般市民はどうであったか。

まず彼らは、両身分とは異なり、軍隊においてもある一定のポスト(百人隊長)までしか昇進できなかった。したがって、軍団付き将校(トリブヌス・ミリトム)、つまり高級官僚の一番下のポストへの道すら閉ざされていたのである。もちろん、民会での一票はたしかに一票である。しかし、その一票は自主的に投ぜられたのであろうか。そのようなことはとうていあり得なかった。一票というのが、個々人のそれではなく、集団すなわち民会の構成単位のそれであったこと、さらに共和政末期に秘密投票制が導入されるまでは、誰に一票をいれたかが分るようになっていたことを思い起すべきであろう。ここにみられるのが、政治的な従属関係、いわゆるクリエンテス関係である。有力者の子分として、その人のために尽すのが一般市民であった。投票も、そのような枠のなかのものであったとみるべきであろう。

ところで、一般市民の有力者への従属にはいろいろの型がある。たとえば兵士になる道があった。有力者つまり将軍の私兵である。前二世紀末のマリウスの兵制改革以来、ローマの兵制は市民軍団制から職業軍人制に変っていた。軍務中は生活は保障されている。いや、それだけではない。戦いが済んだ後は、将軍からの褒賞、土地配慮すら期待できたのである。

しかし、兵士にならなくとも、彼ら市民にとっては、都市ルンペン・プロレタリアートとして生きてゆくことも可能であった。こういう人たちに対して登場してくるのが、いわゆる「パン」と「サーカス」である。

グラックスが示した低廉な価格での穀物の給付が、次第に時の流れとともに無料給付へと発展してゆく。こうして共和政末期から帝政初期にかけて、首都ローマの一般市民の多くが、穀物の無料給付を享受できたのである。一方、サーカスつまり演劇・戦車競技・剣闘士競技などが、一般市民を楽しませるものとして、為政者からふんだんに与えられる。なお、これは「ローマの平和」とともにローマ帝国の津々浦々にまで拡がってゆくことになった。

このようになってゆけば、一般のローマ市民は、ただパンとサーカスを待ち設ける層に転落してしまうわけである。ローマ市民は、画然と、治める者と治められる者とに分かれてしまう。国家ローマとは「ローマ国民のもの」に他ならない、という根本精神からいかにかけ離れたものであろうか。まさしく「共和政国家(レス・プブリカ)は名ばかり」のものになってしまったのである。

市民と非市民

ローマ世界においては、厳密な意味でのローマ人、あるいはローマ国民とはローマ市民だけであった。そして、ローマ市民であるか否かは、ただ市民権をもつかどうかによって決まる。しかし、これは決して当り前のことではないのである。市民権を与えられれば、アフリカの生まれであろうとも、スペインの生まれであろうとも、またアフリカに住もうが、スペインに住もうが、いかなる人でもローマ市民だからである。ローマでは、この市民権賦与がわりあい寛大であった。ローマの拡大とともに市民権も普及してゆく。しかし、なによりも重要なことは、ローマ社会が貴族政的な性格をもっていたところにある。というのは、ローマ市民になるということだけでは、形式上はともかく、実質的には国家ローマを動かす主体的なものにはなりえないということである。市民権の普及というのも、有力者が自己の勢力圏を広めるという政策の一帰結にすぎず、彼らは、それを一つのテコとして、ますます自分の力を伸長させてゆくのであった。

だがしかし、広くローマ社会を支えるものとして、周知のように奴隷および解放奴隷の存在が認められる。こういった人たちは、一体いかなる役割を果していたのか、簡単に眺めてみることにしたい。

まず、共和政末期社会においては、奴隷の活躍の場がすこぶる拡大していることに気がつく。政治担当者層としての元老院身分、商業および政治担当者層でもある騎士身分、この両身分はクリエンテスの鎖で一般市民を自分に結びつけていたが、ローマの拡大とともに、おのずから彼らの活躍の場も拡がり、物いう道具としての奴隷を使用するケースも増大する。役所の下役に、またビジネスの手伝いに、そして何よりも直接生産者として彼らは農業に使われるのであった。しかも、慢性的な戦争状態が、安い労働力としての奴隷を、いくらでも大量にローマ社会に提供してくれた。このような需要と供給とのバランスの上に、共和政末期ローマ社会は、奴隷制の最盛期を現出した。

奴隷の供給源は、なんといっても戦争であった。戦争での報酬として将軍から捕虜が兵士に分与される。兵士は、それを売って金を得る。そこで、捕虜は奴隷として市場に出される。これこそ、奴隷がローマ社会に供給されてゆく一つの道であった。奴隷の市（いち）といえば、すぐ思い出されるのがデロス島である。ここでは、最盛期には一万人にも及ぶ奴隷が取引されたといわれる。もちろん、共和政末期にはローマが大市場であり、とくに市広場（フォルム）、しかもカストル神殿前で取引が行われたという。対外戦争だけではない。あの東地中海を荒らし回っていた海賊に捕えられて、奴隷として売りとばされるものもあった。また、生児遺棄の慣習が、広く奴隷を生み出すことにもなった。

ところで、奴隷には家内奴隷・農業奴隷・工業奴隷などさまざまの型があったが、共和政末期のローマ社会においては、牧畜・果樹栽培に広く奴隷が使用され、とくに前二、一世紀のイタリア、シシリーなどでは奴隷制大農場経営も発展した。しかし、奴隷制による経営が必ずしも経済上有利でないことが明らかになるとともに、土地経営においては次第に奴隷制から小作制への移行が顕著になってゆく。なお、鉱工業面において、広く、しかも長く奴隷が使用されていったのは、ギリシア社会と同じである。

次に、商業あるいは手工業面でめざましい活躍をみせた解放奴隷の存在がある。彼らは劣格市民に列せられたが、主人つまり解放者との関係はなかなか密接なものがあった。公的にもさまざまの規定があったが、私的には解放者と解放奴隷両者の関係は、パトロンとクリエンテスといわれる関係の一環を形成していたのである。

しかし解放奴隷の子供は、一応完全なローマ市民権を得ている。これは、普通ローマ市民権の開放的性格を示すものだといわれている。もっとも、ローマ市民権の普及とは、すでに述べたように、市民イコール都市国家成員という、他ならぬその実体がなくなり、国家が「国民のもの」でなくなってゆくことと並行した現象であったことを思い出してほしい。市民権の開放的性格といっても、貴族政社会においては、市民権そのものにどれだけのウェートがおかれていたかという点を想起し、それに加えて、いわゆる貴族――元老院身分といってもよい、名門貴族(ノビレス)といってもよかろう――が市民権付与をテコとして、いかに自分のクリエンテス網を拡大できたか、ということを考え合わせてみなければなるまい。

（一九六八・六）

職人の世界

はじめに

　このところ、わが国でもかなりくわしい「ローマ史」関係の書物が出版され、ローマ人の日常生活、つまり何時ごろ起きて、何を食べ、日中はなにをするのか、というようなこと、あるいはローマ人の一生、つまり誕生から死に至るまでの細かいことも、特にローマ史を研究している人でなくとも分るようになってきた。

　しかし、もう一歩突込んで考えてみると、そういった「ローマ人」が案外現実味の乏しい人間であり、あらゆる階層の人をごたまぜにして平均化した、没個性的なものにすぎないこと、なによりもどの階層の人たちが、どのようにして生きる糧を得ていたのか、という点とは切り離された上での生活の叙述であるように思われる。もちろん、共和政末期以降のローマの町に溢れた無産の市民大衆の大多数は、文字通り、無料で穀物を支給してもらって生きてゆくのであるが、すべての人が生業をもたないで生活していたわけではあるまい。たとい日傭い労働的なものが広くみられるにせよ、なんらかの生業をもつ人もいたはずである。

一体、ローマ人はどういう職業に従事したのか、そして、その仕事を軸にどのような生活を営んでいたのかという点は、それほど知られてはいないようである。もちろん、職業というものを、近代的な感覚で捉えたり、あるいは近代社会科学上の概念装置で処理したりしてはならないが、厳密な意味でなくとも、彼らローマ人といえどもその中のかなりの部分が、なんらかの生業は営んでいた、という具合には考えねばなるまい。ただ、さしあたり、それを、生計を維持するための、ある程度持続的な活動という具合にしておきたい。

ところで、一言でローマ人といった場合、それは、どの時代のローマ人のことか、また中央ローマ市の住民か地方の人なのか、という簡単には一元化できない時間と場所の問題がある。ローマの歴史は長く、またローマの版図は広大だった。ここでは、一応ときを共和政末期から帝政初期、ところを中央ローマ市という具合に限定しておこう。そして、視角をそのローマの都市成員の一つの型としての職人の世界にすえて、考えてゆくことになるのである。

今、職人と書いたが、それは広く解すると、普通われわれの言う鍛冶屋・パン焼き・大工などのいわゆる職人から、彫刻家・建築家・音楽家などのいわゆる芸術家まではいる。要するに、広く元老院議員でも騎士身分でもない人たちであって、しかも農業や商業以外の生業でもって生きてゆく連中、なんらかの「手の仕事」に従事する人たちが考えられるのであるが、ここでは、できるだけ前者、つまりせまい意味での職人にしぼって、みていこうと思う。

政治に専念する元老院議員、政治に手を出すこともあるが、それ以上に実業界を闊歩する騎士身分の人とは異なり、共和政中期以降ローマの町に蝟集してきた無産市民大衆は、極端に言えば、その大多数が特に定職というものをもたない存在であったとみられている。国家から穀物が最初は低廉な価格で支給され、それが次第に無料となり――帝政期には給付者数が二〇万を数えたという――、それで生きてゆくのであった。あるいはクリエンテス（被護民）として貴顕の士の家に寄食しながら生きてゆく、あるいは働くといっても、せいぜい日傭いとして、というところだったとみられる。

このようにみてくると、なにはともあれ、特定の生業を持つということ自体、ローマ世界、とりわけ中央ローマ市に住むものにとっては大層意味のあることだったように思われるが、一体どうなのであろうか。

一　ローマ人の職業観

まず二つのことについて、ローマ人自身の声を聞いてみよう。第一は、ローマ人の職業観、その中で職人はどういうような社会的位置づけをされていたのか、ということである。第二には、それとの関連で、職人自身――自由人と奴隷、あるいは解放奴隷もいたが、ここでは自由人――自らをどのように位置づけていたのか、彼らの自意識の問題となる。

第一のローマ人の職業観といえば、なによりも共和政末期の人、キケロの晩年の作『義務論』に有名な発言がある。

「さて手わざや営利の生業について、何が鷹揚で何を卑小とすべきかを、わたしは大体つぎのように聞いている。まず第一に人に憎まれ、善しとせられないのは、たとえば収税人、高利貸のような生業である。買われるのはその労力であって技術でない傭人の生業もまたすべて、卑しく汚ないものであろう。……手職の人もみな卑俗なわざに従っている。その職場には何も高貴なものがありえないからである。最も尊敬に値しないのが人の快楽に仕える商売であって……。

一方、医術のように、建築のように、また高貴なものごとの教育のように、すべてより高い英知を要し、少なからず公共の利益をもたらす技術は、これらの技術がふさわしい地位に立つ人々の名誉を高めるものだ。商業は規模が小さければ卑しいとみなければならない。豊かに大きく、諸方の物資をもたらして誠実に多くの人々に分つならば、それはひどく非難さるべきでないばかりか、挙げた利益に飽き、またはむしろ満足して、丁度沖の荒海からしばしば港に帰ってきたように、港から田園の地所に帰って住むならば、彼らは最も高い尊敬に値すると思われる。何程かの利益をもたらすあらゆるものの中、田園の耕作に優ってよいもの、豊かなもの、甘美なもの、これほど自由人にふさわしいものはない」(泉井久之助氏訳)

これは、あくまでも知識人の目ではあるが、普通、ひとはキケロの文章から農業を中核にすえて讃美するローマの伝統的な考え方を汲みとるが、われわれとしてはむしろ商業を大商業と小商業とに分けて、前者をよしとすること、また手仕事に関しては、それを卑俗の仕事としながらも、一方では、建築その他については公共の利益をもたらす技術として褒めたたえている、技術自体は必ずしも卑められていないことに気がつくであろう。これは、広く職人といっても、先に述べたような二つの型が存したとみて、腕・技術で立つ人とただ労力だけの提供者とを峻別することに他ならない。しかもそれは、ローマ的な意味での狭義の職人と芸術家という範疇分けにも連なる。

このように、手仕事に従う人といっても、技術によるか労力によるか、というように、大別すると二つの型があるが、単なる労力提供者かそれとも技術者か、分けられない存在もみられるが、職人には職種によっても貴賤の別があったことはたしかである。金銀細工師とナメシ革業者という差が存在したとか、あるいは肉屋とか靴屋などがとくに低くみられたということもあったようである。

しかし、それにも拘らず、古くから、というよりは古くは、一般に職人が、武器と農具の製作者として、つまり国家ローマを和戦両面で支えるものとして、決して低い地位におかれていたのではなかったことを想起しなければならない。たとえば民会の一つ、兵員会の構成及び投票の順序を思い出せば、職人、というより工人の地位が決して低いものではなかったことが分ろう。

ただ、そういった建て前、それはそれとして、共和政末期から帝政期にかけての実際の社会的な地位は、右のように職種によって差があるものの、概して必ずしも高いものになってはいなかった。たとい産を成そうが、またその子孫が高職につこうが、職人や小商人の社会的な劣格化は蔽いようもなかった。生業をもっているとはいえ、日傭取りと並べられ、職人の娘は「ウェスタの斎女」にはなれなかったという。

セネカは、ただ生活の要具とか、または美とも全くかかわりのないものとして、職人あるいは手工業を蔑視しているが、そういった基本姿勢や評価は、アプレイウスやゲルリウスにおいても変りなかった。職人の仕事の神聖視は、キリスト教の普及を待たねばならなかったのであろうか。

もっとも、活躍の舞台は必ずしもローマだけではなかったが、プルサのディオン、すなわちディオン・クリュソストモス（四〇ころ～一一二以降）においては、明らかに職業、とくに手工業者の意義が認められている。彼は、労働の尊さを説き、生計のために働いている人をなぐさめ、激励さえしているが、そういった姿勢や主張をどれだけ普遍化できるか。やはり、一般的には手工業者は低くみられ、労働の神聖視はみられなかったとすべきであろう。

しかしアウグストゥスの誇るように、「煉瓦造りのローマを大理石のローマに変えた」のは、現実には、建築家（技術者）及び各種の工業担当者（労働者）であるし、また一方、ローマ人の日常生活を支えていたのも、市内に散らばっていた広い意味での手工業者たちに他ならなかった。

職人自身が、自らについて、いや自分の仕事に関して、どういう意識をもっていたか、あるいははっきりした自意識・認識をもつようになってゆくのか。職人自身の墓碑が、その点に対してある程度の解答を与えてくれる。もちろん、墓碑をつくらせることのできたのは、職人といっても、限られた人たち、かなり恵まれた存在であったとみなければならない。もっとも、一口に墓碑といっても巨大なものはむしろ少なく、大多数が小ぢんまりしたものであり、墓石に刻まれた図柄や碑名は典型化されているとはいえ、むしろそこから彼らの意識の一面を推測することはできるのではなかろうか。

特に、腕をもって立つ職人の存在、その自負心は、墓碑銘の一、二を読めば、納得できるであろう。もちろん、墓に刻まれた自讃の文章には一種の定式がある。「私は石工として、プラクシテレスにもや劣るものに非ず」とか、ローマの彫刻家たるノウィウス・ブレサムスの長い碑文の末尾に、「この人は、町と世界をすばらしい彫刻で飾った。その名は広く伝わるであろう。ここは、彼の肉体の憩うところ」とある。また、これはローマではないが、「亡きクィントゥス・カンディドゥス・ベニグヌス、アレラテ(アルル)の組合所属の大工の霊に。仕事にあたり、博識、勤勉、熟練、かつ品格あり。優れた職人は、彼を常に巨匠と呼んだ。彼以上に達者な腕をもった人はなく、彼に優る人はいなかった。水道・道路建設のすべてに通暁。良き仕事仲間として、友だちをもてなすすべを知り、才能豊かで勤勉、親切な心をもった人物。ベニグヌス」とある。亡き人、あるいはそれを囲む人たちのまことに誇らしげな思いが伝わってくるではないか。これらは、キケロの言う「技術」を持ち、それを駆使できた人であろう。

では、もう一歩突込んで普通の職人の声を聞くことはできないだろうか。実は、墓碑に刻まれたレリーフ（浮彫）から職人としての自意識や誇りの一端を読みとることはできそうに思われる。たといローマ市民権をもっていても、職人は市民の正装たるトガをつけず、トゥニカをまとっている。それを、彼らの劣格性を示すものであると言い切るのではなく、むしろ仕事着としてその職業を示すもの、したがって、そこにはっきりした自意識、いや自己主張をよみとることができるとすべきであろう。というのは、職人自身はそのような衣装をつけているのに、一緒に刻まれている妻を見ると、彼女は見事な髪型をし、読み書きのできる姿で描かれているからである。どこの貴婦人（マトロナ）かと見まがう程である。また、道具類の誇示、それはただ単に、自分の職種を示すだけのものではなく、一種の自意識の発露とみなければなるまい。

ってはいいすぎであろうか。

このように、職人の中のある層は、かなりの金銭を貯え、また自らの仕事にも誇りをもつようになってゆくのではなかろうか。低い社会的な評価に対する開き直りといっては言いすぎであろうか。

もちろん、ただ「労力」を売って生計をたてゆかねばならない人が沢山いたことは間違いなく、そういった人たちの自らを語る声はなかなか聞えてこない。どうやってそれを聞きとるようにするかは、今後の課題といえよう。墓碑銘の底にあるものを探るのも、そのための一つの道であるが、それ以外の道も見つけなければならない。

二　ローマの町と職人

実は、ローマの町は本来生産都市ではなく、政治の中心であり、経済的にはあくまでも消費都市であった。特に、共和政中期以降、土地を手放した人たちがローマに流れ込んでくると、その色合いがますます濃くなる。

一方、ローマの版図の拡大とともに、まず各種の工業はイタリアの各地にそれぞれ中心をもちながら発展してゆく。北イタリアに限っても、青銅製品はベルゴム、煉瓦はムティナ、アンフォーラはポーラ、さらに毛織物は……という具合である。この流れはイタリアにとどまらない。地中海世界各地での工業の発展も目覚しく、各地の生産品がローマに運ばれてくる。人口二・五万程度のポンペイでは、町の工場でもってほぼ市民の需要が満たせたのに、百万都市ローマでは事情は全く異なる。商品の輸入・生産・販売、それらを有機的に関連づけて考えねばならず、その中での職人の生活だったのである。

ローマ市に流れてくる人たちは、「一体、私はなにをしたらよいのか。教えてくれたまえ。私は、ローマで生活したいと心に決めているのだから……」と訴えながらも、すんなりと小売商人や手工業者になれたわけではない。いや、気持の上でもその世界にはいっていけない。それが普通であった。しかし、そういった人たちの衣食住は？やはり、ここに職人の登場する場が開けるわけなのである。

ところで、巨大都市ローマの工業もしくは職人の世界の特徴は三つある。

第一が、職人の独立性というべきか、むしろ仕事の分業化が進んでいたことである。この点は、墓碑銘に記された職種の多様さ、曰く青銅製品作者、腕輪製作者、銀細工師等々、こういったところからうかがうことができよう。実は、ポンペイなどではあまり分業化や専門化が進まなかったのに、帝政初期のローマの町においては二〇〇に近い種類の手工業が存在したという（一九二という数字をあげている人もいるのである）。しかも、個々の職種の中でも文字通り「手の業」に従う人の数の多さ。たとえば時代が下ると、スリッパメーカーだけで三〇〇以上を数えたというほどである。他は推して知るべしであろう。

なお、このことは生活の容易さ・簡便さとも連なることを指摘しておきたい。しかし、奴隷制大工業経営の例は、ことローマの町では少なかったようである（煉瓦工場などでは奴隷が大いに使用されたが）。ローマに較べるとイタリアでは企業化、とくに大企業の発展が著しく、その差というべきであろうか。

第二の特徴として、組合の存在がはっきり指摘できるということがある。四〇以上の職人組合があったといわれるが、史料の偶然性を思うと、その数字は当然もっとふえるはずである。もっともそれを中世のギルドのような存在と考えてはならないが、その点はあとで述べよう。

第三の特徴として、ローマの道路や地区には、手工業の職名を帯びたものがあること、この点は、アテネなどに較べると手工業者の群がる地区のはっきりしないローマにも、そういう地区があったというより、むしろ手工業者が市内の各所に散在していたことを示すものと考えたい。もちろん、ティベル河岸やアヴェンティンの丘の斜面などは手工業者の集まる地区である（ティベルのむこうのナメシ革業者など。因みに、ポンペイには手工業者の地区の例は見当らない）が、むしろ市内いたる処に、普通の民家とまじり合って仕事場があったとみられる点に特徴があるというべきであろう。

次は、第四の特徴というより、近代社会と比べて古代社会の特徴ともいうべき点として、当然のことながら、働き手はほとんど男性であったということを最後に付け加えておこう。女性の例も碑文に散見するが、やはりそれは例外というべきであるし、また職種を問題とすべきであろう。なお、補助労働力としての女性も、明らかに考古学的な遺物の示すところであるが、それは問題が別である。

以上、多種多様な、市内に散在する仕事場、そういった点をふまえて、大消費都市としてのローマには、小規模な小売商人がたくさん、市内各所に店を構えていたようである。たしかに、商人と手工業者とは理論的には異種の存在であるが、自ら製品を売る手工業者も広く見られたし、そのために至便な場所もあったようである。これはポンペイの例であるが、ポンペイには三一軒のパン工場が発掘されているが、その中の一九軒が通りに面する売場をもっていたという。

今ここで、ローマの職人あるいは仕事場、工場の具体例を一、二挙げてみることにしたい。まず製パン業者を。ローマでは古くはパンは自分の家で焼いたらしいが、貧民の狭いアパートではそうもいかず、薪も結構高かったので、第三マケドニア戦争

（前一七一～一六八年）以降は、貧民のための製パン業者が生まれている。もちろん、富裕なお邸では相変らず、自分の家でパンを焼きつづけたようである。

実は、ポンペイではパン焼き工場の跡がはっきり分り、すでに述べたようにその数も多いが、ローマにはそのようなものの跡は残っていない。ただポルタ・マジョーレ傍らのマルクス・ウェルギリウス・エウリュサケスなる人物の記念碑（墓碑）から、パン焼きがどのように行われたかという点に関して、ある程度の推測は下すことができる。富裕な、政府御用のパン工場主たるエウリュサケスの墓碑は前一世紀のものと推定されるが、その墓碑自体がパン焼き窯の形をしており、その上にパン焼きの工程を刻んだ三枚のフリーズが残っている。それによって工場での五工程が分る。

穀物を篩う（穀物のつめ替えと選り分けという図になる）。ロバのひく大きな臼で砕く。（粉をふるい）捏ねる。焼く。最後は役人（？）にパンを渡す。捏ねる場面では二個の机にむかって八人の男が監督の下で働き、捏ねる道具はロバがまわす。こういった点からみて、零細なパン焼きではなく、かなり大きな工場と思われる。とすると、ごく単純に考えて、彼のような工場主、定かではないがここでは市民の正装トガ、しかも共和政期の型のトガをつけている、そういった人物とそれに対してその下で働かざるをえない職人の存在が、はっきり指摘されるわけである。工程の随所にあらわれるトガ着用人物を、すべてエウリュサケスとみるべきか（二カ所が然りとする説もある）、諸工程の監督者も含まれているとみるべきか、また、職人の服装の差から自由人と奴隷とを分けるべきか、それらの点は、なんとも言いようない。

一般にパン焼きの仕事というのは、規模の大きなものであった。場所をとり、工程もいくつかに分かれていたからであるが、また元来、製粉業者とパン焼きとは一体であって、帝政末期にようやく両者が分離することになったにすぎないからでもある。

次には、小規模な仕事場の例として鍛冶屋をのぞいてみよう。普通は、すでにみたように、小売兼業であったらしい。輸入品も多い武器や農具の大物は別として、鍛冶屋や錠前師などは、それぞれ注文に応じて日々の需要を充足していたようである。ここに取上げるのは、ヴァティカン博物館所蔵のルキウス・コルネリウス・アティメトゥスという人物の祭壇であるが、自分とその解放奴隷のためにつくらせたもので、ネロ時代もしくはフラウィウス朝初期の作といわれる。左正面に刻まれた仕事場の図では、二人の男が、エクソミス（仕事用うわっぱり）をつけて、鉄床（かなとこ）の上で鉄片を打っている。台の上方、頭の上には出来あがった品物がぶらさがっている。幅広い犠牲獣用ナイフ、葡萄剪定用ハサミ、鋭い刃のついた三角形の鉄片などがみられる。今一面は、店舗で彼の解放奴隷がお客（トガをつけている）に品物をみせている図である。

ローマの職人　彫刻家と舟大工

ローマの職人　鍋釜職人と金箔師

パン屋の墓に刻まれたパン焼工程

運動をするローマ婦人

イスパニアの保養地風景

主人と解放奴隷の存在や、製作と小売双方に職人がタッチしたことなどが、この図から読みとれよう。

次に、ローマ出土のものではないが、一つの典型例を示そう。鋏(やっとこ)ではさんだ鉄片を鉄床(かなとこ)の上で叩いている鍛冶屋(エクソミスをつけている)、その背後で子どもか奴隷が(トゥニカをつけている)、炉の火を一対のフイゴで吹いている。右の方には製品としての鋏、ハンマー、槍の穂先、錠などが目にはいる。

もちろんローマには、この他にも染色、漂白、家具製作など万般の工業がみられたし、また大工仕事から大規模な土木工事に従事する人も沢山いた。大工事は請負仕事であり、それに駆り出される人も、仕事が済めばばらばらになって、元の仕事場に戻る。しかし、独立の職人は、図でみるように、規模の大小はともかく、徒弟または子どもと一緒に働いていたようである。そして、この世界では、自由人と奴隷との競合関係がくりひろげられたことは、言うまでもない。

三　組合その他

陶工、鍛冶屋、金銀細工師、パン焼きなどローマの職人は、それぞれ組合をつくっていた。そのはじまりについては様々な意見があるが、共和政中期には、はっきりした姿をみせてくれる。ところが、組合は一種の相互扶助の集まり、とりわけ葬儀や祭礼を中心とする集まりにすぎなかった。したがって、職人の訓練にはタッチしなかったし、組合が政治的に働くことは殆どなかったようである。

なるほど、ポンペイに残る選挙ポスターによれば、パンサなる人物が、鍛冶屋やきこりなどを含む様々なグループの組合に支持されて、町の役人のポストに立候補させられていることが分るし、二世紀以降のオスティアの事例から各種の手工業者の組合のパトロンとして地方政界に打ってでる人のいたことも明らかであるが、ローマ市の政治に、いや国家ローマの政治に組合が積極的な役割を果したのは、共和政末期の動乱のときを除いては耳にしない。もちろん、組合や結社の禁止令の出されたことを思えば、その背後には、組合を利用してことを企てようとした政治家の存在したことを想定すべきではあるが、ここでは組合が政治に主体的な働きを示したとはいえない、とするだけなのである。

祭礼といえば、中世ヨーロッパと同じように、ローマでも職人や芸術家の守護神があり、そのお祭りが華々しく催された。もっとも普通のお祭りは、三月十九日のアヴェンティン丘のミネルウァ神殿奉献の日にとり行われる。のちにこの祭りは三月二十三日まで計五日間となり、詩人オウィディウスは、紡ぎ工、織り工、晒し工、染物師、靴屋、それに彫刻家、画家、医師、教師もこの祭りを祝ったという。その他にも、ウェスタ女神の祭りの日、六月九日には粉屋やパン焼きがこれを祝う。ロバの首に花綵や紐で吊したパンをかけ、臼にもお飾りをつける。さらには音楽家の団体の祭りもあった。

ところで、手工業者のお祭りには行列はつきものであったが、組合としては、自分たちのお祭りだけではなく、凱旋式その他の国家的な行事の大行進にも、旗指し物をかざして参加した。もちろん、組合の祭り、つまり守護神の祭りには、大々的に饗宴がくりひろげられ、それが職人の生活を彩ったのである。

組合員の毎月の積立て、それは何よりも葬儀、埋葬、墓所のために当てられたことは言うまでもあるまい。墓碑銘に曰く「功績大なる（=それにふさわしい、良くかせぎし。一種の定句である）クィントゥス・マルキウス・ヨウィヌスのため、大理石工の組合がこれを建立した」「にしき織工、アルテミドルスのために、その組合仲間」と。

では、職人の養成あるいは修業はどうであったか。碑文に、「主人と徒弟」とあるように、また鍛冶屋の図で見たように、小職人でも手伝いの人は必要であった。史料には随分厳しく鍛えたという話も残ってはいるが、鍛え方は千差万別であったと思われる。もちろん、彫刻家や建築家の場合、家の伝統として、技術は子から孫にと伝えられる。建築家ウィトルウィウスは言う。「以前は、建築家は自分の息子や縁者以外の誰にも教えなかった。彼らを立派な人たるべく訓練したのだ」。しかしすでにプラトンが、次のように言っているではないか。「手わざは教えられるが、よい職人は生まれながらのもので、作られるものではない」と。

普通、技術は一子相伝であり、ギリシアに比べると、ローマの方がその傾向は大きい。父親と息子、あるいはパトロンと解放奴隷の結びつきの強さ、仕事は世襲の形をとることが多かったという古い見解は今も生きている。もっとも子孫のない場合、あるいは子にその才のない場合は、近親や友人から養子をとったり、また自由人の子どもも、とくに他に生計の手段のない自由人の子ども、ときには奴隷を徒弟にしたようである。そのような奴隷の場合、主人が、他の人のもとで自分の奴隷に訓練を受けさせて、そこからの上りを期待するか、つまり奴隷を使用する側からいえば他人の所有する奴隷を使用するのであるが、そのようにするか、それとも主人としての職人が、自ら奴隷を購入して、それを訓練するか、二通りのやり方があった。しかし、職業の固定化をふまえた国家的なトレーニングは、帝政末期までみられない。もちろん単純な手仕事の場合、その必要はなかったかもしれないが、普通は、それでも手伝いはなければならないはずで、それをそれなりに一人前に育てていったこともたしかである。更には、手工業の世界ではパトロン的な人物が広く存在したとみられる。それは雇い主であったり、注文主であったり、請負人であったり、様々な形をとる。また、個々の手工業者のパトロンであったり、組合のパトロンであったりもする。そういった人たちの役割も大きかった。というよりは、そういう人がいなかったならば、ローマの手工業は成りたたなかったであろう。ここには、広く女性の介入する余地もあった。

ところで、以上のような職人は、果して革新的であったか、それとも保守的であったか。こういった問い自体が問題であるが、大きくみて、一応、きわめて保守的であったといえよう。キケロは言う。「店を張る人の大部分、いやそのクラス全体がすこぶる平和を愛した。生計の道、仕事の一切合財が、取引が活潑であるかどうかに懸っていた。平和であってはじめて、それが可能だったのだ」(大意)。社会的、政治的な動揺や混乱のないことを願っていたのである。

もちろん、社会の底辺に近い存在として、内乱に当り、手工業者たちがカエサルやアントニウスに積極的に与しようとした例、とりわけアントニウスに対しては一種の護衛の役すら果していたこと、更には手工業者の組合の政治化した事例もあるが、やはり大勢に順応してゆく彼らとしては、結束して社会革新の狼煙(のろし)をあげることの可能な社会でなくなれば、ローマ市の成員として泰平の世の果実を享受してゆくのであった。

おわりに

「一日はパン屋の音ではじまる。一日中ハンマーの音が聞えてきてうるさくて仕方がない……」というふうに、生々とした、いや騒然且つ混沌としたローマの一日が描かれている。職人は日の出から日没まで働いていた、というのであるが、それでも、自分たちのお祭りの日もあるし、それだけではない。自由人である限り、ローマ市民として、彼らも市民生活をそれなりに享受していたのではなかろうか。

もちろん、そこには、普通言われている「ローマ人」の日常生活と職人のそれとが嚙み合うのか、あるいはずれているのか、という問題もある。たとえば、朝食はほんの軽くとか、昼寝の習慣、つまり午後の休養というのが、そもそも職人にも当てはまるものなのか、よく分らない点も多い。冬などは、午前中だけで仕事を止めていたら日照時間の関係で商売にならなかったはずである。ただ要は、自由な職人、手工業者といっても千差万別であったことを想起すれば、一元化できないというべきであろう。しかし、泰平の民としての様々の恩恵から彼らが除外されていた、とは到底考えられない。彼らも祭りや競技、更には演劇などをたっぷりと味わされたことであろう。また、それが可能なだけ、地方や属州あるいは隷属民から吸い上げたものが貯えられていたのである。

（一九七七・五）

補遺

ここでは、職人を対象にして考えてみたといっても、主にローマの町に定着することになった人たちを取り上げ、しかも時代も限定して、それをスケッチしてみたわけである。

しかし、実は当然のことであるが、ローマ世界の各地、つまりイタリア半島の諸地方、それに加えて属州のどこにも職人の姿は見られた。また、一個所に定住しないで、遍歴しながら「手の業」でもって生きてゆく職人もいた。そういった存在を完全に視野の外におくのも、「職人の世界」を描くのには偏っているように思われる。

したがって、もう少し視野を拡げて、イタリア半島の各地、とりわけ地方（＝農村）に偏在した職人や遍歴していた職人にも目を注ぐことによって、「職人の世界」に少しふくらみをもたせたいと思う。なお遍歴職人というのは、ギリシア史の史料にはよくみられるが、ローマ世界ではどうであったか。

まず、農村あるいは集落の職人を、史料とくに共和政末期の農業論に即して一瞥してみたい。それは、カトーあるいはウァルロという共和政期のローマ人の残した『農業論』の中に、農村あるいは集落の職人の存在を示唆するかにみえる個所があるからである。

前二世紀の作品であるカトーの『農業論』からよみとれることは、一見、自己の農場における手細工、手工業的なものは、なるべく他の力を借りないで所領内でまかなうようにするということである。しかし、もう一歩突込んでみると、様々な場合、隣人の力を借りねばならぬことが分る。そういった隣人とは、文字通り、隣りの人であることもあるが、集落あるいは村の成員とみなすべき場合も多い。これは、最近あらわれた主張の一つであり、首肯させるものをもっている。更には、衣類などは農場で作るよりは、農場から町に買いに出るということもはっきりと記されている。

一方また、カトーの『農業論』に登場する日傭い労働者は、文字通り農業のための労働力となるだけではなく、一種の手工業者であることもあったようである。しかも、その日傭い労働者の中のかなりの部分は、共和政期から帝政期にかけて、季節労働者として、広く且つ群をなして、イタリア半島を経めぐっているのであった。

このようにみてくると、共和政中期のイタリアにおいても、農村あるいは小集落の職人、更には日傭い労働者としての遍歴職人が存在したであろうということは、推定してよさそうである。

更に、前一世紀のウァルロまで下ると、ますます、右のような人たちの姿はくっきりと浮びあがってくる。ウァルロには、自分の家屋敷に属さない、「隣人の医者や洗濯屋や職人を」と記されており、それらを「年々雇う」（定説。新説は後で示したい）とあるが、この記事は右のような人たちが、すくなくとも各所領の外にあって、手の業でもって生活していたことを示すといえよう。しかも、「隣人、近隣の人」と解されてきたのを、最新の研究に従って「村の人、集落の人」とみなし、「年々雇う」というのを「年中ずっと」と解するならば、それは、週市の行われるようなところにやってきて、そのときどきに仕事をして、店を張っていたり、あるいはそのような手仕事——店舗を梃子(てこ)に、そこに定着するようになった人たちと農場所有者との関係を指したものとみなければならなくなる。

もちろん、決して共和政末期の所領のそれぞれが、ことごとく自給自足体制をとっていたはずはなく（一世を賑わせた「オイコス経済」をめぐる論争を想起するが、ここではそういった問題には立ち入らない）、所領の外に「手の業」の者を求めるのも理の当然であろう。

実は、ローマの初期には明らかに、そしてその後も、遍歴職人が季節ごとに、いやもっと短かいサイクルで、市場とか一つの村あるいは所領にあらわれて、一定の契約に基づいて「手の業」を示したのではなかろうか。キャラバンを組んでイタリアを動き廻る遍歴商人というのが、史料にあらわれるが、その内部には手工業を業とする人たちが内包されていた、と推定できる。

ここで、古くドイツの一学者がウァルロの当該個所の職人を遍歴職人とし、「家屋敷から家屋敷へ」「どこでも自分たちに託された仕事の終るまで、そこに留まる」者と捉えているのを想起するが、史料のこの個所の職人を、右に示したように「村の人、集落の人」とするならば、すこし異なった捉え方が必要となるであろう。ただこの問題も、遍歴職人というのを都市的現象の一つであると説く最近の主張をふまえて考え直してみたい。もちろん、東方では遍歴職人の姿は時代が下るまでみられるし、イタリアでも遍歴している靴屋、あるいは靴直しなどは、金石文史料にはっきりと登場してはいる。

しかし彼らは、明らかにアウトサイダー、つまり外来者として、恵まれた場合によ
うやく集落から住居あるいは仕事場を与えられ、そしてそこに住みついて仕事をして
ゆくのである。このようにして、遍歴職人も、村あるいは市場的なところに定着して
いったといえよう。もちろん、相変らず諸地方を廻りつづける職人もいたことであろ
う。

ただ、遍歴しつづける場合は当然であるが、ある一個所に腰をすえても、彼らは、
定着農業を軸とする共同体には所属しなかったのではなかろうか。様々な秩序の枠の
外にいたと思われるからである。村々に定着した職人の場合でも、数量的にも、また
地域的拡散性といった点からも、彼らが一つの仲間、組合を作ったということは考え
られない。ただ、村落あるいは市場が職人や工人をひきつけた理由としては、そこで
は、第一に彼らがローマの町におけるほどは侮蔑の対象にならなかったということ、
第二に職人の間の競合もすくなかったと考えられること、この二点があげられる。

ところで、こういった存在は、歴史の回転の中で、どのような役割を果したのであ
ろうか。その点は、今一度考え直してみる必要がある。論理的には、定着農業を中心
とする共同体の外にあるとはいえ、単なる周縁的な存在にとどまらないものであり、

職人イコール小売商人として、市場を媒介とする、都市と農村とを結ぶ役割を果したと考えられるが、史料の上でこのことがどこまで確認できるか、やはりもう一度検討し直してみるべきであろう。

付 ローマの芸術家

ローマの美術作品は、一体どういう人たちの手で生みだされたのであろうか。芸術家、すなわち建築家・画家・彫刻家とはいかなる類いの人たちから成り、どのような位置づけがなされていたのであろうか。

まず第一に、鍛冶屋・パン焼き・大工などと同じように、彫刻家・建築家・音楽家に至る様々の人たちが、広く「手の仕事をする人」つまり広義の職人、一般には社会的に低い位置づけしかなされなかった存在の中にひっくるめられていたということを指摘したい。職人や芸術家の守護神があり、その祭りが華々しく祝われたが、紡ぎ工・織り工・染物師・靴屋から彫刻家・画家・医師までがそれに加わったという。

しかし、共和政末期の人キケロは、右のような「手の仕事にたずさわった人」に関連して、独得の職業観、いや労働観を披瀝している。それが彼の見解であるのか、あるいはそれとも彼の準拠したギリシアの哲学者の考え方であるかは、大いに問題であろう。彼は「手職の人」の仕事は卑しい、買われるのが労力だからである、とする、その一方で、医術や建築のような、高い英知を必要とし、すくなくとも公共の利益をもたらす技術を必要とするものを高貴なわざ、としているのである。

たしかに、今に残る数多くの墓碑銘をみれば、建築家としての自負・自讃の文章にはこと欠かない。労力提供者と技術者とは峻別できない面もあるし、当のキケロに正反対の発言もあるが、共和政末期ローマの有識者、つまり上流階層の労働観からすれば、同じ手のわざにたずさわる人という位置づけが行われていても、一応右のようにみられていた面があった、といってもよいように思われる。

しかし問題は、単なる労力提供者ではないとみられていた彫刻家や画家が、実際に、それほど尊敬されていたのか、という具合に問い直すことからはじまる。その場合、ローマ人の労働観が基礎にあるのは勿論であるが、時代と階層による差を忘れてはなるまい。大カトー・キケロ・セネカという論者における労働観の変遷、それも個々の発言者および各社会層の意識の変化などをふまえた上でしか位置づけることはできず、一般化など無理なようであるが、あえて一般化のための太い線をひいてみるとどうなるであろうか。

ローマ人は仕事の貴賤をはっきり意識していたと思われるが、その場合、貴賤を定めるのに、三つの基準を設けていた、とつとに一論者は主張している。第一が、構成層の問題である。それが外人、奴隷、解放奴隷などによっても行われる仕事であるかどうかという点にかかわる。第二が仕事の独立性、それは、仕事が協同作業であるのか、個人の手で行われるかということ、個人の力や個性がどれだけ発揮できるかという問題ともなる。第三が、それと関連して賃銀が支払われるか、それとも無償であるのか、という点が基準となる。もちろん、先に基準があって仕事の貴賤を定めていたのではなく、歴史の発展とともに右のような基準が形成されてきたというべきであろう。

「ひとは神像を崇拝するが、その製作者を尊敬しない」というセネカの言は、特別なものなのであろうか。文学や修辞学的な教養に対する異常な程の高い評価とは対照的に、右の三つの基準に照らすと、造形美術ひいてはその製作者にもやはり低い評価しか与えられていないようである。プルタークやルキアノスも然りであった。ただ大きくみて、同じローマの版図の中でも、西方ラテン語文化圏に較べると、東方ギリシア語文化圏の方が、芸術家尊重の気風が存しつづけたことはたしかである。

彫刻にたずさわるのは、ギリシア人、とりわけアテネの人が多かったらしく、生来のローマ人の名はあまり出てこない。たとえば前四六年、カエサルのウェヌス神殿に奉献された彫像の作家はいわずもがな、大プリニウスは皇帝の宮殿の著名な彫像の作家は悉くギリシア人である、とさえ記している。そこで、こういった点をふまえた上での彫刻家の評価づけとなるわけである。構成層の問題、まさに第一の基準が生きてくる。

一方、それに対して画家の場合は、少々様相が異なってくる。元来、貴族にとっても画筆をとるのは、さほど卑しいこととはみなされなかったらしいが、面白いことに、外からの人、奴隷や解放奴隷にその活躍の場が奪われてゆくと、それも「卑賤の業」とみなされてゆく。しかし、そのような趨勢にもかかわらず、相対的に絵画は彫刻よりも「良き業」とみなされ、この分野の仕事には、相変らずかなりのローマ人が関与していたのに気がつく。なによりも閑雅な遊びとして、画筆をとるハドリアヌスやヴァレンティニアヌス帝、あるいは絵画のレッスンを受けたマルクス・アウレリウス帝などが想起されよう。もっとも、彫刻と絵画を分けて考えてはよくない面もある。双方の業に精出している皇帝もめずらしくないからである。

では、建築はどうであったか。ウィトルウィウスによれば、建築は「強さと実用と美の理が保たれるように造られるべきである」とされ、「原理を知った、職人の頭に立つ者の術」と記されていたが、その限りでは、彫刻や絵画よりもはるかに高い評価が与えられていたといえよう。

すでに述べたように、キケロも「実用」という点、医術と並んで評価している。建築及び建築家の社会的に高い評価づけは、建築が世界帝国ローマという国家の要請に応えるためのものでもあったことによるが、それと関連していえることは、たとい底辺では奴隷や解放奴隷と競合する面もたしかにあったとはいえ、ローマ市民が共和政期から帝政期を通じて数多く建築事業に参加していることも無視できない。

このようにして、偏差や時代差もあるが、芸術家も社会的にはさほど高い位置づけはされていなかったと、一応言うことはできよう。ところで、その場合、右のような構成身分、仕事の独立性、有償無償という点が基礎になっていることはたしかであるが——といってもここではとくに構成層の問題に力点をおいてみてきたが——、それ以上に芸術家の社会的な地位は、ローマ人が美術作品をいかなるものとして取り扱ったか、あるいは美をどう考えていたか、ということとも連なるのではなかろうか。もちろん、ローマ人の美意識とか美的感覚の問題は別のアプローチが必要であろう。ただ、手の業のうちでもいわゆる芸術的創造なるものが、所詮、創る方にとっても受ける方にとっても相等しく、現実の生活享受のため、あるいは特定の人間、とくに名門の人物やその業績を追想し、誇示するためという性格が濃くなってゆくとすれば、彼らローマ人の美術を観る目や芸術家を遇する姿勢も、たとい表面的とはいえ、その枠のなかでおのずから変ってゆかざるをえないこともたしかであったといえよう。

実は、最古期ローマでは、自由民の職人が農具と武器の生産者として、社会的にも割合高く位置づけられていたのに、「ローマ人の労働観」を基軸として、賃銀のために働くことに対する蔑視、さらには次第に発展する奴隷や解放奴隷との競合または併存を考えると、いわゆる芸術家をも含めた広義の職人の地位は、決してそれ程高いものではありえなかったが、他ならぬその競合ということの中で、評価も揺れ、また変化もみられてゆくのであった。

更に、今一歩進んでゆくと、つまり右に述べた美術作品自体が社会的及び政治的に重要な意味をもってゆくとすれば、単純なる労働そのものの蔑視という目では截断しきれないものが生まれてゆくこともたしかである。それは、一方では、ローマ人にふさわしい生業としての、いや營むべき業としての農業そのもの、あるいは農業に従う人たちの性格の変化、端的には農業への奴隷労働の浸透が、逆に「手の業」を見直すことになる、ということにも関連するのではなかろうか。もちろん、本来、職人自身の、とりわけ芸術家というべき存在の労働観、あるいは自意識そのものは、墓碑銘などからみてはるかにポジティヴに捉えるべきであることはいうまでもないが、ここでは一つの流れを考えたいのである。

（一九七八・八）

牧人の世界の一断面——移動放牧をめぐって——

一

詩人ホラティウスも、文人プリニウスも、皇帝マルクス・アウレリウスも詠じている。アペニンの山腹を延々とつづく羊の群を。まことに、おだやかで平和な光景である。

しかし、本当にそうなのであろうか。近寄ってみると、

「天日は乾きし日々をふたたびもたらして……はや疲れし牧人も、ものうげな家畜らとともに……」(ホラティウス、藤井昇氏訳)

とあるように、炎天下の道は、時間も停止してしまいそうである。耳鳴りもしそうである。いや、そればかりではない。それは、常に、山賊や野獣の脅威におびやかされ、

また、地方の人たち、それは農民のこともあれば、官憲のこともあったが、そういった連中との対立・抗争をうちにはらんだ、厳しい道だったのでもある。

ローマ世界では、一体いつ頃から、どのような条件の下、このように羊の群を移動させながら放牧するようになったのであろうか。そして、それは具体的にどういう仕組みで行われたのか。また、そういった形の放牧生活をくりひろげる牧夫たちの心情や意識はいかなるものであったのか。このように様々な問いが投げかけられるであろう。あるいは、もっと別の問いかけとして、一体ローマ世界では、放牧あるいは牧人というのは、社会的・経済的にどれ位の重みをもっていたのか、という声も聞えてくる。

ここでは、まずローマにおける移動放牧とはどういうものであったかを指摘し、次いで国家ローマと移動放牧の関係を考え、最後に移動放牧に従事する人たちと羊について簡単に触れてみることにしたい。

二　移動放牧とは

現代の地中海世界でも、つい最近までよく見られた光景であるが、羊の群は夏の牧草地から冬の牧場に、また逆に冬のそれから夏のそれに移して放牧される。もちろん、ところによっては、現在でもなおこういった情景を目にすることができる。

暑く、乾燥して草の枯れる夏期には、低地では充分な牧草はえられない。そこで、高地つまり気温もさほど高くなく、なによりも牧草が充分に供給されるところに、家畜、主に羊を移す。そして、秋の雨が降るとともに低地にまた移しかえる。また、家家畜の移動が、このように高地と低地という垂直の流れとしてではなく、水平、たとえば中部イタリアと南部イタリアとの間を移動させる形で展開することもあった。いずれにせよ、このように季節によって家畜を移動させて放牧するのである。

こういった型の放牧は、普通、移動放牧あるいは移牧と名づけられている。一般には、移牧という形での放牧は、ローマ世界でも、とりわけイタリアにおいては、国家的な秩序が確立し、大規模な経営が展開するとともにくりひろげられてゆくことになったといわれている。つまり第二ポエニ戦争後というのである。しかし、最近の研究では、ローマがイタリア半島を統一する以前に、すでに広く移牧という形による放牧が行われていた点が強調されているようである。あるイタリアの学者は、すでに一九五〇年代に、アペニン遊牧民説、すなわち青銅器時代のイタリア、とりわけアペニン山地に広く遊牧生活が展開していたということを主張した。この説そのものは、その後さまざまな形での修正を受けながらも、広い支持者を得てきたし、更には批判を受けとめ、ふまえた形で、最近では何人かの学者によって、イタリアでは古くから移牧（ストレートに遊牧とする論者はすくないが）が展開していたとされているのである。

たしかに、その世界は、厳密には遊牧と名付けることはできないにしても、イタリア各地の考古学的発掘の進展、とくに遺骨の研究の発展は、前一〇世紀以前に、特別な「家畜の道」を利用して移動放牧の行われたことを明らかにしてくれることになった。そこにみられるのは、集落の周辺数キロにわたる放牧地にプラスするのに、「家畜の道」を利用して、何日かかけて家畜、とりわけ羊を移動させ、そこの牧草地に放牧させるという形である。しかし、この世界に「遊牧」というレッテルをはることができないのは、集落の存在という一点からもはっきりしている。

「家畜の道」沿いには、牧人たちの崇敬・信仰の対象となっていた神、たとえばヘラクレスの彫像が立てられ、ときには小さな祠すらつくられたらしい。

そういった家畜の道の中には、家畜の移動だけではなく、次第に商取引の道として発展してゆくものもあり、また道に沿って小集落も設けられ、都市に発展してゆくものもみられた。もっとも「家畜の道」そのものの中には、ローマ時代を経て、中世から現代まで相変らず家畜の道としての役割を果しつづけているものも多い。今に残る

「家畜の道」には、幅一〇〇メートルに及ぶものがある、という。羊に草をはませながら、何日もかけて移動させるのであった。

なお、わがローマ世界においても、ハンニバルとの戦いのとき、カルタゴ軍及びローマ軍、両軍のかけひきに使われたのが、「雲間や森にかくれた、太陽の輝く林間の道や家畜の道」とあるような、間道に化した、南イタリアの古い「家畜の道」であったことは、よく知られたところである。このように殆ど利用されなくなった「家畜の道」もあったのである。

ところで、イタリアの古い半遊牧民的——あえてこういった表現を使うが——な生活の様式、あるいはそれに結びつく習俗などは、一体どうなってゆくのであろうか。

たしかに、移牧を軸とする放牧の生活は、中部山岳地帯の住民、サビニ系の人たちの間で広く展開してゆく。その際、習俗の点でも、彼らの間に、根深く、放牧とりわけ移牧に絡むものが生きつづける。たとえばその点に関しては、「聖なる春」という犠牲の式、あるいはそれに結びつく新たな集落の形成を指摘することができよう。

「聖なる春」というのは、その年に生まれたものを神、とりわけ軍神マルスに捧げるという形の儀式であるが、それは、犠牲として神に供されることになる子供を、実は新しい共同体を作るために外に送り出す、まさしく人口増加による新たな集落＝共同体の形成を意味したのである。それが、移牧云々と結びつくのは、新しい共同体にひとを導くのが、聖なる獣というところにあり、それは、移牧すなわち家畜の移動と深い関連がみられたからである。このことは、ある面では、広く文化の伝播に関して移牧のもつ役割を示したものといえよう。

また、後の時代に、つまり共和政中期以降、「山の民」として史料にあらわれる人たちのある部分は、古い半遊牧的な生活をくりひろげていた連中と系譜的なつながりをもち、しかもそれは国家的な秩序の枠からはみ出しつつ生きてゆくことになった人たちとみなければならない。そのような関連性は、「山の民」の生活用具などからも一応認めざるをえないようである。

さらに、ローマの町の建設、つまりラテン人とサビニ人との結びつき、両者の融合によって生まれたとみなされているローマの建設というのも、実は、一面では、サビニ人によるローマ世界への牧畜民としての生き方や考え方の導入に他ならなかったと解することができよう。

そこで、「聖なる春」の犠牲の式も国難除去の祈願という性格を強めながらローマ的なものとなり、前二一七年、第二ポエニ戦争においてトラシメヌス湖畔の戦いに敗れた後、ローマにおいて、マルス神ではなくユピテル神に対する犠牲の式として「聖なる春」の式典が執り行われている。

一方、前二世紀の大カトーの『農業論』にみられる、あの奴隷も加わるシルウァヌス（森の神）の祭儀が、他ならぬ牧夫（その主体は奴隷であることを指摘したい）の神としてのシルウァヌスに対するものであったことをわれわれも知っている。

そして、なによりも、ローマの勢力がイタリア半島全体に及ぶにいたり、とりわけ南イタリアにおける牧草地の拡大により、移牧の形をとる放牧も、ローマ人のものとしてはっきり定着してゆくのであった。

三　国家と移牧

国家ローマとしては、ローマの拡大とともに拡がった移牧、とくに南イタリアの半島の先にまで伸びてゆく放牧をスムースに展開させるために意を用いなければならなかった。一面では、自由化政策をくりひろげながら、今一面では、規正の手を加えることになるのである。

自由化政策のあらわれの最も顕著な例は、グラックスの土地改革後の変化・動揺を最終的に安定させた「前一一一年の土地法」、あの碑文の形で出土している有名な法のなかからはっきりと読みとることができる。そこには、明らかに「家畜の道の通行の自由」が謳われているのである。通行税的なものは必要ないというのであった。ただ、この文言にはすこし註解をほどこす必要があろう。というのは、ローマ人の考えでは「家畜の道」は公道であり、しかも公のものの利用に対してはローマ人はもともと税をかけているからである。

とすれば、家畜の道の利用に当っても、本来は税を支払わねばならなかったはずである。現実には、共和政期のイタリアにおいては公道の通行に税がかけられたという証拠はないが、論理的にはそうならざるをえない。その免除なのである。

しかも、「公の牧草地」への放牧には、家畜数に応じた「家畜放牧税」がかけられたわけであるし、そういう家畜のための税は、道の通行の自由が認められてもずっとつづいてかけられ、徴税請負人の手で集められてゆく。このようにみてくれば、道の通行の自由というのは、その道が公の道であるとすれば、たしかに自由化政策のもっともはっきりしたあらわれであったというべきであろう。

「家畜の道」を通って行きつく先の牧草地、これに対しても実は「家畜の道」と同じ表現が使われることが多いが、そういった夏あるいは冬の牧草地に関して、それが公のものである限り、移牧の対象たる家畜もやはり徴税の対象たりえたといわねばならない。そういった含みをもたせた上での「通行の自由」であったとみなすべきである。

事実、国家ローマとしては、前三世紀半ばから、この家畜の道をも含めたイタリアの牧草地全体を、一政務官たるクアエストル（一般には財務官という訳語が与えられている）の管轄すべきものとしている。国家ローマの支配の枠の中にはっきりと組み込んでいるのである。このクアエストルは、軍事上の権限をも握っていた。したがって、治安の任にも当ったようである。

ここに、一つのエピソードがある。前六〇年に、翌年の執政官（コンスル）に選ばれたカエサルに、コンスル職を務めた後に割当てられるべきものとして示されたのが、この「家畜の道と牧草地」を管轄領域とするポストであったというのである。この提案は実現されなかったが、「家畜の道と牧草地」がすでに共和政期から、あるポストの人の統べるべき対象領域になっていたことは、たといコンスルであった人にとって必ずしもふさわしい管轄領域とはいえないにしても、やはりほぼ確かといってよかろう。ちなみに、帝政期のクラウディウス帝の時代まで、クアエストルの管轄領域としての「イタリアの家畜の道と牧草地」という形はつづいてゆくようである。

しかし、このように国家権力が介入したにもかかわらず、共和政末期から帝政期にかけては、移牧に当って、とくに「家畜の道」に隣接する農民と牧人との対立・抗争、いや牧人と地方官憲との衝突はたえずみられた。それだけではなく、牧人は常に山賊や野獣の脅威にもさらされていたらしい。

それが、彼ら牧人をして、一つのまとまった結合体たらしめるとともに、一方、支配、つまり家畜所有者の経営や国家秩序の枠組みの中にはめ込むというような二重の支配、そういったものから離れた存在に転化させるのでもあった。一言でいえば、彼ら自身が山賊となるのである。牧夫たちが、前二世紀から前一世紀にかけて国家秩序に対する様々な抵抗・叛乱の主体となっている例も数多くみられる。いわゆる奴隷叛乱の中心になったのが牧夫であることはよく知られているが、前一八五〜四年の南イタリアの騒擾、前六三年のカティリナの陰謀に当っての牧夫、とりわけ移牧とかかわりのある牧夫の立場や役割を想起したい。

四　移牧と牧人

牧人は、二つのタイプに分かれる。家畜所有者の経営の中にくりこまれている牧人と、一方、秩序の枠の外にあって、少数の家畜を自由に放牧しながら山野をかけめぐりつつ生きてゆく徒輩である。後者は、すでに指摘したように、古いイタリアの半遊牧民の後裔を主とする「山の民」の一部と、様々な理由で秩序の枠から離脱した存在とから成る。しかし、ここでは前者を考えてゆくわけである。

その場合、家畜所有者の放牧といっても、二つの型、すなわち定牧（日帰り放牧）と移牧があると考えられるが、後者に焦点を合わせ、時代を共和政末期に限定してみてゆくことにしたい。実は、定牧とは家畜所有者の所領の近く、とくに自分の牧草地に放牧するか、あるいは定住地の傍らの共同体の牧草地に放牧する型である。それに対して移牧とは、すでに述べたように、通常は「家畜の道」を使って、夏の放牧地、または冬の牧草地にと家畜を移動させる型の放牧であるが、とくに経営としての放牧の場合、実際には両者、つまり定牧と移牧とは重なり合うこと、更には移牧も定牧をもう一方の端にふまえたものであることを指摘しておきたい。それは、移牧地に放牧させない夏の期間もしくは冬の間に、定牧あるいはそれに近い型の放牧が行われるからである。もっとも実際には、定牧とも移牧とも言いきれない型の放牧が行われたのも、もちろんのことであるが、ここでは一応型として整理したわけである。

ところで、型としての定牧と移牧においては、なによりも牧人のあり方が変ってくる。

牧人は主として奴隷から成るといわれるが、それは基本的には正しい。しかし、牧人がすべて悉く奴隷から成っていたとみなしてはなるまい。なによりも、カエサルが「牧人の三分の一は自由人をもって充当すべきである」という法令を出したというが、このことは、その背後に、比率はともかくとして自由人の牧夫がいたことを裏づけるものといえよう。

しかも移牧に当っては、放牧にたずさわるものが、一つの集団、一種の結合体的なものを構成していたと想定される。定牧の場合とはいささか異なっていたのである。頂点には、牧人頭的な存在がいた。彼らは、読み書きもでき、経験を積んだ、年輩の人物から成っていた。身分的には主に奴隷であるが、普通の牧人、この場合ははっきり牧夫というべきであろう、そういった連中に対して、強力な権限、一種の命令権的なものをもっていたようである。奴隷が、同じ奴隷身分のものに対してこのような権限を行使できるというのは、法的にも、また社会的にもすこぶる注目すべきことであった。

ところで、読み書き云々というのは、農業書を読むことができたばかりか、主人に対する収支計算や、徴税請負人に対する家畜頭数の申告その他の実務を担当できたことを意味する。しかし、読み書きの能力のもつ意味はそれにとどまらない。読み書きの能力をふまえた、家畜の医療・衛生面への配慮が彼らの役割となり、そのことが、群としての家畜の一体性、いや移牧集団の継続性を支えることになったと思われる。移牧に当り、牧人頭は、長期に亘る、また家畜所有者の目の届かない場所での幅広い権限を委ねられ、また他の集団、共同体との対立・抗争に耐え、それを克服してゆかなければならなかったのである。

移牧の際、牧人頭には妻的な存在の女性が同行したが、彼女の役割も大きかった。ちょうど農場における奴隷頭＝農場管理人の妻に当るものといえよう。なお普通の牧夫は一般には奴隷であったが、彼らにも女性があてがわれ、子どもを設けることが奨励されたようであり、その傾向は時代とともにふくれてゆく。

もちろん、長期にわたる遠隔地への移牧のための、牧人頭や牧夫の財産も、役獣にのせられてゆく。更に、牧夫には危難に耐えることが求められた。山賊や野獣に相対するため武器も携行した。定牧ならば、仕事は牧童的な牧夫に委ねてもよろしいが、移牧は屈強な若者でなければつとまらない、というように、定牧における牧夫とははっきり区別されていたようである。

牧人頭（とその妻）——牧夫は当然として、それに加えて役畜・駄馬（もちろんラバや牛のこともある）と牧羊犬も移牧においては重要な役割を果した。前一世紀の作家ウァルロは、『農業論』の中で、移牧を担当する存在それぞれの役割に関して、牧夫、駄馬、牧羊犬を同一範疇の存在としているのは、面白いことである。もちろん、その底には、牧夫＝奴隷、しかも奴隷は物言う道具である、という考え方があったとみるべきであろう。

このようにして、牧人頭――牧夫――駄馬――牧羊犬が一つのまとまりをなして、移牧生活をくりひろげたのである。もっとも右のウァルロの規定を念頭におけば、これは縦のつながりではなく、牧人頭は別格として、横つまり同一レベルのもののまとまりとみなすべきであろう。

実は、なによりも、ローマ法では家畜は、一つの群として法的な対象になるのであった。それが、どのような理念に基づくものであるのか、あるいは「群」というのを一体どう解したらよいのか、様々な議論があるようであるが、その問題には立ち入るまい。われわれとして問題にしたいのは、法的次元のことではなく、もっと広いといか、あるいはもっと根底にあることとして、一つのまとまり、つまり結合体となるのが羊だけではなく、牧夫、駄馬、牧羊犬などすべてをひっくるめたものではなかったかということである。

このことに関しては、前二世紀の作品、大カトーの『農業論』の一つの章の解釈から、牧夫と羊とが切り離されない存在であったとの推定を下すことができる。そういった点が、実は帝政期の史料でははっきりしてくる。もっともそれは、厳密な一つのまとまった法的対象になるというよりも、請負契約に当り、切り離すことのできない対象となっていたということである。

では、前一世紀のウァルロではどうであったのか。ウァルロ、移牧に関してもっとも詳しい知識を与えてくれるウァルロでは、牧羊犬と羊とを一緒にひっくるめて考えて、切り離されないものとみなしているが、牧夫については、駄馬、牧羊犬と同じ範疇のものとみているにしても、それ以上のことは史料からはなにも引き出せない。カトー――ウァルロ――帝政期の史料という時の流れは、「牧夫と駄馬と牧羊犬と羊」とを一つのまとまりとみなしてゆくことになるのであるが。

この点は、先に家畜所有者の経営の中での移牧と記したことに関連させて考えてゆくと、一つの解答への道が開けてくる。経営には、自己経営と委託経営との二つがあるが、自己経営というのも、自らが直接移牧を行なうのではなく、実質上は牧人頭の手にすべてが託されるのであり、この形が移牧においてもっともよく見られたが、それに加えて一種の委託経営も広く展開していたようである。後者の場合、帝政期、マルクス・アウレリウス帝の時代の一碑文によれば、牧夫から駄馬をもひっくるめて、第三者である請負人に移牧を委託するという形をとっている。こういった形式は、共和政末期から帝政期にかけて広く採用されていたと推定することができる。それは、大カトーの『農業論』をみてゆくと、先に記したように、移牧ではないが、委託に当り、請負人に「牧夫と羊」とを一緒に委ねているとみなすべき個所にぶっつかるからである。

更には、売買という形の場合、経営という意味では自己経営であるのか委託経営となるのかもう一歩定かでない点もあるが、ともかく牧羊犬と羊の一切を売却もしくは購入するという形がみられる。その際、牧夫はどうなるのかという点に関しては、いささか問題が残るようである。それは、ウァルロの『農業論』に登場する一エピソードによるのである。そこでは、牧羊犬と羊を購入した騎士身分の人が、ある人に移牧を行わせているが、その際、中部イタリアから南イタリアへの移牧を担当したのは、他ならぬもとの家畜所有者の牧夫であった。彼は、売買の対象にはなっていなかったが、幅広い権限を与えられ、大胆な推定が許されるならば、移牧から羊の売却まで委ねられているのである。このケースを、われわれは、売買契約を越える、牧夫と羊との移牧における結びつきを示す事例と考えたい。そこでは売られなかった牧夫が、売られた羊の移牧に当ったのである。ただ問題は、どれだけこの事例を一般化できるかということであろう。

しかし、ここで言えることは、こと移牧に当っては、牧人頭（及びその妻）——牧夫——駄馬——牧羊犬——羊を一つのまとまり、結合体とみなす考え方、生き方が、共和政末期から帝政期にかけて貫いていたということであろう。様々な偏差を伴いながら、たとえば先の例では売買契約の段階でいったん牧夫と羊は切り離されても、それを越えて移牧では一つのまとまりとして行動するというように、基本的には結合体の存続があったとみなすべきである。このことは、当然、農業を主軸とするローマ社会の進展に対して、様々な作用を及ぼしたのではなかろうか。

このようにして展開してゆく移牧において、経営である限り、チーズや羊毛が生産され、売りさばかれるわけであり、また子羊も処分されることが多いのであるが、そういった経済活動の実態は、別の角度から検討しなければならない。

五　おわりに

普通われわれが学び、考えているローマの法体系、社会秩序とは、本来的には、農業、農民の社会に適合するものであった。牧人、とりわけ移牧にたずさわる連中に、それがどこまで当てはまるのであろうか。たとえば商取引、家族の問題など、法的・社会的に様々な角度から照明を当てて検討し直さねばならない問題が、数多く残っている。今日は、その前に考えねばならない点を一、二指摘しておきたい。

なによりも第一に、牧人の生活を詩人がいかにロマンティックに描こうが、移牧・定牧を問わず、彼らの実生活、あるいは社会的な評価は、必ずしも歴史の発展とともに向上したわけではないということを記さねばならない。現実には、一方では、大家畜所有者の経営——自己経営であるか、委託経営であるかは問わない——の枠の中に取り入れられた牧人として、また一方では、一匹狼的な存在の牧人として、常に、変ることなく厳しい生活を送らざるをえなかったのである。

もちろん、生産の一部門の担い手という役割は果しつづけるし、移牧に関連する牧夫は、古い時代には文化伝達者としてすこぶる重要な役割を担っていた。ただ、都市と農村という対抗関係を基軸とするローマの社会発展においては、彼らは、一面では、対抗・緊張関係のもう一歩外側におかれる、ときには、その軸に対立するものとなるが（農民・官憲と衝突する牧人か叛乱や蜂起の主体としての牧夫）、ある点では「都市——農村社会」存立の安全弁として働いたのではなかろうか。

次第に増大してゆく牧人のレーンや村の成立などは、集合体あるいは結合体としての移牧集団と結びつくものと考えることもできるし、右のような捉え方の可能性を示唆するものといえよう。

ローマ人はどれくらい字が読めたか
――ローマ人と識字――

一　はじめに

古代民主政とよく言われるが、厳密にみて古代ローマの政体が、果して民主政政体という枠の中におさまるかどうかは、たしかに問題であろう。しかし、たといその政治体制を貴族政あるいは寡頭政と名づけようが、一般市民大衆が、すべて原理的にはなんらかの形で政治に参加することになっていたことはたしかであり、その点、少なくともローマ市民団の自由と自治がローマを支えるものであったという捉え方は正しいとみなければなるまい。

そこでここに、一般市民大衆は果して、どれだけ文字を書いて市民総会たる民会で投票することができたのか、あるいは様々な公的布告を本当に読めたのか、という類いの問題が出てくる。他でもない、それは識字の問題となるのである。しかし、統計資料の全くない世界のことであるので、断片的な材料をつなぎ合わせて、ある程度のこと、つまり大まかなことを想定するより致し方あるまい。

実は、古代ギリシア、とりわけアテネに関しては、右のような問題についてもすでにまとまった論文が数多く出ているが、ローマについては、アメリカのある学者が、細かい個別的なテーマに関する論文を二、三ものしている程度にすぎない。しかし、ここでは、まずそれらを踏み台にして、ローマ人の識字についての素描を試みてみたい。

ある論者は、ローマ人の中でも字の読めたのは、ほんの一にぎりの人にすぎなかったという。なによりも、第一に、文学作品あるいは書かれたもの一般をみると、それらは必ずしも大衆を相手にしたものではなかったからである、とする。そして第二には、ローマの教育を考えると、それが公的なものたりえず、私的なものにとどまっており、その拡がりも限られていたからである、というのである。果して、そのように言いきってよいのであろうか。第一の点については、書物や読書と、字の読み書きとは、次元の異なる問題であること、第二の点に関しては、字の読み書きの学習は、家庭内でも可能であったこと、そういった様々の事例を挙げることによって反論できよう。この二つの点、書物とりわけ文学書の普及と教育の問題は、もちろん、読み書きの普及について考えるための一つの手がかりにはなるが、ただそのままでは、ストレートには両者は結びつけられないのではなかろうか。

この問題は、もっと異なった点から切り込んでゆかなければならない。

二　軍隊は教師か

普通一般に、とりわけ近、現代世界では、識字あるいは文盲の問題については、軍隊が教師であったといわれている。

では、ローマではどうであったのか。市民団の成員としての責務を果すための文字、つまり識字の問題にはいる前に、軍隊におけるそれを考えてみたい。

たしかに、四世紀の史料、ウェゲティウスの『軍事摘要』には、教師としての軍隊という捉え方の正しさを支えるような文言があるという。しかし、イギリスのある学者の引用する個所、新兵の選抜においては、体の大きさや強さなどが大事ではあるが、各種の文書すなわち給料支払簿などに記帳するというポスト――もっともそういった仕事も決してむずかしいものではないが――には、「読み書きのできる人」が必要とされたという文章は、必ずしも、一般兵士の識字についての言及ではない。むしろ、ウェゲティウスにおいては、テッセラ（合言葉、木板）あるいはテッセラリウス（もともとは、テッセラを廻すよう命ぜられる兵士）について述べているところに注目すべきであろう。その点には、あとで触れることにしたい。

また、ローマの軍団兵の識字の程度を示すものとして、彼らが行軍中、書物をもっていたとか、その他様々の類似の事例にぶっつかるが、こういったことからは、必ずしも、彼らの識字率そのものを推定することはできない。

むしろ、アメリカの一学者の研究をふまえ、別の事例によって、軍団兵の識字の程度を考えてみることにしたい。右のような史料では、一兵卒に至るまで字が読めたかどうかという点には答えられないからである。今、別の史料といったが、それは、アカイア人ポリュビオス、すなわち第二マケドニア戦争のピュドナの決戦後、ローマに連れてこられた歴史家ポリュビオスの記すところを指すのである。

ポリュビオスの『歴史』の第六巻には、ローマを大ならしめたものとして、ローマの統治組織の強靭さとともに、ローマの軍事組織の卓抜さを指摘している個所がある。ここでまず問題となるのは、夜警に関する記述である。

ポリュビオスには、次のようなことが記されている。夜警をパトロールする義務が騎兵に与えられていたが、そのために、二個の軍団のそれぞれから、騎兵が四人ずつ出される。そして、合計八人がペアを組んで、ローマの夜を四分した四個の夜警時のくじをひく。彼らは、グループをなして、トリブヌス・ミリトゥム（軍団付き将校）のテントに赴き、そこで「書かれた命令書」を受けとる（VI 35, 11）。それには、自分たちの巡回すべき部署と時間が特定されてある。各部署は、二人のうちの一人によってチェックされる。そこで、各夜警時のはじまりを告げるケントゥリオ（百人隊長）のトランペットを待つ。指定されたときに、各騎兵が、証人の役を果す友人に伴われて、「指令に、名のかかれた彼のポスト」を見てまわる。それにひきつづいて、ポリュビオスは部署を離れたり、あるいは居眠りしている者に対する厳しい処罰のことを縷々述べている。

この記事から、ある論者は、騎兵ランクの人たちが通常、識字力を有した、つまり字を読むことができたとみなすのである。それは、まことにその通りであろう。しかしもちろん、夜警をチェックすべき人物がアトランダムに選ばれたものであるかどうか、という問題が残っている。また「指令」が彼らの手で書かれたわけでもない。そういった点を検討する必要があろう。

実は、右の記事以上に重要な指摘がポリュビオスにはある（VI 34, 7-12）。それは、軍隊で「合言葉」を廻すやり方である。本営（プリンキピア）あるいはキャンプの主道から最も離れた個所にある歩兵または騎兵の中隊の各々から、それぞれ一人ずつの人がピック・アップされる。この人たちは、夜警任務を免除されている。彼らは、日没とともに、トリブヌス・ミリトゥム（軍団付き将校）のテントに赴き、その上に文字の書かれた木板を受けとる。そこには合言葉が記されているのである。自分たちの部署に戻ると、証人の前で木片、すなわち合言葉を次の部署（＝中隊）の指揮官に手渡し、以下それが同じようにまわされてゆく。このようにして、木板が「軍団付き将校」のテントに最も近い中隊に達するまで、すべての中隊が同じようになしつづける。合言葉を最後に受取った者は、夜にはいる前のまだ明るい中に、「軍団付き将校」に木板を手渡さなければならない。木板は返却されるのである。

それにつづいて、ポリュビオスは更に議論を展開してゆくが、ここまでのところで、当面の問題に関して推定されることは、単なる合言葉だけではなく、一般の命令もまた、同じようにして廻されたのではないかということである。メッセージを字で書く、ということは、指令あるいは命令を正確に伝達させるのに効果的であり、また自分の命令が受けとられたことを、命令を下した指揮官に保証するものでもあったからである。そういった問題にはいる前に、ポリュビオスから読みとれることを整理しておきたい。

右のポリュビオスの文章から、アメリカの一学者は次のような見通しを述べている。すくなくとも、前二世紀のローマの兵士たちは、充分に簡単な文章は読めたと思われる、と。

それは、第一の例、つまりローマ軍のキャンプの歩哨＝夜警をチェックする騎兵のことであるが、そういった人たちは、その職務のためにアトランダムに選ばれた人物であったとみなすべきであるとする。その場合、特に訓練を受けた者がその任に当るために選出されたという証拠は、どこにもないことを挙げている。第二の例、合言葉の伝達に関しても、それは口に出して伝える、定めるのではなく、読まれること、そしてこれまた、なによりもアトランダムに「選ばれた」人物が、軍団付き将校から「字の書かれた木片」を受領していることが重要であるというのである。

ここで問題は、単純なる合言葉だけではなく、先に推定した「命令」もまた木板に書かれて伝えられたのではないかということになる。そこで、軍隊に関連して登場する、そしてまた右のポリュビオスからも推定される、テッセラ（木板）というものに注目しなければならなくなる。

たしかに、テッセラという語は、そのままの形で英語にも生きており、四角の板切れ（切れ端）、モザイク角大理石、ガラス片、サイ、札の意味である。ローマにおいては、符牒、合言葉、合札としてのチケットであり、軍隊用語としては、合言葉、いやそれだけではなく命令をも記した木板で、とくに中隊の間を回覧されるものを指したとみられる。

このような性格をもった木札は、史料の上では、リウィウス、カエサルの戦記、ウエルギリウス、スウェトニウス、シリウス・イタリクス、大プリニウス、タキトゥス、アンミアヌス・マルケルリヌスなどにみられる。しかもリウィウスの描くところでは、すでに前四世紀半ば頃から、テッセラ（木板）が使われていたようである。

一、二の例をあげると次の通りである。前四世紀のサムニウム戦争のときの話として伝えられているのは、丘の上にあって、敵に囲まれた部隊を救わんと、指揮官が、歩哨を除く全兵士に、木札（テッセラ）でもって、第二夜警時のはじまり後、黙って武装して集合すべしとの指令を与えた、というのである。今一つの事例。前三一〇年、ローマのコンスルによって、兵士たちに朝食をとるように、そして食事で力がついたら、武器を手にとるようにと、テッセラに書かれた指令が出されている。更には、第二ポエニ戦争のときのエピソードを記すリウィウスは、敵に気づかれないようテッセラが陣営の中を廻されたことのもつ重要性を指摘している。「テッセラが陣営中を……百人隊長は百人隊長に、騎兵は騎兵に、歩兵は歩兵に……」とさえ書かれている。たしかに、相手に声が伝わらないように、しかも正確に指令が廻るという点、史料にはすべて、それはローマ人の誇るべき戦術であるとの思いがこめられている。明らかに、合言葉や符牒的なこと、いやそれにとどまらず、指令や命令などが木片つまりテッセラの上に書かれて、中隊（その点がはっきりしない史料もあるが）を廻されたのである。

このようにみてくると、「書かれた言葉」が、共和政期から帝政期を通じて、ローマの軍隊にあっては、メッセージ伝達の手段であったとみてよいのではなかろうか。字の書かれた木板、いや木片というべきか、そういったものが手渡しされたのである。しかし、こと識字云々については、やはりいくつかの問題が残る。それは、各中隊の一体どれだけの人が、実際にこの木板を目にしたのか、いやそれを読むことができたのか、ということである。この問いには、書かれた命令とか、あるいは書かれた合言葉なるものは、各中隊の長に送られ、その人物が口頭でもってそれを部下に伝えたのではないか、という答えが予想されるからである。以上のようなことは、誰でも直ちに思いつくことといえよう。この点は史料に「全軍に」とあっても、全く不明といわざるをえない。

なお帝政期、一世紀のローマ軍、軍団兵の識字については、タキトゥスとマルティアリスをひもとけばよかろう。一司令官による軍隊の統御についてタキトゥスは述べる。ネロの死後のことである。上ゲルマニアの司令官たるホルデオニウス・フラックスは、自分が救援の兵を各地に求める手紙を出したこと、その事実を手紙の写しを兵士たちの前で読むことによって示し、更に、軍団の鷲旗（軍旗）の旗手に対して次のようなことを認めた。それは、指揮官たちに打ち明けられる前に、手紙をことごとく一般兵士たちに読んでやる、ということである。ケントゥリオ（百人隊長）の下に位する軍旗の旗手が字を読めたことを示すものといえよう。

更には、マルティアリスも言う。勇敢な（むしろ粗野な、と訳すべきか）百人隊長が、ゲタイ族（トラキアの蛮族）の地で、マルティアリスの詩の本をひもといている、というのである。もっとも、ローマの軍人と、その征旅の途中における書物の話は、前一世紀、パルティア遠征に斃れたクラッススの軍隊に関しても指摘できる。

もちろん、これらは、旗持ちや百人隊長が、字を読めたことを示すのであって、必ずしも一般の兵士についての発言ではない。むしろ前者は、一般の兵士に関しては、その手紙というのが兵士宛てのそれでないとすれば、彼らの識字についてのネガティヴな証拠にしかならない。

なお、オスティアの発掘、とくに組合広場に近い夜警・消防隊員の宿営所の落書きから分るのは、兵士の識字の程度というより、明らかに夜警・消防隊員——その肩書き・称号は軍事的なそれと同じものが多いが、厳密には軍団兵とは区別される——のそれというべきであろう。

以上の点から、ほぼ次のようにみることができるのではなかろうか。軍団兵の識字に関するもっとも重要なこととして、第一に、合言葉は書かれて、ローマ軍のキャンプを廻されたということ、第二に、ときには指揮官の命令も、敵に察知されないようにと、やはり文字化され、合言葉と同じように廻されたと思われること、第三に、歩哨(夜警)をチェックする騎兵に対する指令も、やはり文字に書かれたであろうということ、そういったことは一応認めてよいように思われる。このようにして、合言葉や一般の命令を廻すために卒伍から選ばれた人、あるいは歩哨をチェックするために選ばれた人は、明らかに、字を読むことができたであろうと考えることがゆるされる。

このようにみてくると、字を読める兵士というのは、ポリュビオスの時代からかなり広く存在したと言ってもよさそうである。ただし、兵士がすべて、あるいはその大多数が、という風に言えるかどうかは、やはり分らない。残念ながら、史料をふまえて言えることは、ここまでである。

三　市民として

普通、市民たるもの、果して町の広場の高札を読むことができたであろうか。いや、それより前に、ローマ市民は市民総会たる民会において、投票に当り、字を読み、書けたか。何よりも、古代民主政という視角からは、まず民会に焦点を合わせて考えるべきであろう。

民会が召集されると、政務官または護民官は、決定すべき議題を書いた布告を、大体、コンティオと呼ばれる集会で公示する。それは、白いペンキで木板の上に書かれたものである。

更に、法が通過すれば、それは青銅板に刻まれて公示される。もちろん、その内容や書式は、投票の種類あるいは型によって異なる。

それ以上に重要なことは、前一三九年に秘密投票に関する法案が提出されたことであろう。ときは、グラックスの改革、普通、民主的とみなされているあの改革に先立つことほんのわずかの頃である。実は、それまでは民会での投票、というよりはこの場合意志表示というべきであるが、それは口頭であった。そこに今、秘密投票が提議されたのである。これは、どのような評価がなされようが、事実、キケロは後に『法律論』という本の中で縷々論ずるが、単なる現象としても、そして「投票者の自由を保証する」という意味づけを思えばなおさらのこと、グラックスの改革を越える「民主化」のあらわれであったことに間違いはない。いや、それ以上に、われわれの当面の問題意識からすれば、この法案の基礎には、一般市民は字が書けたこと、まさしく識字率の高さをふまえてはじめて可能な法案であったとみなければならない。

キケロの奇妙な反対の論陣というのも、自分の投票は、誰にいれることにしたか、国家の有力者にむかって示されねばならないという主旨のものであった。このようなキケロの主張の基礎になにがあるかという点についての研究もあるが、要は、キケロの反論もまた、投票者が自ら書くということを前提とするものであったことを想起すればよいのではなかろうか。

なお、この前一三九年の法案（ガビニウス法）は、急進的な護民官が、「選挙」のために「秘密・記名投票」を導入する法を、元老院の反対をおしきって通したものである。更につづいて、前一三七年には、大逆罪（ペルドゥエルリロ）を除く裁判関係の決定（判決）に関してのカッシウス法が、前一三〇年（または前一三一年）には立法に関してのパピリウス法が、最後には前一〇七年に大逆罪に関しても、コエリウス法が通っている。

もちろん、こういうことをもって、ローマの民主化が飛躍的に促進されたとか、あるいは完成されたと言い切るのはすこし危険である。さしあたりは、ただ識字率の高さがうかがえるとすべきであろう。要するに、単純素朴に考えてみて、ある程度の識字率の高さをふまえてはじめて提案されうる法案だったといえよう。しかし、そこで二つの問題がでてくるのである。

実は、第一に秘密投票において、いわゆる投票者の記さねばならなかった文字というのが、単なる記号あるいは候補者の頭文字的なものにとどまるならば、識字の問題とはそれほど深いつながりはないことになる。第二の点として、民会構成員、出席者はどうであったのか、どのような社会層が実際に民会に出席して、現実に投票したのか、ということがある。投票の仕方をおさえながら、そういった問題を考えてみなければならない。

第一の点に関しては、秘密投票といっても、立法、裁判そして選挙という三部門のうち、なんといっても問題となるのは選挙、つまりコンスル以下の政務官の選挙であろう。というのは、立法に関しては、投票者は賛成か反対かを示す簡略化された解答である「V」か「A」を、司法つまり裁判判決に当っては、同じように無罪か有罪かを示す「L」か「D」かの何れかの示された小さな木板をもつのである。ところが選挙においては、立候補者の一人の名前もしくはイニシアルを板の上に記したと考えられる。そこで問題は、記したのは名前か、それとも単なるイニシアルであったのかということになる。

実は、史料の中には、イニシアルで充分であったかにみえるものもある。キケロの一演説である。アッピウス・クラウディウス・プルケル（前五七年の法務官）の選挙に関連して「……彼と同じイニシアルをもった対立候補者が……」とあるからというのである。しかしむしろ、「名前」を記したとみなさねばならない史料もあるのに注目したい。第一は、プルターク英雄伝中の小カトー伝の伝えるところで、投票に当って、同一の筆跡で書かれた名前が沢山発見された、というのであるが、このことは、識字というよりも、他ならぬ「名前」を書くことが原則であったことを側面から支えるものといえよう。さらには、カエサルの最晩年のエピソード、前四四年のコンスル選挙のときのはなしを挙げることができよう。カエサルは、コンスル選挙の集会の前に、自分に敵対した二人の護民官を追放させることを取り決めた。それに対して、合法的にコンスル選挙に立候補した人たちの名前の代りに、選挙人＝投票者が、他ならぬ職を奪われた二人の護民官の名前を記した、というのである。選挙に当り、名前が書かれた証拠として挙げる人が多いが、実は、実際問題として、前もって集会の司会者が受けていない名前が新たに考えられたということはありえない、という見解もある。

さらには、それは元老院であり、民会ではないが、帝政期の一史料（小プリニウス）からも、選挙においては、「名前」を記したと推定することができる。またヘバ出土の碑文（一九四七年、ティベルの谷間のマッリアーノ、つまり昔のヘバの近くで発見された青銅板。西暦一九年の法案＝ロガティオの一部。元老院決議の型をとる。帝政初期のコンスル及びプラエトルの選挙の現実を示すもの）からも、全候補者の名前が、大きな板の上に、読み易い形で記されていたことが分るが、それは、立候補者にとって、自分の名前が書かれることを意味したと考えられている。

しかし、アメリカの一女流史家は、一々名前を書くのは、第一に時間をとること（一〇人の護民官、二〇人の財務官という数の問題がある）、第二にリテラシーという点、多くの人をして投票できなくさせてしまうということ――多くの人が字を書けなかったというのである――、そういった難点があったという。それだからといって常にイニシアルのみを書いたということにはなるまい。とくに、この第二の点はあくまでも推定にすぎない。いや、論理が逆である。

やはり、民会での投票にあたり、原則的には、立候補者の名前が記されたとみて、ほぼ間違いないのではなかろうか。

次に、第二の点はどうなるのであろうか。それは、民会構成員、いや実際の民会出席者の問題となる。彼らは、すこぶる限られた層の人たちから成っていたのではないか。そうであるならば、識字云々ということに関しても、かなりの留保が必要となるからである。

この点についても、ローマの民会における投票には、解放奴隷、あるいは低廉な価格の穀物を求めてローマに流れ込んできた中小農民が数多く含まれていたとみることができるため、これらの層の人たちも、原則としては字が読め、且つ書けたとしなければなるまい。もっとも民会構成員あるいは出席者の全員が、こぞって投票するのではなく、それぞれの型の民会において投票の単位があり、その単位毎に票を投じたことは周知の通りであるが、そういった点をふまえても、右のようにみるべきであろう。

あるフランスの学者は、以上のような点に、さらに次のようなことを付け加えている。現代世界において文盲の人たちのために、投票用紙の色分けをしたり、動物の図柄を書いて、それに印をつけるというような類いのことは、ローマでは全く聞かれないし、またこれは古代ギリシアに例があるのであるが、文字の書けない農民が当の本人にむかってオストラコンに名前を書いてくれと頼む、つまり投票に当り字が書けなくて当惑しているというケースは、ローマには見当らない、という。いずれも消極的な証拠であるが、一応考慮に価するといえよう。

次に、政治参与という点をもう少し視野を拡げて考えてみると、次のようなことも問題になる。高札、つまり法令その他の公示に関して、すくなくともカリグラの時代の一エピソードを想起するからである。皇帝は、あるとき、法文に関する無智によって反対が起るのを慮り、文字に書いて公表するという形をとらなかったが、民衆の強い要望で公示にふみきる。しかし、公告に当り奇妙な小細工を施した。民衆が写しとれないように、法をすこぶる狭い所に、まことに小さな字で記した、というのである。このエピソードは、かなり広い層の人たちが、公示、つまり字を読めたことを意味したとみてよかろう。

また、諸皇帝の各種のプロパガンダとしては、それこそカエサル時代から登場する公報的なもの（日報あるいは首都情報というべきであろう）から貨幣に刻まれた文句などまでがはいるが、やはり一般民衆の目を充分に意識したものであり、事実、彼らもそれを読めたとみなければなるまい。

四　社会生活と識字

いったいローマ人は、商人として、あるいは職人として、更には農民として、どれくらい字が読めたのであろうか。書けたのであろうか。ローマ人にとどまらない。奴隷はどうであったか。

商人や職人に関しては、その仕事の性格上、ある程度字は読めたとみなければなるまい。しかし、くわしいことは分らない。ただ、マルティアリスからは、靴屋の両親が、子どもに字を教えたらしいことが推定されるし、またローマ出土、在ドレスデンの墓碑「肉屋のレリーフ」では、肉屋のおかみさんが蠟板をもって座っている。読み書きのできたことがうかがえよう。もっとも、これは構図として、あるいはモティーフとして一般的な事例なのか、特殊例かは問題である（しかも構図・モティーフとして一般的であることが、必ずしも読み書きの拡がりを示すことにはならない）。むしろポンペイの落書きなどから、一般庶民にとっての「文字」というもののあり方を想定すべきであるかもしれない。もちろん、ポンペイの落書きには、スペルや文法の誤りは多い。しかし、そのことがかえって文字を書ける層の広さを証明していることになるのではなかろうか。あのような地方都市においてしかりなのである。

売春宿の戸口に書かれていた娼婦の名も、一般民衆は当然それを読めたわけであり、識字率（?）の高さを示すといえよう。もっとも、この売春宿の名札というのは、名前を記したものであるのか、それとも単なる印、すなわち符牒であるのか、なお問題は残るようであり、後者であるならば、問題は別となる。もっとも、名前であるとしても、このような類いの事例は厳密には識字云々と関連づけるのは、少々無理なような気もしないではない。

ところで、ペトロニウスの『サテュリコン』の随所に登場する解放奴隷や奴隷も、かなり字が読めたと推定することができる。もちろん単純な一般化は慎しまねばならないが、それでもこの作品から読みとれるのは、奴隷や解放奴隷をも含めた層の識字率の高さである。

問題は、農牧関係者であろう。いままであまり注意が払われてこなかった点であるが、農夫——牧夫の識字に関しても、検討してみなければならないことが二、三ある。それは、牧夫や牧人頭あるいは農場管理人の識字についての『農業論』の記事である。奴隷である牧夫の識字率は、決して高くなかったと思われる。もちろん、羊や牛におした焼印の字、もしくは印そのものは彼らでも読めた、いや識別できたはずであるが、共和政末期のウァルロの作品『農業論』では、牧夫を率いる牧人頭に関して、字の読めることが特記されているのに気が付く。主人に対して収支決算書を提出するという点、また徴税請負人との交渉に当るためにも、どうしても字の読み書きができなければならないし、更には各種の農業書にも目を通すことのできる人物であることが求められている。牧人頭も主として奴隷であったとすれば、これは、奴隷でも字の読める者が広く存在したことを示すものであるが、家庭教師としての奴隷の存在を想起すれば、それも特に強調すべきほどのことではないかもしれない。ただ、帝政期の農事作家たるコルメッラには、農場管理人、それは牧人頭に対応する存在であるが、彼らは字の読めない方がよろしいという発言がある。ごまかさないから、というのであるが、ここのところをどう解したらよいか。

それは、前者が、移動放牧（主人から離れて、放牧のため遠隔地へと羊を連れてゆくわけである）を家畜所有者から委ねられる牧人頭を念頭においたもので、その職務上どうしても字の読み書きは必要であったから、とみるべきであろうか。最近、移動放牧について移牧集団の存在を想定し、その要めの位置にあった牧人頭の識字がきわめて重要な意味をもっていたであろうと、考えることができた。それに対して、通常の農場管理人には識字能力は必要とされない、というのであろうか。

しかし農場管理人に関しても、たといコルメッラに右のような発言があるにしても、やはり読み書きの能力が求められていることが、他ならぬヴァルロの『農業論』からよみとれ、われわれとしては右のように単純化してはならないことを教えられる。そこでは、読み書きのできる人が奴隷の上に立つべきことが強調されているのである(I 17, 4)。それは、他の個所から推して、やはり農場管理人を指したと思われる(I 36. I 22, 6.)。したがって、識字に関して、牧畜と農業の差とか、ましてや時代差(ヴァルロとコルメッラ)をもちだす必要はあるまい。奴隷所有者すなわち大土地所有者＝大家畜所有者と牧人頭や農場管理人との現実の力関係の多様性を物語るものといえよう。やはり、通常の奴隷の上に立つ存在には、しかも主人が仕事を託する人に対しては、それが奴隷であろうとも、字の読めることが強く求められていたとみるべきであり、右のコルメッラの発言は、それをふまえた上での、しかももう一歩突込んでのつぶやきであったとみるべきであろう。

もちろん、その場合、現実の要請の他に、農場管理人や牧人頭として字の読めることが、字の読めないほかの奴隷に対して、どれだけ心情的優位さをつくりあげていたか、あるいは他から畏敬の念で仰ぎみられたか、たといオリエントの世界ほどではなかったにせよ、一つの結合体を考える場合すこぶる重要なことであるのは、喋々するまでもない。

五　むすび

一般市民の識字に関しては、初等教育と書物の普及という視角からもおさえてゆかねばならないが、紙幅の都合上、簡単に見通し、いやむしろそのような捉え方の限界を記すにとどめたい。

ローマでは、寺小屋的なものはかなり古くから存在したらしい。前五〜前四世紀まで遡るのである。そこでの教育、あるいは両親から字を習うことで、通常は、一般の人たちといえども一応の読み書きはできた、とみてよいのではなかろうか。しかし、そのような事実からでは識字の程度、率などはおさえられない。

また、書物の普及というのをどの程度とみるかは問題であるが、たとい読者層が明らかになったとしても、先に記したように、書物を読むことと識字の問題とは、次元、段階の異なることであろう。ただ、読者層を明らかにすることによって、識字の問題に接近することは可能である。

もっとも、ここで述べた軍隊での合言葉や命令を伝達するテッセラのあり方、あるいは秘密投票の展開などから推して、ローマにおける識字率は、共和政末期以降はかなり高いものになっていたとみなければならない。

しかし、このことはローマの政治や社会、とりわけ政治において一般市民の発言権が大であったことを、ストレートに意味したのではない。こと民会においては、むしろこういった事情、つまりある程度の識字率の高さをふまえて、一にぎりの人、それを元老院議員層といってもよい、またもっと限定して、とくに共和政末期にはノビレス（新貴族・官職貴族）層が、ローマの政治を動かしていったというべきであろう。民主化のあらわれともいうべき「読み書き」の能力の拡がり、とりわけ高い識字率というのも、実は、伝統的なローマの秩序、広い意味での貴族政的な政治体制の中に吸収されてゆくのであった。

なお最近、イギリスのある学者が行なったきわめて斬新な視角からの研究について一言触れるべきであろう。それは、ひとが自分の年齢をはっきりとは知らないことと、字の読み書きのできないことが結びつくという点を大前提に、約四万に及ぶ墓碑の銘文を検討して、死者の年齢がほとんど五もしくは一〇で割り切れることに注目し、彼らは自分の年をよく知らなかった、したがって字が読めなかったとし、それがかなり広い範囲に及んでいることを明らかにした。もちろん、その際、ローマにおける年の数え方から死者の社会的地位、教養、性別なども考え合わせるという慎重な手つづきをとっている。その上で打ちだされた結論、ローマ帝国内の住民中、字の読めなかったものの割合はかなり高かったのではないかとしているのは、説得力のあるものといえよう。注目すべき視点および結論であり、この主題に関してアメリカ及びフランスの研究者の仕事を軸にして考えてきた私としても、もう一度考え直してみる必要がありそうである。

（一九八五・二）

ローマ人を熱狂させたもの——ローマ人とスポーツ——

ルディとローマ市民

夏の日もようやく西に傾いた。潮のひくように観光客の流れも去り、ポンペイの円形闘技場も静けさを取り戻した。野草でおおわれた観客席に腰をおろして目を閉じると、一枚のフレスコ画が浮んでくる。それは、西暦五九年、剣闘士ならぬ観客、ポンペイと隣町ヌケリアの町の住民が、興奮のあげくの果てこの闘技場を舞台に大乱闘を演じている図である。にぶい黄土色の地のフレスコ画であった。

この円形闘技場は、現存の闘技場のうちで最も古く、前一世紀に建てられたという。ところで、ヨーロッパを旅する者は、いたるところでローマ人の創り出した円形闘技場を目にする。ローマ、パリはもちろん、マルクスの生地モーゼル河畔のトリエルの町はずれでも、スペインの西辺の町メリダでも、いや地中海の彼方アフリカの地でも、ときには町のまん中に、ときには人跡まれなところに、あるいは半ば土に埋もれ、あるいは見事に修復されてそれは横たわっているのである。

このポンペイの町の円形闘技場は、二万強の観客を収めたという。ところでポンペイの人口は、約二万乃至二・五万程度だったらしい。闘技場は、ポンペイの住民だけの歓楽場ではなく、隣町の人たちをも吸収していたのである。しかも、この地方にはポンペイだけに円形闘技場があったわけではない。そう考えると、この程度の大きさの町にこのように大規模な円形闘技場があったとは、やはり、たいしたことであったといわねばなるまい。文字通り、町中の人をすべて興奮の坩堝に巻きこんだことであろう。ポンペイの選挙ポスターにいう。「A君に一票を。当選のあかつきには、彼は大々的に剣闘士競技を催してくれるであろう。推薦者一同」と。

たしかに、これは今の言葉でいえば「見るスポーツ」である。決して自ら行なうスポーツではない。普通の市民が闘技場に下りていって競技する、もしくは取り組み合うのではない。ここに登場するのは特別な専門家であり、しかも剣闘士同士の格闘や猛獣と剣闘士、いや猛獣同士の角逐が行われたのである。そこまでくると、円形闘技場での催しものに関しては、見るスポーツということさえ、言えなくなりそうである。

しかし、英語のスポーツ（sport）が元来「自分自身を通常の仕事とは違った方向に運ぶ」というフランス語に由来するdisport（楽しみ、遊び、気ばらし）という語の短縮形であることを思い出せば、第一に、それ自体の中に必ずしも肉体の鍛練という意味を含んではいないこと、第二には、肉体を鍛えることが問題となっても、それが楽しみと結びつかなければスポーツとはいえないことになる。

このようにみてくると、円形闘技場で何が演ぜられようが、それに歓声をあげていたローマ世界の大衆は、やはり広い意味での一種のスポーツを、自ら演ずるか、見るかはともかくとして、享受していたのである。しかも、ローマ人はこういった円形闘技場での剣闘技、あるいはその他の競技や競争（とりわけ戦車競走）を、演劇などと一緒にしてルディ（Ludi＝遊び、楽しみ、スポーツ、見世物）と呼んでいたのである。

厳密にいうと、ルディ（単、ルドゥス）とは、競技場での戦車競走や劇場での催し物を指し、剣闘士競技はムネラ（単、ムヌス）といわれる。しかし、与えられる方にとってはすべてが同じであり、その点、イタリアのある学者とともに、剣闘士競技もルディの中にいれたのである。

したがって、見るスポーツという矛盾をはらんだ表現も、スポーツ本来の語義からいえば、案外そうおかしくはない一面を持っているのではあるまいか。なによりも、スポーツとはルディというローマの昔に遡るものがあるともいえよう。このように、楽しみとしてのスポーツは、見る者を熱狂させていたのである。

ところで、楽しみつつ肉体を鍛えるという意味でのスポーツはどうであったのであろうか。このポンペイでも、円形闘技場のすぐ隣りに足を運んでみると、大きな体育訓練場がある。ここではポンペイの住民が自ら体を鍛えていたと思われる。ローマ人は、もちろん体を鍛えるためのスポーツを知らないわけではなかった。

元来が尚武の民であるローマ人が、武人たるべく体を鍛練したのも当然であろう。共和政末期のローマの町では、マルスの原が、その訓練場であった。しかし、実はこういう類いのスポーツも、やはり時とともに娯楽としてのスポーツ、もちろん、その場合は自ら行なうスポーツではあるが、そういったものになってゆく。

誰でもローマの公衆浴場というものを見たり、聞いたりしたことがあるであろう。ローマに行けば、カラカルラ浴場の廃墟の壮大さに目をみはることになる。その広い敷地には、いくつかの大浴室のほかに、図書館もあれば、体育訓練場もある。ここで湯あみをし、歓談し、運動をし、詩の朗読をしたのである。それは、ローマ人の日常生活の一齣をつくりあげていた。ここには、広い意味での娯楽のなかのスポーツ、しかも一面では自ら行なうという性格をまだ残したスポーツが見られるのである。「湯に入り、歌い、狩りをする――それが人生だ」とうそぶいていたように、ローマ人にとっては、とりわけ貴族の遊びとしての狩猟、更には魚釣り、水泳、ボートなども、スポーツとして日常生活の中で大きなウェートを占めていたが、ここではそれらは除いて、体育訓練としてのスポーツ、競技・競走としてのスポーツを――そしてまた、本来的には右のスポーツとは全く異質のものたる剣闘士競技をも――見る方と演ずる方の双方から眺めてゆきたい。

肉体と精神と

ローマ人にとって肉体とはいかなるものであったか。前一世紀の教養人キケロは、肉体に関して、美しさとは健康、力強さ、苦痛に耐えることと結びつくものであるとしながらも、美しさはすべてにまさると考えた。健康という名のもとに筋肉の力だけではなく肉体的な可能性のすべてを捉え、健康と力とを具備してはじめて、体の真の美しさが生まれると確信していたのである。このような肉体観は、キケロから詩人ホラティウス、更には哲学者セネカを通じて流れてゆくものであった。しかし、その場合には肉体の個々の部分が問題となるのではなく、全体としての肉体が精神と結びつく、そして美をつくり出す、と考えていたところに特徴があった。

ところでキケロ、いやとりわけ哲人セネカにおいては、肉体と精神との二元論的な捉え方が顕著であるといわれている。なるほどセネカには、肉体を精神にとっての鎖、重荷と考えるような意見もみられるが、この一見、二元論的な捉え方の底には、実は肉体を統御するものとしての精神、つまり精神の優位性という考え方が脈打っていたことを指摘すべきであろう。

たしかに、肉体のない人間はありえないし、精神をもたない人間もいない。当然である、一見、それは二元論的な考えに発展しそうであるが、そのような点をふまえて、肉体と精神の一体性、その上での精神の優位性の主張というべきではなかろうか。

ところが、ローマ人とスポーツといった場合、すぐ思い出される二世紀はじめの詩人ユウェナリスの句「健全なる体に健全なる精神」という言葉も、普通は「健全な身体に健全な精神が宿る」と訳し変えられているが、「宿ってほしい」つまりむしろ望ましいものとして、両者が並べられていると解すべきであろう。一見二元論のようにみえるが、両々相俟ってはじめて健全なる人間になる、というのである。

実は、ローマだけではなくギリシアも同じであるが、彼らは、とくに倫理的な罪悪感もなしに広く棄て子を行なっている。たといそれだけではなかったとしても、不具や奇型児が棄て子の対象になることが多かったとすれば、やはり彼らの肉体観、美と健康と力とを結びつけるような考え方が、この習俗の根底にあったということはできよう。

英語の体操に当る言葉 gymnastics とは、実はギリシア語に由来し、ローマ人に受けとめられたものである。gymnos とはギリシア語の「裸の」という意味であり、それが「体育・体操」という意味だけでなく「医療」という意味をもつようになったのである。したがって、体育とは元来裸と結びつき、また健康を保つ、体を癒す、体を直すという面をもっていた。

ところで、ローマ人はギリシア文明の洗礼を受けるまでは、ギリシア風の洗練された体育訓練法及びその組織など全く知らなかった。彼らが体を鍛えるのは実際的な目的からであった。なによりも強い兵士として、国家ローマを支える力になるために体を鍛練したのである。そのために、走り、投げ、跳ぶのにはげんでいたのである。ティベル川で泳いだのもそのためであった。したがってその限りでは、ギリシア世界と接触した後に、組織的で洗練されたギリシア式の体育訓練法を受けいれたのである。

しかし、gymnastics には、彼らローマ人としては拒否反応を起させるものが含まれていた。

いったいにローマ人は、裸になること、裸体を品のよくないこととみていた。エンニウスの言葉として「公衆の面前で裸になるのは悪業のはじめ」とキケロが記しているが、共和政中期の人、大カトーは決して息子と一緒に入浴しなかったが、これがローマ人の一般の習俗であったという。また舅と聟も混浴することは避けていたとみられる。これは、カトーからキケロに、と連なるものであった。まさに、裸に対するローマ人の基本的姿勢といえよう。こういったローマ人独得の羞恥心が、ギリシア式の裸体の体育訓練を斥けたというべきであろう。また体を訓練し、癒す場としてのギムナジウムも、ローマ人には柔弱さと道義的頽廃の場とみられたようである。

それには、ローマとぶつかった頃のギリシア世界がすでに頽廃の極に達していたこともある。体育訓練場の裸体の人たちの間では、医療の名を借りた同性愛的ないかがわしい——ローマ的発想による——振舞いもみられたらしい。それとともに「油を塗る」ことなども、体育を文字通り戦士としての肉体を鍛えるためのものとみていたローマの保守的な人たちの気にいらなかった。肉体に従属させられる精神という風にみられ、それが厳しい批判の対象となったのである。更には、体育訓練が一般市民の行なうものでなく、当時は職業として、あるいはそこまでゆかなくとも競技や競争で報酬と栄誉を得る人たちのものになっていたことも批判の的になった。

ただ、どのように保守的な人物が反対しようとも、ギリシア式の体育訓練は、とうとうとしてローマ人の世界に流れ込んでくる。いやむしろ、反対の声の高かったこと自体、ギリシア化、言い換えれば、肉体鍛練としてのスポーツの娯楽化の迅速だったことを物語るのではあるまいか。

そして、完全に昼寝——体育——入浴というローマ人の日常生活のリズムが構成されてゆく。兵士たるべき肉体の鍛練ではなく、明らかに楽しみとしてのスポーツとなる。体育訓練場に浴場が付くのではなく、大浴場に体育訓練場が付属するのである。娯楽の一種になるわけで、皮肉といえば皮肉であるが、それがまた語本来のスポーツだったことを想起すべきであろう。泰平の逸民たるローマ人は、どの年齢の人にも適するといわれたボール競技、鉄亜鈴、円盤投げで、けだるい午後のひとときに汗を流していたのである。

演ずる者と見る者と

実は、athletics とは体育訓練ではなく、元来、試合とか競技を意味する言葉であり、

agon——agonistic も、集会において行われる競技とか試合を意味した。ところで、先に述べた gymnastics つまり体育、肉体の鍛練としてのスポーツも、当然、競技と結びつくものであり、概念上はともかく、現実面では両者に差のないことが多かった。

古イタリアでも競技はすこぶる古くからみられたが、主に、エトルリアからはいってきたものであり、宗教的な性格・色彩が濃かった。彼らローマ人は戦車競走と、何よりも格闘技を好んだ。なおエトルリアとの関係といえば、あの帝政期にローマ人を熱狂させた剣闘士競技もエトルリア起原のもので、元来が死者の霊をなぐさめるためのものであった。

そのローマ人がギリシアの競技に触れ、それを取り入れることになるのが、前二世紀のことである。本来、競技とはオリュンピアの祭典競技のように市民がさまざまな体育上の技を競うものであったが、ローマ人がギリシアの競技に接したとき、ギリシアの競技、競技者そのものが一種の職業的なものになっていた。そして、そういったものがローマに導入されてからは、競技は完全にそれを職業とする人たちに委ねられてしまう。すくなくとも、身分ある者が競技に加わるということは、ローマ人、つまり本来、競技は人にみせるものではなく、また勝敗を問題とはしなかったローマ人には考えられないことであった。

次に、やはり精神と肉体の関係が問題となった。競技者にあっては、実際問題として、肉体が精神を抑えつけて、精神よりも優位にたつ。たとえば、格闘技の選手は、特別な食事で力と目方をつけることさえする。そのようなことは、ローマの教養人には許しがたいと思われたのである。

競技も、市民が技を競うのではなく、職業的な専門家の手に委ねられてしまえば、市民は見る側に追いやられてしまう。そこで今度は、有識者の批判も当然、演ずる者だけではなく見る者にまで及ぶことになる。格闘技や戦車競走に大枚の金を賭け、競技者の品定めにうつつを抜かす愚民どもめ！　というわけである。「子どもは、学校でも家でも、話すことといえばスポーツだけだ」という歴史家タキトゥスの嘆きは、現代におきかえてもおかしくない。

しかし、どのように有識者が憤りの声をぶっつけようとも、時の流れをくいとめることはできない。大体が、各種の競技や競争は、為政者が民衆を政治から切り離し、泰平の安逸さを享受させるためのものだったからである。ローマ市内各所、いや帝国内のどこでも、連日のように演劇、戦車競走、さらには剣闘士競技が催された。

一方では、アウグストゥスによって、形の上では、「若者の体を鍛えて……」という狙いで「青年団」の組織が設けられ、歴代皇帝も、その線上で、上流階層の若者の体育訓練にも意を用いてゆく。しかし、本来は競技・競争とは無縁のものであったのに、彼らも競技やゲームを行なうことになる。たとえば、皇帝ネロなどは、単なる訓練ではなく、貴族の子弟にも競技や競争に加わるよう強く促している。もちろん、非難の声は高かった。しかし、競技は軍事に代わるものであるとして、これを支持する声も流れてくる。それは、貴族をも含めた市民の手に競技が取り戻されたことを意味するのではない。すべてがショーになってゆくのである。ポンペイの落書きからよみとれることは、地方から地方へと試合して歩いている「青年団」のチームの姿に他ならない。

もちろん血を流すまで闘うわけではないが、闘技士として闘技場に下りたつ皇帝さえ出てくる。演ずる方も見る方も、一つのショーとしての競技——広くボクシングから、本来的には異質のものたる剣闘士競技まで——を楽しむのであった。

スポーツを愛した民衆は……

ここに面白いモザイク画がある。シシリーのピアッツァ・アルメリナというところに残る別荘の舗床モザイクである。四世紀のものといわれる。肌もあらわな女性がボールを投げたり、鉄亜鈴を振りあげたり、走ったりしている少々エロチックな図だ。これを見ると、ローマの女性も男と同じように体育訓練に励んだようにみえる。

だが、すこし待ってほしい。なるほどアウグストゥスのとき、女性は体育競技の観客になることさえ禁じられていたのに、一世紀、二世紀の諷刺詩人の作品では、見物はむろんのこと、競技者にさえなっている。ネロが、聖なる火を護る処女、ウェスタ女神の斎女を体育競技の観覧に招待しているだけでなく、ドミティアヌスの時代にかけては、競技場に砂を敷きつめ、鉄亜鈴をふりまわし、トレーニング後のマッサージをする女性すらあらわれた。そして女性スポーツ讃美の声さえ聞えてくる。体育訓練に精を出したスパルタの女性は、ローマ女性の鑑だというのである。

しかし、この讃歌は一般的な声にまでは高まらなかったようである。詩人の単なるエロチックな興味にもとづくものであったらしい。一歩退いても、躍動する女性の肉体の彫塑的、絵画的な美しさに対するあこがれであったとすべきであろうか。剣闘士競技に下りていって、女性が子どもと格闘させられたのも、ショー以外の何物でもない。

実は、先にあげたモザイク画のあらわすところも、文字通りの体育訓練というより、一種のショー的なものであったとみた方がよいようである。

ただ見る側に限れば、競技者や剣闘士に絡んださまざまのエピソードの中に女性の姿が浮びあがってくる。積極的に彼らの生活の中に踏み込んでゆく女性も多い。父祖伝来の銀器を剣闘士に与える者、自分の持ち物の最後の一片まで貢ぐ者、肉体を提供する者さえでてくる。剣闘士や戦車競技者の肖像をランプや皿や瓶にまで描かせて、うっとりと眺めるのも彼女たちであった。

「ローマの民衆をとくに二つのこと、穀物供給と見世物で掌握すること」

という統治者側の声と、

「市民は政治的な関心を捨ててしまって久しい。今ではちぢこまり、たった二つのことばかりを、くよくよ切望している——パンとサーカスばかりを」

という詩人の声の切り交わるのが、ローマ帝政期であった。サーカスとは広く催し物、見世物のことである。それは、三十万近い観客をいれた大競技場での競技と劇場での見世物、さらに剣闘士競技を中心とする円形闘技場での闘技であった。

本来は、こういったものは軍事に関連するお祭りや収穫に結びつく祝祭の催し物という性格のものであったが、祝祭日が次第にふえると、見世物の開催日もふえてゆく。マルクス・アウレリウス帝のときには祝祭日は年に百三十五日にもなったという。費用は公の負担で、観覧は無料であった。見世物を楽しみに地方からやってきた人が、道端にテントを張り、野宿する。そして雑沓に圧しつぶされて死ぬ人もでたという。

ローマの町での競技の中心は戦車競走であった。四頭だての戦車の御者のまとう衣服の色によって、いくつかの組に分けられる。最初は、つまり共和政期には、赤と白との二つの組があったが、次に緑と青の組が加えられ、一時は金組、紫組もみられた。しかし、すぐに四組にもどり、次いで二つの組、すなわち青と緑の対立となった。ローマの町の民衆はすべて、老いも若きも、また男女を問わず、身分差も越えて、いずれかの組に分かれて、熱狂的な声援をおくった。四世紀には「大競技場（戦車競走の行われる場所）は神殿であり、家であり、コミュニティ・センターであり、あらゆる欲望の満たされる場所」だといわれた。

戦車競技のファンを二分する青と緑の組とは、宗教、政治、経済、社会的な区分以上に市民を二分するものになってゆく。町や家での人々の話題といえば、戦車競技のことばかりであった。愚民政策も極まれり、というところであろう。もっとも民衆の立場にたてば、なにはともあれ与えられるものを享受しながら、自己を主張してゆくことにもなる。

さらに時代が下って東ローマ帝国時代になれば、青組が上流市民、緑組が下層市民にと分かれることもあり、こういった組の対立が政治的なものになることすらあったという。

そこでは、共和政末期から帝政初期にかけてのローマ世界とは異なり、「スポーツと政治」が、一般民衆においても次第に結びついてゆくこともあった。元来が、政治的な人心安定策としての競技であったが、それが、ときには青組と緑組の対立から一種の党派的対立を生み、それを軸に、為政者つまり皇帝と民衆の結合や対立もみられることになった。

もちろん、もはや主舞台は、ローマからコンスタンティノープルに移っている。しかし、緑組や青組の政治的な役割の大きさをどこまで主張できるであろうか。たしかに、それらがそのまま直ちに政治的な党派になったとか、あるいは政治的に主体的な役割を果したとはいえない。通常は、民衆の熱狂は非政治世界の枠内のものにとどまっていた。ただ、青組・緑組の活動、競技及び競技場とむすびつく党派の活動が、経済的な危機とか宗教的な問題と絡まって、更には皇帝との対抗という形をとって、騒擾や暴動、ひいては「政治的なもの」へと高まることもあった。民衆も鍛えられてゆくのである。

しかし、もはやローマ帝政期における「パンとサーカス」とは、それを支える基盤が、そしてそれらを与える者と受ける側との力関係が異なっていたことを想起しなければならない。では、現代の「見るスポーツ」に熱狂している人たちはどこにゆくのであろうか。

（一九七九・一〇）

付記

ここでは、与えられる者にとっては同じであるという点から、イタリアのある学者と同じように、剣闘士競技をもルディの中にいれた。しかし厳密には、剣闘士競技はムヌス（複、ムネラ）の中にいれるべきであろう。

実は、宗教的なものとの結びつきの如何によって、ルディ（スポーツ、遊び、楽しみ、見世物）とムネラ（義務、闘争、闘技、剣闘士競技）とは分かれる、とドイツの一学者は主張している。

本来、ルディとは、競技場でのルディつまり競馬・戦車競技と劇場での催し物のように、祝祭に当って定期的に開催されるもので、神に対する国家としての義務、換言すれば一種の奉納行事に他ならなかったのである。そこで、国家の手で、とくに神殿の財産から、その費用がまかなわれた。ときには主催者たる政務官（いわゆる役人）

や神官が、自分の懐から追加的に金を支払うこともあり、その割合も大きくなることがあったが、原則は変りなかった。

一方、ムネラとは、剣闘士のムヌス(本来的な意味での)とか野獣競技を指し、その始源は宗教的なものであったとはいえ、ローマでは基本的には宗教的なものではなく、自由意志により、慣例にしたがって民衆のために催されるのである。主催者は、私人であることも政務官であることもあった。ただし、ローマの町では次第に皇帝の独占するところになってゆく。そして、凱旋式や建造物の奉献、葬礼などに当り、華々しくとり行われるのであった。

ルディとムネラの差は、前者が「公的」なゲームであるところにあり、またムネラは恒常的で一定したゲームたりえないという点にその特徴があり、そういった原則はずっと存続しつづけるというべきであろう。しかし、先に述べたように、それを与えられる民衆にとっては、両者の差は、なにを公とみ、なにを私とするかの差の曖昧さとも相俟って、深く意識もされないし、特に感じられなかったのではないか。

ローマ人とその服飾

ローマ的なもの

「ローマ人とその服飾」を考えることは、公私両面にわたるローマ人の生活のあり方を探ることに他ならない。いやそれにとどまらず、問題は広くローマ人の意識、理念にまでかかわってくるといえよう。

ところで、いかなる領域のことであろうと、ローマに関連する問題にとりくむ場合、必ず直面し、格闘しなければならないことがある。それはギリシア、あるいはギリシア的なものとのかかわり合いである。もっと詳しくいえば、普通一般にギリシア・ローマ世界といわれているものを一応認めた上で、ギリシア的なものとローマ的なものとを選り分け、どこに「純ローマ的なもの」、あるいは「ローマの個性」があるかを明らかにしなければならないのである。

詩人ホラティウスの詩句「征服されたギリシアが、荒々しい征服者をとりこにし、学芸を野鄙なラティウムの地に導きいれた」というのは、服飾の場合、どの程度に妥当するのであろうか。

このことは、ギリシアとの関係に限られるものではない。ローマの文化史的な役割が、地中海世界の覇者として、各種各様の文化を一つの坩堝で融かしながら、次の時代に伝えてゆくところにあったとすれば、その征服の過程において、被征服者にどのような文化的な影響を及ぼし、一方逆に、被支配者からいかなる文化的な影響を受けたのか、つまりカルタゴ（北アフリカ）、スペイン、ガリア（今のフランス）、東方世界などの全支配領域とローマとの文化史的な関係が問われなければならない。服飾の問題も文化の普及・浸透、とりわけ文化の変容の一環として考える必要があるのではなかろうか。その上で、その底を流れる、ローマの独自性如何という問題に立ち戻るのである。

ローマ的なものの普及はもちろんであるが、異質の文化を吸収しつつ、それをわがものとしてゆくのがローマである、とはよく言われるところである。だがしかし、その場合にも忘れてならないのは、受けいれるローマ側にも、厳として彼らの生き方、理念の核があったことである。

ローマ人は、なによりも「父祖伝来の慣習」(mos maiorum)を尊重するという、まことに頑固な保守主義の伝統を保持し、質実さ・重厚さを民族の美徳とみなしていたとすれば、当然、異質の文化の吸収とローマ独自の保守主義との相剋という問題が生ずるわけである。それは、洗練されて豊かになってゆく生活文化と質朴な古い父祖伝来の生活理想との矛盾ともいえよう。服飾に関しても、この矛盾、相剋は免れなかったのではあるまいか。

積極的に外来文化を吸収しつつも、一面ではそれに対して抵抗の姿勢をとるというのが、ギリシア文化にぶつかったときの彼らであった。服飾に関しても、いくたびか奢侈禁止令が出され、禁止とまではいかないにせよ、各種の規定が生まれる。真の狙いが奈辺にあったかはともかく、それは国家が私生活にまで干渉するのであり、諸規定の底に厳存するのは、古い時代精神の復興、回帰に他ならず、質実さこそローマの美徳であるとの確信であった。そこに登場する人物が、大カトーであり、カエサルであり、またアウグストゥスであった。

いわゆる国粋主義者で質実さを標榜していた大カトーならば、奢侈とりわけ華美な衣裳に対する姿勢もすぐに察しがつこう。しかし、カエサルのように人心収攬策を大々的におしすすめ、みずからも伊達男の典型といわれた人物にして然りであった。その実効はともかく、風紀取締官として、輿や、紫色の衣裳や、真珠の使用の制限を定めている。天下をとったアウグストゥスもまた同様であった。

とくに衣裳に関して、ローマの古い慣習を厳守すべきであるという命令を、帝政期を通じて各皇帝が下しつづけた。もっとも、各種の規定の登場せざるをえないところに、一つの流れを読みとることができよう。それは滔々としてとどまるところを知らず、伝統的なものをおしのけて新奇なものへ、また質朴さから華美へとむかうのであった。このような変質は、堕落した周辺の世界、とりわけヘレニズム世界からの影響によるものであると嘆ずる道学先生の声もおし流してゆく。

しかし、それでもなお服飾に関して、ローマ文化の核ともいうべき「保守性」(ローマ世界では、革新といえども内部的変化でなく、付加の形で行なわれる)、「実用性」、「現実尊重の気風」とか、階層的秩序の墨守という精神は、根強く残ってゆくのであった。「ギリシア化」「ヘレニズム化」にも拘らず、底にある「ローマ的」なものに誇りをもち、それを固守しようとする基本姿勢は、服飾に関しても変りなかった。ただ、形としてあらわれるものが、ローマの外からの様々な要素を包摂したものとなってゆくのは否めない。

ある意味では、そこにローマ人、あるいはローマ文化のジレンマが存する。「ギリシア化」についても、次のことを想起したい。ローマ人にとって、ラテン語とギリシア語は二つの母国語となってゆき、教養人は自由に二つの言葉を操るのであるが、しかしそれでも「あまりギリシア語が流暢であるのも……」というので、わざわざ達者でないふりをする者も現われている。すべてのものをローマという大海に融かしていった彼らであるが、いやそうだからこそと言えるかもしれないが、なんと屈折したことであろうか。

こういったことは、服飾にもあらわれるのではなかろうか。

資料の問題

ローマの服飾、あるいは服飾についてのローマ人の意識や理念などを考えるための資料として第一にあげられるのは、もちろん、各種の文献史料であるが、それと並んで美術作品や出土史料、つまり考古学史料も忘れてはなるまい。

文献といえば、諷刺作家や劇作家の作品の中での服飾への言及は、誇張あるいは典型化がはなはだしいため、そういったものによって現実像を描きだすには慎重さが要求される。とくに贅美を尽した衣裳、いや「おしゃれ」ということ自体、諷刺・嘲弄の恰好の対象だったからである。ただ、服装についての時代人の意識の一面というものは、かえって誇張または典型化の中からつかみだすことができるともいえよう。

それに比べると、美術作品とりわけ浮彫とか丸彫彫刻の着衣像、絵画やモザイク、更には貨幣などに描かれ、刻まれた肖像は、いかにも現実を投影しているかのようにみられがちであるが、ここにも大きな留保をつける必要があろう。

それは、着衣像の場合、身にまとう衣裳や持物がはたしてどこまで、当該人物の生きた時代の「現実」を表わしているかという問題があるからである。ある美術史家の言うように、第一に作品の製作された時代の好みや風潮、第二に工房あるいは作者の癖や特殊性を考えねばなるまい。

しかもローマ美術の世界においては、なによりも典型としての、あるいは規範としてのギリシア・ローマ的なものが存在するとともに、一方では古ローマ的な伝統——ここに父祖の遺風を想起したい——も、生きつづける。なお「現実」といえば、公生活での衣裳と私生活においてまとうものを本来峻別していたローマ人の世界であるのに、彫像ではそれが曖昧になっているのに気がつく。

たとえば、トガ自体は帝政期の普段着ではないのに、ローマ市民であることを示すために、トガ像は、すこぶる沢山、一つの典型として登場している。なお、墓碑や石棺の浮彫などは、普通の立像より、襞どりその他の点、むしろ現実を物語る例が多いようであるが、これまたさまざまな留保、とりわけ理想化に対するそれが必要であることはいうまでもない。

右のことは、男性像、女性像を問わず、すべてに妥当するところであるが、女性像の場合、類型化あるいは理想化がはなはだしい。規範としての古典的な型や好みの型があり、その繰返しが多いのである。

そういった点をふまえた上で、地中海世界各地から出土する作品、つまり様々のタイプの丸彫や浮彫、あるいは各種の貨幣に刻まれた肖像、さらにはモザイクや壁画などに立ちむかえば、すべてがローマ人の服飾に関しての全体像を構成するための、まことに豊かな材料を提供してくれることに気がつくであろう。

衣裳をつけること

次に、衣裳について考える場合の大前提ともいうべきこととして、ローマ人がギリなるまい。

シア人以上に「裸体」を忌むべきこと、避くべきこととしていた点を想起しなければ

息子たるもの父親の前でも、また婿は舅の前でも、つまり男同士であっても裸になることは許されず、両者は古い時代には一緒に入浴することも禁じられていた、という。これは、大カトーからキケロへと通ずる生き方でもある。もちろん、あの有名な大公衆浴場の一般化するのは後のことであり、そうなれば事態はちがってくる。

裸体像なるものは、ローマでは本来ありえず、前三世紀末以降、ギリシアの彫刻家によってもたらされることになったのである。暗殺されたカエサルも、下半身は蔽われるよう配慮されていたし、雷に打たれた女性が膝をむき出しのまま見つかったのは、不吉の前兆とされた。狩猟に女性を伴うのがためらわれたのは、女性が自分の身体を広く人目にさらすことになるからとしている。もちろん、フローラの祭りの催し物では、女性が肉体を露出するのを観衆は望んだ。しかし、この女性は一種の売春婦的な存在で、小カトーはそうなる前に劇場を立ち去ることで注目を浴びた、といわれている。

キケロは「自然は……高貴なものをおもてにあらわす顔やその他の姿は目にみえるところにおき、自然の必要に応じるためのものながら、形は醜くいやしい身体の部分

は蔽いかくすようにしてくれた」（泉井久之助氏訳）と言っている。

実は、裸体に対する意識の差が、ギリシア的な体育訓練とローマ的なそれとを分けていたというのは、あまりにも有名なはなしである。裸にされることは、ギリシア人にとって最大の恥辱であったにもかかわらず、競技は裸体で行なわれている。これはローマ人には異様なものとみなされた。ギリシア人は「人間の価値と品格が示される競技という場合にのみ裸体になった」といわれているが、それでもなんとローマ人と隔っていたことか。裸体に関する意識の微妙なる差違、それは衣裳を考えるにあたっても忘れてはならない点であろう。

英語の habit（普通は条件、習慣、外観、性格の意）の語源に当るともいうべき言葉たる「habitus」が、ローマ人にとっては衣裳をもあらわしていたことは、よく知られているところであろう（もっとも英語の habit にも、古い用法では服装の意があり、動詞では衣服を着せるという意がある）。ローマ人は、衣裳をつけた形で、その姿でもって、はじめてローマ人としての自分の存在を実感できたのであり、さればこそ、衣裳も身分差やまとう場を限定されたもの、つまり一面ではきわめて固苦しいものとならざるをえなかったのである。

衣裳

① 衣裳とは

ローマにおいては、衣裳が、ギリシア人の考えていたのとは違った意味をもっていたことをまず指摘しなければならない。もちろん、ギリシア人もローマ人も、衣服が人間の一部であって人間の代りをするものであるとみており、個々人に固有のものであるとみなしていたこともたしかである。しかし、ギリシア人にとっては、どのような衣服をつけるかは、本来、文字どおり私的なことであり、誰でも自分の趣味あるいはその財産に応じて、世間一般の流行の枠内で衣裳をつけていた。彼らの場合、官職や身分差を示す衣裳を生まなかったのに対して、ローマ人にあっては、たとえば公式の場でつけるもの、あるいは身分によってまとうものが厳しく定められていたことを想起したい。それは、慣習にとどまらず、法的にも規定されていたのである。

あの有名な、厚ぼったい毛織のトガなるものも、ローマ市民しか着用は許されなかった。しかも着用者の身分、その人がパトリキ貴族であるのか、騎士身分であるのか、あるいは普通の市民であるのか、またはその他さまざまな差が、縁飾りや色どり（身分的シンボルとしての紫色を思う）やひだ幅などによって分るようになっていた。トガだけではない。マントやいわゆる下着または普段着としてのトゥニカ、あるいはローマの名門の既婚婦人(マトロナ)（刀自または家母という訳語を当てる人もいる）のつける長衣(ストラ)についても同じことがいえよう。このことは衣裳だけに当てはまるのではなく、靴の型が然りであったし、さまざまな装飾品に関してもほぼ同様であった。

このようにして、トガはもちろんであるが、それにとどまらずローマ人の服飾全体から読みとれることは、服飾を規制する「秩序」、また逆にその服飾によって象徴され、かつ規定される一つの「秩序」、もっと端的にいえば「階層的な秩序」の存在である、といってはいいすぎであろうか。

今「階層的な秩序」と記したのは、まずローマ市民と他を峻別し、その上で男女という性別や少年・成人という年齢差、更には身分差や職種の別、そしてまた場、つまり公私の差にもとづく規範であったからである。ただトガに関していえば、公の席云々という規制が破られることもしばしばあった。更には、地方の町では、衣裳に関する習慣や規範はローマの町ほどには厳しくなかったし、結局は公的な衣裳と普段着とが並んでみられたという。

② トガ

ローマ人の正装はトガであった。まずごく簡単にトガの種別を述べておこう。本来は男も女もまとうものであったが、まず飾りのない純白の「成人のトガ」と「未成年のトガ」の別が指摘される。後者は、「高級政務官および神官のトガ」と同じように、紫色の縁取りがしてあった。もっとも型はそれより小さい。それは、役人や神官が神事を挙行することと子供の純潔さとが相通ずるからであると解されている。子供は成年に達すると、つまり十六ないし十七歳になると、これを家の神のラル神に奉納し、「成人のトガ」に着換える。

成人のトガ(一般のローマ市民の正装)が純白であったのに対して、騎士のトガの下へりには幅の狭い(紫色の)縁取りが、元老院議員のそれには幅広の縁取りがあったともいう。さらには凱旋将軍は紫衣、官職立候補者は特別に定められた目立つトガをつけ、また喪服としてのトガもあった。

なおトガは平和の別称でもあったため、軍務や戦争には別の衣装すなわち軍装をつけたが、将軍は戦場でも神事をとり行なうときにはトガに着換えた。

ところで、このようにローマ市民を非自由民や非ローマ人と峻別するトガ、とくにギリシア人と自らを分ける衣裳としてのトガは、文献史料や考古学的な出土史料による限りは、もともと都市ローマ的というよりはむしろ中部イタリア・エトルリア的なものに由来するといえよう。ギリシアのヒマティオンとの差、言い換えればヒマティオンに対して半円形に裁断することの意義づけがあるが、そういったことや、時代によるトガの型の発展、とくに襞取りの型の変遷については、ここでは省くことにし、ぴっちりしたトガからゆったりしたトガへの展開や、襞取りの変化その他は図版や写真でみていただくことにしたい。古く、一女流史家によって、トガには十個の型があったといわれているほどである。ただここで指摘したいのは、アウグストゥスの立像にみられる型が一つの規範となり、ついで三世紀が一つの転換点をなすということである。もちろん、そこには、政治史との深い関連が認められる。

次に、市民の正装であったことを示す例を一つだけあげておこう。それは、前五世紀にローマが危機に陥ったため、元老院がキンキナトゥスを独裁官に任命したときの話である。ちょうど彼は、小さな自分の農場で耕作していた。元老院からの使者が着いたので、それを迎えるため妻にトガを持ってこさせ、トガを着用しなければならなかったという。使者から元老院の通達を聞くことは、トガすなわち正装でなければ許されなかったからである。虚栄、虚飾とは全く無縁な人物、質実というローマ的美徳の権化ともいうべきキンキナトゥスにしてこの有様であったのである。

また前七八年、小アジアで惨殺された死体の横たわる中で、ローマ市民だけはすぐに見分けがついた。それは、トガを着用していたからというのである。

しかし、しょっちゅう洗濯の必要があり、必ずしも快適とはいえず――歩くときバランスがとりにくく、何よりも重かった――、後始末も着付けも面倒で、そのために奴隷の手を借りねばならなかったこの衣裳は、すでに共和政末期から帝政期になると、しだいに普通の日常生活では使われなくなってゆく。ローマの役人が、ギリシアの町でギリシア風の衣裳をつけるのは、まことに不謹慎なこととされたが、それも大っぴらになってゆくのであった。

もっとも、トガをつける、またはつけないといっても、屈折した形をとることがある。あの厳格極まりない大カトーに対して、曽孫の小カトーは、靴もはかず、下着(?)もつけずに、「公の場所に出むいたり」、あるいは「裁判を行なったり」、また「散歩したり」したというが、これは、たぶん形式主義を排するという意味で「父祖伝来の質実な遺風」を呼び起そうと試みたものと解されている。むしろ現実には、この段階ではトガの着用のしきたりが厳として存在したことを示すものといえよう。小カトーの姿勢は、そういった厳しさの底にある一種のまやかしに対する抵抗に他ならなかった。

しかし、伝統がじわじわと崩れてゆくことも、事実としては認めざるをえない。寝室にトガを用意しておいて、すぐに公務にたずさわれるようにしていたというアウグストゥスは、「何人もトガをつけなければ、フォルムやその周辺に顔を出すことを許さない」と定めているではないか。彼は「世界の支配者、トガをまとえる国民、ローマ人」と呼んでいるのであった。詩人ホラティウスも、ローマ市民権とトガとをはっきり結びつけている、いや一つのものとみている。衣服、とりわけトガに集約される衣裳は、ローマ人であることの名誉の象徴であったのである。実は、それが崩壊しつつあったといえよう。

その後も、皇帝の度重なる告示にもかかわらず、トガはますます着用されなくなり、ただ祝祭日や公的な機会、つまり犠牲式や法廷への出席、クリエンテス（庇護者）のパトロンへの伺候のときにまとうだけのものになってしまう。普通の市民は、葬儀、自分の葬式のときだけしかつけない、というまでになり、「トガをまとう者」を意味したラテン語が、そのままクリエンテス（庇護者・食客）をあらわすようになるのであった。

なお、元来は女性もトガをつけていたが、しだいに女性の衣裳ではなくなり、ただ売春婦、それに加えて不義密通で生まれた女性のつけるものになってしまうのは、皮

正式のトガをまとった皇帝
典型的なローマ貴婦人の服装

ローマ婦人の髪型さまざま

肉であろうか。

名門既婚女性(マトロナ)のまとうストラの運命もトガと同じで、これまた普段はつけられなくなる。しかし今に残る女性像は、大抵がストラをまとっている。ここに、彫像の示すところと現実との差がある。実際にはなかなか見られなくなっても、マトロナの典型としての女性をあらわす立像にあっては、このストラをまとった形が根強く生きつづけるのであった。女性像の場合、男性像よりはるかに理想化と類型化が著しいからであろう。

③トガ以外の衣裳

普通トガに対して下着といわれる——必ずしも下着ではない!——トゥニカおよびその上にはおる各種のマントについて、その発展を簡単にふりかえってみよう。

トゥニカは、ギリシアのキトンに由来するといわれている——むしろキトンに対応するものとしておくべきであろう——が、異論がないわけでもない。大体が毛織製、後には亜麻布も使われる。元来は袖なし、二つの部分から成り、男性用の場合は膝までであり、女性用はもっと長かった。戸外では、普通胴のところで帯がしめられた。硬貨をいれるポケットの役をするパッドで帯がつくられたようである。ベルトなしでの外出、あるいはあまりに長たらしいトゥニカは認められないか、良からぬこととされた。その点、だらしない恰好のカエサルというよい事例がある。といっても、帯は葬式や特別な宗教的な儀式の際にははずしたという。女性用のトゥニカは、上下それぞれ別の布でつくられることも多かった。

このトゥニカにも、はっきりした身分的な標識がみられる。細い縦線のはいったトゥニカは騎士身分用、幅広の縦線のあるのは元老院議員用、子供のトゥニカにはもっと細い線があり、凱旋式用は紫色の縁取りをし、後には総紫色となる。元来は蛮族の衣裳とみられており、下着といってももともとトガの下にはつけられなかったらしい。これを下につけるのは柔弱さを示すものとみられたようである。柔弱といえば、長い袖のトゥニカは女々しさの証拠とされたらしい。しかし、まず下着として、つまり夜も昼もトガをそのままとうのは不潔であるというので、トゥニカがつけられてゆき、しだいに下着としての位置から普段着へと変ってくる。

その決定的転換は、三世紀初頭から一般的となる派手な「ダルマティカ」というタイプのトゥニカの普及による。この衣裳は、両手にまで及ぶ幅広い袖のある長いトゥニカで、男性用も女性用もあり、絹で作られることも珍らしくなかった。また肩から下縁まで赤い線がはいっていたり、色つきで、縫い上げをとったものすらあった。しかし、一般民衆や奴隷のつけるトゥニカは原材料もよろしくなく、自然色、したがって純白とはほど遠いものであったらしい。

もちろん、トゥニカは一枚だけではなく、寒いときには何枚も重ね着をしたことは、アウグストゥスの有名な話をもち出すまでもあるまい。

トゥニカの上に――トガの上ではない――はおる「袖なしのマント」としては、パエヌラというものがあった。これは、冬期用または旅行用衣裳（雨天用、とくに寒冷地では軍用にも、という説がある）として使用され、主に羊毛製であったが、ときにはより軽い優雅な材料でしつらえられた、フード付きのものもある（パエヌラ・ククルラタ）。トラヤヌス帝時代以降は、普通の人たちの間では、トガに代って公式の席でもつけられてゆく。そこで当然、皇帝たちにより様々な規定が設けられる。なお、女性用のパエヌラは男性用より長く、前の方はいつでもまたどこでも開かないようになっていた。次に述べるサグムとの差は、袖なしで、頭巾まで一枚の布からなることであるといわれる。

頭や肩にかける、右側が自由なサグムは、元来ガリア人やスペインの人のもので――もっともガリア人は線入り、スペインの人は黒色のサグムをつけたともいわれるが――、平和を象徴するトガに相対するものとしてローマの軍装となり、それが将軍用マントとして長くなり、色がつけられると、パルダメントゥムと呼ばれる。

レインコートとしては、トガの上にもはおるもので、普通は白く、ときには彩色豊かな布から成るラケルナがあった。半円形に裁断され、ギリシアのクラミュスのように胸の上、あるいは右肩にブローチで留められた。東方起原、すなわちペルシア起原のもの（異説もある）で、元来軍事的なものであったとみられる。

しかし、この衣裳は前一世紀にローマにはいってきて、帝政期には中流市民層にひろまった。ただ、パエヌラのようには「公式の場でのローマの衣裳」とは認められず、品の良いものともみられなかった。アウグストゥスは、フォルムでトガの上にまとうことを禁じたほどである。しかし、とりわけ演劇を観賞しにゆく際、トガの上にまとわれた。その場合でも、高貴な人物、たとえば皇帝に挨拶しなければならないときには、それは脱がねばならなかった。なお、軍事的な衣裳としてサグムに代ることもあったらしい。

とくに帝政中期から末期にかけてパエヌラやラケルナ以上に普及したのは、男性用マントとしてのパルリウム、女性用のパルラであり、ギリシアのヒマティオンに似た衣裳であった。毛織、亜麻、絹、また色もとりどりであり、ギリシア風のマントとして、つまりギリシア人を示す衣裳として立像に使用され、またローマ人も自らギリシア人の間で生活するときにまとったものである。もっとも立像では、大抵の場合、パルリウムをあらわしたのか、それともトガを示しているのか定かでないことが多い。なおパルリウムが娼婦の衣裳になっている例が、文献史料にみられるのも面白いことである。

もちろん、すでに共和政末期に、トガをまとわずパルリウムをつけているとして、キケロがウェルレスなる人物を非難するのは当然として、その当のキケロが、王プトレマイオスの許でパルリウムをつけていた一人物を逆に懸命に弁護しているのも、やはりパルリウムは市民の正装ではないからであった。

パエヌラ、ラケルナ、パルリウムに関してフランスの一学者が、簡単な捉え方として、ヒマティオンを真似したのがパルリウム、色つきのパルリウムがラケルナ、フードをつけて完成されたラケルナがパエヌラであるとしているのも、一つの整理の仕方といえよう。

その他には、特殊なものに、宗教儀式用の衣裳としてトガの上にはおるラエナがあった。二重のトガといってもよかろう。それは、鳥卜官や供犠の際に神官(フラミネス)がつけた。

さらには、ゆったりした衣裳「晩餐用衣裳(シュンテシス)」は、下の方がたっぷりしたトガ、上の方が単純なトゥニカという型のもので、ローマの町においても、晩餐の際トガに代るものとなったばかりか、祝祭の衣裳として十二月の無礼講のサトゥルナリアのお祭りの間、トガに代って着用された。まことに色どり豊かな衣裳で、白、グリーン、紫から、色彩も多様であった。

文化の混淆の一徴表として、いや外来の文化を貪婪に吸収してゆくローマ人であったということを明らかに示すものとして、属州における衣裳の発展に注目しなければならないが、ここでは一言するにとどめたい。ローマからの衣裳の普及がみられる一方、気候などの影響が大きかったためと考えられるが、それぞれの地方で現地人の衣裳が充分に採り入れられ、その地のローマ人のものになるだけでなく、広くローマ世界に広まってゆく。

それは、北方ガリアにおいても、南の方アフリカにおいても然りであった。すでに述べたトゥニカの一つの型「ダルマティカ」も、イリュリクムからのものである。その他にも、とりわけガリア人から採り入れた肩かけ「ビルルス」――普通は雨天用、硬く荒い毛織、まれには絹製もあった――や、やはりガリア起原のトンガリ帽子状の頭巾つきマント（ククルルス）はよく知られている。後者は、とりわけ労働者や奴隷がつけることになる。いわゆる半ズボン（ブラカエ）も、トラヤヌス時代以降、まず膝までのもの、その後はくるぶしまで達するものとなり、ガリア人・ゲルマン人・ダキア人の衣裳から、ローマ人の兵士の衣裳としても採用されてゆく。もっともローマ市民の普通の衣裳としては、地中海世界では古代末期までなかなか広まらなかった。

ところで、ローマ人の帽子、頭にかぶるものにはどういう類いのものがあったか。ローマ人は、公の席でも家の内でも、頭にはなにもかぶらなかったが、供犠や祈願の際には頭にかぶり物をつけることになっていた。神官が頭に特別のものをつけるということは、すぐに察しがつくであろう。しかし、普通のローマ人が自分の家で神事をとり行なう際、たとえば家の神ラル神に犠牲を捧げるときには、トガの一部で頭を蔽ったのである。その人物を汚れなき存在として描出するため、トガを頭の上まで引きあげた形をとる立像もたくさんみられる。もちろん、役人が神事に携わるとき、そのような恰好をさせられるのも当然であろう。

ちなみに、花嫁衣裳は純白で、材質はフランネルまたはモスであった。通常は再度使われることもなく、主婦となった後はストラとして着用したらしい。式のときには、花嫁はヴェールを被った。ヴェールというよりは、オレンジ色またはサフラン色のスカーフというべきであろう。

また、かぶり物としては、僧帽状のものの他に、ギリシア世界の帽子と同じ型のもの、すなわち日除けの帽子（ペタスス）や労働者・手工業者・船員のかぶるもの（カウセアやピㇽレウス）もあった。ギリシアのピロスから生まれたピㇽレウスは自由を意味し、貨幣にも自由の印として刻印されている。

カエサルの死後、暗殺者ブルトゥスは、自由の回復をこの帽子で象徴化したのである。奴隷は解放されたとき、あるいは奴隷も自由にふるまえる、あのサトゥルナリアの祝祭のときにかぶることが許された。もっとも、このときには、奴隷だけではなく皇帝もこの帽子をつけたといわれる。ペトロニウス描くところの成上り者の富豪トリマルキオの饗宴では、即席の形でもって解放された奴隷が、その場ですぐさまこの帽子をつけているし、その場面のすこし前のところでは、豚に解放奴隷の帽子をかぶらせて登場させているが、それは、前日、食卓に豚が出たのに、だれもそれを食べなかったから、今は（豚も？）奴隷ではなく解放された存在、すなわち解放奴隷に他ならない、というのであった。三世紀後半には、低いシルクハット状のふちなしの帽子があらわれ、古代末期の美術作品の上にその姿をとどめている。

女性は、パㇽラのはしで頭を蔽うことはあったが、特別に女性用の帽子は生まれなかった。外出時には主に日傘を使ったようである。

最後に、女性用衣裳の場合、その色どりにいかに意が払われたかということを指摘したい。贅沢さのシンボルは、ローマでは黄金とともに紫色であった。青色、赤色から紫色まで、それに加えて幻想的な色として濃いバラ色、スカーレットがあげられる。オウィディウス作の『アルス・アマトリア』の一頁をくれば、絢爛たる色彩の衣裳の展開するのを認めることができる。「雄弁」と結びつくという意味で、音楽を学芸の一教科としてたてることになるローマ人も、当初はギリシア音楽の導入に二の足をふんでいたのであり、その点「耳の民族」ではなくて「目の民族」だったという評価もあるほどである。

④ 履き物

靴に関しては、ギリシアとほぼ同じであったといえよう。大きく分けると三つのタイプ、サンダル（ソレア）、スリッパ（ソックス）、正式の靴（カルケウス）となる。ただギリシア世界で一般の履き物であった革のサンダルは、ただ家のなか、あるいは浴場で履くべきものとされた。したがって、それを履いて外を歩くこと、とりわけトガとの組合わせは良風美俗に反するものとみなされた。キケロは、役人としての、またローマ市民としての品位を損なった人物としてウェルレスを描くのに、次のように言っている。「彼は、ローマの法務官であるのに、紫色のパルリウムと、地まで届く長いトゥニカをつけ、サンダルばきで立っていたのである」と。トガをつけていないことと共に、靴のことも責めている。

キケロがアントニウスを弾劾する際にも「サンダル履き」を俎上にあげている。外履きの靴とは区別され、柔弱さをあらわすものともみなされていたらしい（衣裳の象徴性！）。晩餐に招待された場合、その家まで奴隷にサンダルを持たせて連れてゆき、ダイニングルームにはいる前に履きかえた。当人が貧乏であったり、あるいは奴隷の数が少ない場合には、本人が自分でサンダルを包みにいれてゆくのであった。

第二の型、スリッパに当たるソックスは、ローマ世界では、そもそも女性の靴であり、女々しさ、柔弱さをあらわすものとされ、喜劇役者が履くものでもあった。

なお、トガと並んで正装の一部をなすのがカルケウスと呼ばれる高い靴であり、これまた一般市民用、パトリキ貴族用、元老院議員用と、それぞれはっきり区別されていたことは、トガの場合と同じ、いやそれに対応するものであった。ちなみに、軍隊においては、カルケウスを履くことのできたのは、百人隊長以上のいわゆる将校であったようである。

カルケウスという言葉は、カルクス＝〝ヒール〟に由来する。普通のカルケウスは、柔かい革の、くるぶしまでのぴっちりした靴である。パトリキ貴族用のカルケウスは、本来は赤、四本の革の紐でしばり、舌革で締められる。半円の象牙のバックルもつく。しかし、帝政期にはこのバックルの使用は貴族の特権ではなくなり、スマートな靴の単なる飾りになってしまう。高いかかとの赤い特別な型の靴ムルレウスは、元来エトルリアの王の履いたもので、ローマの王にと伝えられたといわれている。また凱旋将軍も履くことになる。元老院議員のカルケウスは、パトリキ貴族の靴と型は同じであるが、黒い革でできていた。もっとも、色については、赤から黒に変った、とする説もあるし、元老院議員とパトリキ貴族の靴の型や色の異同については異論も多い。

もっとゆるやかな、簡単な型の靴はペロと呼ばれた。また軍用サンダルとしてのカリガも普及し、農民や普通の労働者もこれを履いている。木底の履き物（スクルポネア）は農民や奴隷用であり、元来兵士の靴であったカンパグスも、古代末期には手がこんでけっこうきれいになり、高貴な人の靴になってゆく。同じく古代末期には、ふくらはぎまである、長い、しかもきちんとしまるサンダル状（ギリシアのクレピス状）のものが登場し、これまた労働者や農民の間で使用されてゆく。

靴に関しては、とくに男性用と女性用と種類や型の点での差はなかったようで、女性も、サンダル（ソレア）、スリッパ（ソックス）、正装用靴（カルケウス）を履いたらしい。ただ女性の靴は、革が柔らかく、白色のことが多いが、赤や黄金色など色鮮かなものもあった。もちろん、それには様々な装飾、ときには真珠までつけられていた。

装身具

女性のもつ装飾品としては、バッグや扇子、パラソルなどがあるが、そのような一般装飾品は除外し、文字通り身につける装身具、それも二、三の重要なものに限定して簡単にみてゆきたい。その場合も、ローマ人の思いは黄金と宝石に集約されてゆく。宝石といえば、オパール、サファイア、エメラルド、トパーズからあらゆる宝石に及ぶもので、真珠に止めをさす。

ところで、ローマ人が身につける装身具には、エトルリアやヘレニズム期のギリシアの影響も大きい。たとえば、プラエネステ出土の前三世紀の女性の胸像には耳飾りがぶらさがっているが、この型に類似の耳飾りは、エトルリアにも、ギリシアにも見られる。

男性の装飾品というと、なによりも指輪となる。指輪が、ローマにおいては一種の身分的な標章であったことはたしかであり、古い時代には、黄金の指輪は貴族、とりわけ元老院議員および騎士身分にしか許されず、普通の市民は鉄製のものをはめていたというが、この説には疑念を呈する人もあり、ただ特別な形の黄金の指輪が存在したとみるべきではないか、という意見もある。また軍隊において黄金の指輪をはめることのできたのは、百人隊長以上ともいわれるが、この問題も、時代差の絡むことでありすこぶる錯綜しているようである。なお、共和政期には、男性にとっての指輪とは印章のついたもので、左手の薬指にはめるのがならいであった。しかも、それも自由人にしか許されなかったことは明らかである。

印章は、現在の私たちの印鑑、欧米のサインに当る役割を果す。「趣味の判官」ペトロニウスは、死去の前に自分の指輪を粉砕させ、それが悪用されないようにしたという。帝政期には、印章指輪と並んで多くの指輪があらわれ、富裕な者はいくつもの指輪、しかも宝石をちりばめた指輪をはめることになる。

なお、婚約指輪は大抵が鉄製で、男性がフィアンセの左手の薬指にはめたという。この指は、直接、心臓と神経がつながっている、と信じられていたからである。ところで、鉄の指輪というのは、古い時代に男性が契約に当って押した印章（指輪）に他ならない。

またブルラという円形または心臓形の一種の魔除けは、自由人のローマの子供が首にぶらさげるものであった。富裕な人の子の場合は黄金製。もちろん、黄金のもつ呪術的な意味を想起すべきであろう。皮製のブルラもある。もっとも黄金云々というのは、富裕というよりは元来、パトリキ貴族、ついで元老院議員、騎士身分に属するという指標であり、一種の階層的、象徴的な意味をもっていたと思われる。男の子は成人するまで、女の子はお嫁にゆくまで首にぶらさげていた。「未成年のトガ」と同じくエトルリア起原のものであり、成人になるとともに「未成年のトガ」と一緒にラル神に捧げられた。なお凱旋将軍は、飾りの一つとして黄金のブルラをつけ（魔除けの意があった）、特別なトガをまとって凱旋式を挙行している。ブルラを身につける習慣は、すくなくとも三世紀までつづく。

男性の場合とは異なり、女性の装飾具は指輪に限られなかった。宝石をちりばめた指輪から、ブローチ、櫛、黄金や宝石のついた髪をとめるバンド、耳飾り、ブラケット、ブラジャーなど、女性の虚栄心をくすぐる様々のものが、出土品として示されている。

黄金と宝石に凝集される女性のまなこのいかにすさまじかったかは、すでに前二一五年に女性の奢侈禁止令（とくに黄金にかかわる）がでていることからも推察できよう。ところで女性はなによりも耳飾りにお金をかけた。あまりにも立派で重いイヤリングのため、耳の形の変ってしまうものもあらわれた。それぞれの耳に一つ以上のイヤリングをつけるものもいた――可能なことであろうか？――。しかも真珠や宝石から成るものを。「所領の二つ、三つにあたるものを耳にぶらさげている」「まさに歩いている宝石屋だ」というのは、哲学者や諷刺作家の誇張した言葉だといって聞き流してよいだろうか。たとえば、カリグラの妃、ロルリア・パウリナは、頭髪、耳、ネック、指にそれぞれ宝石をつけていたという。たとい単なる上流社会の一断面とはいえ、一つの真実でもあったとみるべきである。

ひげと髪型

ひげや髪型に関しては、文献史料、彫像や浮彫や貨幣など資料は山のようにあり、文化史的な考察を行なうには優に数編の文章を必要とする。たとえば「神的な力」の象徴としての髪の毛とはホメロス以来問題となっており、また毛髪は様々なときに犠牲に捧げられている。詳論は別として、広い意味での服飾という視点から簡単にスケッチするにとどめたい。

ひげにも髪型にも流行があった。流行の中心、いやその源は、男性の場合有力政治家や皇帝にあり、女性の場合は帝妃を囲む宮廷にあったのはもちろんであり、貨幣に刻まれた肖像や帝国各地に配された彫像によって一つの型が拡散してゆく。

まず、男性のひげについて。長いローマ時代には大きな変化・発展があり、ある時代はひげを伸しっ放しにするのを良しとし、ある時代にはきれいに剃るのが良しとされた。ただ共和政初期及び中期に関しては、史料的制約が大きすぎる。同時代史料がほとんどなく、分らないことが多いのである。たとえばサビニ人の王ティトゥス・タティウスとローマの王アンクス・マルキウスに関して、前一世紀中葉につくられた貨幣の肖像では、前者がひげのある古典的な理想型に、後者はヘレニズム化した支配者の型で刻印されている、というようなことがあるからである。したがって以下のスケッチにも、かなりの推定がはいる。

古い時代のローマ人は、髪やあごひげや口ひげを自由に伸していたようである。男性としての威厳、もったいをつけるため、毛むくじゃらで蓬髪のままであった。ところが、前二世紀になると、ようやく髪を刈り、ひげを剃ることが一般的になったとみられる。

実は、共和政末期の大博学者ウァルロの言うところでは、最初の理髪師がシシリーからイタリアにやってきたのは、前三〇〇年のことだという。有名な記事である。しかし、どれだけ信用できる話であろうか。ハサミやカミソリは、前三〇〇年以前にはローマ人には知られていなかったのだろうか。この点は直ちに反論できよう。というのは、カミソリ的なものは古い出土品の中に見られるし、それが最古期イタリア文明の一特徴でもあったからである。

たとえば王タルクィニウス・プリスクスの支配下、カミソリで砥石をカットしたアットゥス・ナウィウスの話は有名である。伝承の時代のこととはいえ、この話を想起するだけで、ウァルロの記事が簡単には信用できないことが分る。それは、恐らくイタリアで公的な理髪店が開かれたということを意味したのであり、イタリアにおける理髪のはじまりというよりその拡がり、一般化を示すものとみるべきだ、というイタリアの学者の見解をとりたい。

このとき以前に、奴隷のサーヴィスでひげを剃ることも当然行われていたとみなすべきであるが、前三世紀、ポエニ戦争の時代は、カミソリの勝利の時期ともいえる。あらゆる革新的なことを導入し促進したともいうべき人物、大スキピオは、毎日ひげを剃るのを習慣としたというし、第二ポエニ戦争中の英雄でシラクサの勝者、クラウディウス・マルケルルスは、きれいにひげを剃った人物として貨幣に登場させられたはじめてのローマの大政治家であった。

実は、前三世紀末以来、ギリシア・ヘレニズム文化が滔々としてローマ世界に流れ込み、文学や芸術などの面で大きな影響を与え、覚醒ともいうべきものがみられたのは周知の通りであるが、風俗習慣もまたその影響を免れなかった。ひげ剃りの習慣も、恐らく東方ヘレニズム世界からじわじわとはいってきたものであろう。理髪師もこの流れの中で、マグナ・グラエキア（南伊のギリシア植民市）から中部イタリア、ローマへとやってくるのである。

しかし、この流れに対しては、抵抗がないわけではなかった。たとえば、この時代にあっても、大カトーは「髪刈らず、ひげも剃らず」、ローマの古風に忠実であったという。この語句は、まさしくローマ人の質実剛健さを形容したものとして語りつがれてゆく。ところで、親ギリシア政策をおしすすめたフラミニヌスにして、貨幣には髪刈らず、ひげも剃らざる姿で刻印されているのはいかなることを意味したのか。ヘレニズム的君主に似せたもので、君主像はまた別であったのであろうか。

このような抵抗があったにせよ、前三世紀末から二世紀はじめまで、ひげ剃りはローマ人の日常の習慣として根づいてゆく。もちろん流行に背を向けるものは、どの世界にもいるものである。

実は、ローマではひげを剃るということは宗教的な意味をもっていたのである。子供は産毛を剃らず、その後も頬が黒っぽくなるまでひげを剃らない。そしてあるとき、これをカットして神に捧げるのである。それは家の神聖な行事であった。必ずしも年齢的には一定しないが、皇帝やその近親の場合、その日が正式に記録されており、アウグストゥスは前三九年九月、カリグラとネロは「成年のトガ」をまとった時とされる。ネロは、この「初ひげ」を黄金の箱にいれてカピトルの丘のユピテル神に奉納したという。男として認められることを意味するこの日には、貧富を問わず、その財力に応じて家の友人たちを招待して祝宴を張ったのである。

最初のひげがカットされると、短いひげが伸びつづけてゆく。ダンディな若者は、その伸び具合に注意を払う。四十歳位、白毛がまざる頃までのことである。そうなるとピンセットで白毛を抜き、それでも間に合わなくなると顔をすっかり剃ってしまう。「短いひげ」とはローマでは若者の意に他ならず、ひげを完全に剃りはじめることは老いのはじまりを意味した（ちなみに、ローマ人の世界では、日本語の「若者」を意味する表現、あるいはその年齢につづくのは、普通は「壮年」ではなく「老年」であったこと、ときには「初老」であったことを想起すべきであろう）。

いかにひとが髪やひげに関心を払っていたかは、カエサルのエピソードを挙げるだけでよかろう。理髪師を自らかかえる人もいれば、ローマの町至るところに見られる床屋で閑をつぶしていた人も多い。世は「ローマの平和」の時代、ひとは泰平を謳歌することになったのである。セネカの嘆き声も聞こえてきそうである。

ひげを剃る習慣は、とりわけ身分高き人たちの間ではハドリアヌス帝の時代まで続いたが、この皇帝自身が、顔のみにくさ、あばた面をかくすためにひげを伸しはじめる。このひげを伸す習慣は、コンスタンティヌス大帝まで続いたようである。例外はカラカルラとエラガバルスであり、その後は、あの哲人を気どったユリアヌスを除いて、皇帝はことごとくひげを剃っている。

以上の流れをイタリアのある学者のまとめに従って記してみたい。①第一段階は、前三世紀まで、ローマ人は一般にひげを剃らなかったらしい。②次いで、前三世紀にひげを剃る習慣が拡まる。③第二ポエニ戦争からハドリアヌス帝時代まではカミソリの使用が一般化する。ただし、男性の間では四十歳以上。④ハドリアヌス帝からコンスタンティヌス大帝までは、ひげは一種のファッションとなる。⑤それ以降は、男性は再びきれいにひげを剃っている。もちろん、例外も多い。トラヤヌス記念柱の皇帝トラヤヌスはひげをはやしていないが、兵士たちはひげを伸したままである。更には、ユダヤ人にひげをはやすのを禁止したのは他ならぬハドリアヌスであった。

ちなみに、喪中の男性はひげを剃らず、髪も伸びるにまかせたという。喪中ではないが、ガリアでの一敗戦に深い哀悼、痛恨の思いを抱いたカエサルは、しばらくひげも髪もそのままにしていた、と伝えられる。内乱勃発を聞いたときの小カトーや、ウァルスの敗死を聞いたアウグストゥスも然りであったという。なお刑事犯として告発されたときには、汚れたぼろの衣裳をまとい、頰には毛をもじゃもじゃにしたまま裁判に臨むべきものとされた。有罪判決を受けた人も同様であったことはもちろんである。さらに、哲学者は、どの時代においてもひげを長くしていた。それはヘレニズム世界の慣習であり、後にギリシア正教の聖職者にと受け継がれてゆく。

まさしくひげは、愁い、悲しみ、いや沈思のシンボルに他ならなかったのである。

頭髪はどうであったか。ひげの変化・発展と併行するものであったといえよう。ただ、ひげをのばすままにするのが良しとみられた最古期はともかく、自由人の男性は髪を一定の長さにカットするか、刈り込んだ。特別な仕事をする若者や奴隷は髪を長いままにしていたが、仕事・労働に従事する奴隷はやはり髪を刈り込んだ。伊達者は髪をコテでカールし、香油をつけた。「髪の毛をきちんと分けている男を避けよ」とオウィディウスは言う。それは女たらしの別称だったのである。特にマルクス・アウレリウス帝以降は、頭髪を刈り整える習慣が拡まってゆく。

女性のヘア・スタイルの歴史には曲折があるが、髪の毛を短くすることは、いつの時代にもはやらなかった。

女の子の髪は分けられず、頭のうしろにまとめられ、リボンやピンでとめられていたが、結婚式のときには特別な髪型、つまり六つの束に分けられた髪型にした。これは、エトルリアに由来する、ある種の女性神職の髪型だったのである。

結婚した女性の髪型はなかなか複雑であり、流行と個人の好みが様々な形をとらせた。オウィディウスの言うように、すべての女性が自分の最善と思ったスタイルを選んだ、というべきかもしれない。

帝政初期のオクタウィアやリウィアの髪型は、こめかみの上に弛く巻かれただけで、あとはまっすぐのきちっとした髪が後頭部でまとめられ、ただ一房の髪が頭頂部から前方に垂れ、額の上でふんわりと整えられる型である。このオクタウィア型は、クラウディウス－ネロ時代には額とこめかみの上の数条の小カールでたっぷりした感じを示し、頸のところでお下げ髪となる。フラウィウス朝時代には髪型は複雑になり、髪の束を幾層にも積み上げた塔の形の、高い髪が流行する。数多くの小カールがつくられ、それぞれが大きなピンでとめられていた。もはやその後の髪型の変遷を一々詳しく述べる必要はあるまい。ときには華麗に、または豪華に、あるいは反動で簡素に、粋にと移ってゆく。

ところで女性が髪型に凝れば凝るほど、特殊専門的な調髪師の手を必要とすることになり、ややこしい髪型を保持するのに、ネットやにせの毛髪が求められた。髪結いの女奴隷の役割や発言権も大となり、彼女らの墓碑銘も沢山残っている。また髪型に憂き身をやつす貴婦人連中の様相は、諷刺詩の恰好な素材となった。

もちろん、図に示したような複雑な髪型はおおむね宮廷の髪型であり、上流社会に拡がったと思われる。たとい職人の墓碑などに、自分の妻のため流行の髪型が刻まれていても、それはその時代の理想の型であり、その頃の女性のすべてがそのような髪型をしていたわけではない。しかし、流行の髪型があったことは疑いない事実であり、一般の女性も羨望の目でながめ、ときと金があればそれを模倣したこともたしかであろう。

なお、にせの毛髪やかつら、染色、ローションは男性の世界でもみられたが、そういったものに寄せる女性の目のいかに燃えていたことか。とくに女性は、ブルネット、つまり地中海世界では普通の髪の色を、ブロンドにみせようと懸命になっている。黒い髪を脱色させることも、また白髪を染めることも広く行われたらしく、北方の民族の頭髪をとり寄せて、それを上手に編み込むことでもって、髪結いの仕事は完了する。

ローマの女性の望むのは、当時の彼女らにとってはまさに蛮人に他ならなかった人たちの髪の毛を得ることだったのである。文化の交流もここに極まれり、というべきであろうか。

おわりに

ローマ人と服飾、つまり衣裳から装身具までの万般に亘って一言でいえることは、それが身分や、性別、年齢という階層別な秩序と、場すなわち公の場所であるとか祝祭や葬儀とかいう場の秩序に対応した象徴的な役割を果すものであったということであろう。広い意味での政治に従属する、あるいは政治に集約される文化、その中での服飾であったというべきかもしれない。

しかも、そこには他の文化圏から採り入れるべきものは大いに採り入れながら、底流としては「古ローマ的なもの」への郷愁をにじませつつ、古き良きローマが一つの規範として生きつづけてゆくのであった。まことに、保守主義者、現実主義者、権威を尊重するローマ人であったということができよう。

（一九八一・一）

付 カルタゴおよび属州アフリカの服飾

「ローマの服飾」というテーマに対して、とくにローマの町を中心とした服飾を素描してきたが、ローマ世界の広さを考えずにローマを云々することは意味がない。視野をローマの版図にはいった地域に拡げ、各地方の衣裳がローマの支配によってどのように変ったか、あるいは変らずにいかなる類いのものが生きつづけたのか、ということを検討しなければ、「ローマの服飾」を考えるのには片手落ちになるであろう。

現在、欧米学界における属州考古学の研究の発展とともに、この領域にも鋭いメスがいれられつつある。専論を展開する準備も紙面の余裕もないので、簡単に、カルタゴ——属州アフリカの衣裳に関して、主にフランスの学者の仕事の二、三を紹介してみたいと思う。なお装身具や髪型の問題は省略したい。

カルタゴの衣裳

伝承では、前九世紀にフェニキアの町テュロスの人が建てたといわれるカルタゴの人たちは、ギリシア人やローマ人とは異なった衣裳をまとい、国制の点では高い評価づけがなされているにもかかわらず、服装の点では、いわゆる蛮人(バルバロイ)扱いをされていたらしい。

カルタゴ人は、前一四六年に滅亡するまで、伝統的な衣裳に固執していたといわれるが、そこには三つの型があった。第一の型は、メソポタミア起原のものといわれる。第二の型が、キュプロスあるいはアナトリア伝来のものである。第三は、エジプトからのものといえよう。さらには、ギリシアからの影響も加わるが、ある段階までは、一般には衣裳におけるギリシアの影響は驚くべきほど少なかったとみられるし、フランスの一学者もこの影響から生まれたものを型の中にはいれていない。

彼らの服飾に関して資料となる文献史料と出土史料といっても、前者はきわめて乏しく、大体において後者、つまり各種の出土史料によって考察を進めてゆかざるをえない。それは、石棺、墓碑などの石碑、およびテラコッタ像であり、丸彫彫刻はまことに少ない。その中でもとくに重要なのは、フェニキア人特有の神域すなわちトフェットから出土する奉納碑である。なお、後の時代の作品、とくにその民族としての個性を強調する作品から、カルタゴ時代の衣裳を推定することも、ある程度は可能であるが、そういったものは慎重な取扱いを必要とする。全般的に、当時の普通の人たちの衣裳の現実に関しては、不分明なところが残るのはやむをえない。

カルタゴ特有の型、すなわちメソポタミア起原という第一の型のなかにはいるのは、いわゆるトゥニカである。このことは、文献史料によって明らかである。前三〜二世紀のローマの喜劇作家プラウトゥスの作品『ポエニ人』（＝カルタゴ人。前一九四年乃至一九三年頃の作）にあらわれるカルタゴ人のハンノは「トゥニカだけで……」「トゥニカをつけた人」として登場し、しかも「帯なし」であった。

出土品からも、カルタゴの人たちが袖の長い毛織の寛衣をまとっていたこと、しかも帯をつけていないことも明らかである。もっとも、外を歩くときには帯をつけたことも当然ありえたであろうし、その上にパルリウムをまとっていたと推測させるのが、やはり前記のプラウトゥスの記事「下着（トゥニカ）だけで……。風呂場できっとパルリウムをかっぱらわれた……」というところと、時代は下るが帝政期のキリスト教護教家テルトゥルリアヌスが、カルタゴの衣裳の保守性を述べている個所である。

いずれにせよ、トゥニカは、男性・女性を問わず、誰にもまとわれたカルタゴ人の一般的な衣裳であった。型としては、ローマのトゥニカよりも幅が広くゆったりしていた。もっともローマのトゥニカは、カルタゴのトゥニカから生まれたという説をなすものもあるが、たしかに言語学的にはその可能性もあり、その他の点でも可能性がないわけでもないが、やはり必ずしも定説とはいい難いようである。

さらには、暑さの関係もあり、カルタゴの人は頭になにもつけずに外出することはほとんどなかった。ギリシア人がティアラと呼んだ東方風のターバン状の帽子もあり、彼らはこれを神官や少年の石碑に描いているが、帽子はそれにとどまらない。むしろ彼らは、キュプロスからきたフェルト製の円錐形の帽子も好んだようである。また、ヴェールを被ることもあったとみられる。

衣裳の第二の型、キュプロス伝来のものは、なかなか複雑であった。簡単にいえば、襞つきの厚手の亜麻の長い下衣と、上にはそれを覆う、しだいに厚く短くなる外被とから成る衣裳ということができよう。それは、必ずしも実用的なものではなかったが、しだいに広まっていったらしい。前三世紀のカルタゴ出土の小彫像をみてほしい。

第三のエジプト・スタイルはどうであったか。このタイプの衣裳は、一般にはあまり着用されなかったらしく、ある種の神殿やそこで行われる犠牲の式と関連していたとみてよかろう。各種の造形美術を中心とした、エジプトの影響の深さにもかかわらず、この点はおもしろいことである。

次に、女性の衣裳だけに限定してみると、様々な種類・型の彫像がほとんど女神または外国の女性を示しているため、現実はなかなかつかみにくい。御神酒を注いでいる女性神職をあらわす前三世紀ごろの奉納碑も残っているが、この女性はギリシア風の衣裳をまとっている。この衣裳からも分るように、カルタゴの女性は、男性とは異なり、彫像などの作品ではギリシア風の衣裳をつけて登場させられているようである。時代が下れば、男性像にもヘレニズム風の装いをつけさせられたものがあらわれる。イオニア風の女性のつける、刺繍の施された衣裳と同じものをまとった小彫像も出土している。もっとも、この像自体は輸入品との説もある。さらには、前三世紀には、すこぶるシンプルな、襞どりのあるローブ、高い帯で腰に襞があつまる、コレ神の衣裳に似せたものもあらわれる。

しかし、いずれにせよ、そういったものが当時のカルタゴ女性の実際の衣裳であったかどうかは問題であり、基本的には、先に述べた第一の型であるトゥニカが一般的であったとみなすべきであろう。

なお、純カルタゴ的な衣裳のうちのあるものは、現在の北アフリカの衣裳に連なるという主張もあるが、それも次のローマ支配下の時代に、様々な面でローマ的な衣裳の洗礼を受けた上でのことである。たとえば、フードのついたガウン、現在のブルヌスやカカビアスなどは、ローマのククルルスに由来するとみなすべきであろう。

ローマ支配下（属州アフリカ）の衣裳

カルタゴは、第三ポエニ戦争に敗れた後、ローマの一属州となる。ではいったい、その後、この地方に住む人たちの服飾にはどういう変化がみられたのか。普通、地中海世界のローマ化といわれる文化的な現象は、服飾に関してどこまで妥当するのであろうか。あるいは、それとも変らないものがあるとすれば、それは何処に、どの程度存続してゆくのであろうか。

　モザイク画、とりわけ鋪床モザイクの宝庫ともいうべき北アフリカ、その中でも属州アフリカに関しては、そのモザイク画に登場する人物のまとう衣裳が、この時代の服飾を知るためのもっとも重要な資料であるが、その場合、やはりそういったものが現実をどれだけ伝えているかということと、その背後にある歴史の流れとの関連如何ということを考えてみなければならない。なお、文献史料としては、アプレイウスとテルトゥルリアヌスの作品に注目すべきであるが、両者ともいったいその筆でもってどれだけ現実を伝えているのか、慎重な取扱いを必要とすることはもちろんである。

　まず属州アフリカの地の衣裳を考えるにあたって想起されるのは、護教家、アフリカの人テルトゥルリアヌスの一文『パルリウムについて』であろう。この作品の狙いをどう考えるかという点については、研究者の見解は分かれるが、当面の問題に関して言えるのは次の点である。彼は、カルタゴの他の市民たちと同じように、それまで正装としてのトガを身につけていたが、身分的な秩序を象徴するこの衣裳を突然脱ぎすてて、地中海世界の普遍的かつ国際的な衣裳としてのヒマティオン（＝パルリウム）をつけたのであった。もっともヒマティオンというのは、ギリシア人が普段まとう衣裳でもある。しかもローマ人も、東方ギリシア世界を旅行したり、哲学を教えるときには、むしろこれをつけていたのである。したがって、一般に、この行動は、哲人として生きること、また自由を宣言したものとみられる。ここでは、ただ、アフリカの地でもローマ市民の正装トガが、ローマ市民権を象徴するものとして定着していたことを知ることができるというにとどめたい。

なお、さきに述べたカルタゴにみられた三つの型の衣裳のなかでも有力な二つの型、すなわち男女双方にみられるトゥニカ状の簡単な型の衣裳と、もっと複雑なキュプロス型の、これまた男女両方にみられた衣裳の運命はどうであったか。前者、すなわちある意味では純フェニキア的ともいうべき衣裳は、ローマ支配下では廃れてゆく。もっとも、純フェニキア型トゥニカは、ローマ的なトゥニカに吸収されてゆく、というべきであろうか。後者、すなわちフロックコート的なものは、一世紀の墓碑や奉納碑に多くみられるように、むしろ生き残ってゆく。それは何故か。衣裳の保守性の実例として挙げられるこのことは、いったいなにを意味するのか。何故、複雑で面倒な衣裳が残りつづけたのか。残ったといっても、民族衣裳としてなのか、広く実際に着用されたのであろうか。

実は、出土品に見られるところでは、女性のつけるのは、ギリシアのパルフェのような、まっすぐにはしり、縫い取りのある幅広のバンドと、長い飾り紐で飾られた衣裳であった。衣裳の複雑できらびやかなこと、それがむしろ富裕さをあらわすものとして、あるいは民族衣裳的なものとして存続する、という説明もあるが、必ずしも説得性があるようには思えない。というのは、そのようなことは、どの型に限らずみられるところであり――第一の型も出土品にはあらわれる――、出土作品にみられても、現実にどの程度生き残ってゆくかはもっと検討する必要があろう。

しかしそれはそれとして、二世紀中葉以降は、ほとんどすべてのローマの衣裳がひろまっている。もっとも一般的な衣裳はローマ風のトゥニカであり、その際、貧富貴賤の差は、型の差であるよりは、むしろ飾りや長短の差となったとみられる。カルタゴのトゥニカとローマやギリシアのトゥニカはあまり差がなかったという見方もあるが、ゆったりして袖の長い、帯でふくらはぎの真中まで袖が垂れるという純フェニキア・タイプのトゥニカはローマのトゥニカとはやはり異なっていたようである。

さらには、すでに共和政期以降、ギリシアのエクソミス（キトンの一タイプ）を、労働着として奴隷や一般の労働者がつけていたことも、モザイク画からわかる。もっとも地中海各地に残る墓碑に刻まれたところからみて、ローマ、いやローマ世界すべて、その点は同様であったと考えられる。

一般民衆は、トゥニカの上になにもつけず、富裕な人は外出時にはその上にマントをはおった。もっとも簡単な外被は、肩の上にからげた四角い布であることが、これまたモザイク画から判明している。農民が、冬トゥニカの上につけるのは、サグムであった。騎馬行、狩猟、旅行の際も、さらには雨天の場合も、同様であったと思われる。狩猟図のモザイク画にはサグムをつけた人物が登場する。

ところが実は、パルリウムか、トガとトゥニカの合いの子か定かでないものもある。出土品からは「ローマとその服飾」において指摘したラケルナ、ビルルス、パエヌラなども認められる。とくにパエヌラ、つまりガリア起原のフード付きマント（パエヌラ・ククルラタ）の着用は、二世紀にはアフリカでも広まっていたらしく——北アフリカとガリアの関係の深さは、これまた軍事史、文化史上重要である——、古代末期には、ベルベル人がこのフード付きマントを採り入れて、自分たちの民族衣裳にまでしている。

このようにして、衣裳を軸として考えられる属州アフリカの生活も、全ローマ世界のすべてのものを合わせ、融かしたものになってゆくのである。

ローマ世界の衣裳に大きな変化がみられるのは、三世紀といってよかろう。北方の衣裳、つまりイリュリクムからのダルマティカ、ガリアからのマント、そして半ズボンが、ローマ人の衣裳を決定的に変えるが、それがアフリカの地に及ぶのは何時頃のことであったか。マントはすでに二世紀にひろまっていたらしいが、半ズボン姿の人物がモザイク画に登場するのは、四世紀終り頃であるといわれ（円形闘技場で競技する人＝狩人）、またカルタゴのモザイクには長めの半ズボンの騎馬の人は、五世紀にあらわれるという。三世紀にはアフリカの人は、太ももを出したままで馬に乗っていたようである。

靴に関しては、もう述べる余裕がない。

最後に、女性の衣裳であるが、彫像では、当然のことながら、類型化や理想化は男性像以上にはなはだしく、ストラをつけ、その上にマントとしてのパルラをはおった立像も多いが、中央ローマの場合と同じように、それらは、現実にはむしろ見られなくなってゆく衣裳というべきであろう。

モザイク画には女性はなかなか現われないが、農民の女性が、片方の肩が自由なエクソミス風のトゥニカをつけたり、あるいは富裕な家の女性が長たらしいトゥニカをつけた姿で描かれているのは、ある程度、現実を反映したものということはできよう。

フランスのある学者は、カルタゴ——属州アフリカの衣裳が、現在のイスラム世界の衣裳へ連続することを説き、その際、アフリカ独自の「非ヨーロッパ的」な肉体観及び衣裳観の存在したことを指摘しているが、ここでは問題を一応ローマ時代に限定して、事実を提示するにとどめた。

たしかに、属州世界は「ローマ化」の波に呑まれる。アフリカもその例外ではない。しかし、実は、その「ローマ」とは、必ずしももはや「純粋なローマ」といいきれず、すでに外からの様々な要素を融け込ませた「ローマ」だったのである。衣裳、その場合、ただ北からの衣裳の南下という現象だけに限ってみても、そのようにいうことができよう。そして、それにもかかわらず、カルタゴ時代からのもので残るべきものは、それが一種の民族衣裳としてであるか普段着であるかは問題であるにしても、残ってゆくのである。

（一九八一・一）

ローマの興隆について

一

　ティベル河畔の一小都市国家よりおこったローマは、イタリア半島を征服して遂には地中海を「わが海」と称するほどの大帝国にまで成長し、ローマ帝国を構成する人たちにとっては帝国すなわち「世界」を意味するまでにいたるのであるが、何故ローマがこのような発展をなし得たのか、というきわめて素朴な問いは、古くから追求されてきた古典的な設問となっている。

　ローマ帝国の発展とともに生き、その繁栄を享受し、あるいはまたその中に蔵されていた頽廃を憂い、危機におののいた時代人によっても、この問いはすでに発せられつづけた。しかも、帝国の衰退、滅亡以来今日まで、すなわちアウグスティヌスからマキァヴェルリ、モンテスキューを経て、近年はハインツェ、アルトハイムに至るまで、それは繰返し問われてきたのである。

とくに、ハインツェ教授の「ローマ隆昌の因について」(Von den Ursachen der Größe Roms) と題する論策は、一九二一年すなわち第一次世界大戦の余燼の消えやらぬドイツで、ライプチッヒ大学総長就任講演として物されたものであり、ローマと敗戦国ドイツの問題を結びつけることを固く戒めてはいるが、沈痛な思いをこめた警世的な考察でもあった。私の狭く短い体験でも、それはドイツ人学徒の間で一種の古典となっている感があった。ハインツェ批判として、同一の題名を冠したアルトハイム教授の仕事も、これまた第二次世界大戦後の民族的悲境の中で説かれたものである。

この問題に関しては、同時代人の見解としてポリュビオス、キケロ、ストラボン、ウェルギリウスなどの発言をもって代表させることができ、学説史的にはアウグスティヌス、マキァヴェルリ、モンテスキュー、モムゼン、フェルレロ、ニッセン、ハインツェ、フォークト、アルトハイムと辿ることができよう。

しかし、ここではそのような時代を追った学説史的展望の形はとらない。むしろ「ローマ興隆の因」として取り上げられた各種の要素を、時代人の発言を中心に四つに整理して位置づけ、最後に一つの考え方・捉え方を提示したいと思う。第一に、

「制度的なもの（およびその倫理的基盤）」、第二に、「地理的条件」、第三に、「運命（および必然）」、第四に、「個人の力→民族意志およびその批判」という具合に整理してみたい。

もちろん、いかなる論者といえども、ローマ興隆の因に関して単一的な要因を唱えているわけではない。しかし、奈辺に力点をおいているか、それはやはり位置づけることが可能であろう。その際考察の中心となるのは、「国家」としてのローマに焦点を合わせて、自らの見解を示すことをなし得たポリュビオスとキケロであることはいうまでもない。

二

I　制度的なものとその倫理的基盤

制度的なものに力点をおくのは、周知の如くアカイア人ポリュビオスである。その『歴史』の第六巻は、とくにローマの「国制」が国家興隆のために果した役割を分析したものとして知られている。ポリュビオスの第六巻では政体が六つに分けられている。すなわち、良き君主政・選良者政＝貴族政・民主政と、その頽廃及び変質した型としての僭主政・寡頭政・愚民政を設定するのである。しかも、このような政体の循環することを説き、ローマこそが良き君主政＝コンスルを頂点とする政務官制、良き貴族政＝元老院、民主政＝国民の権力のあらわれとしての民会、といった三要素を混合政体として、すなわち現行の制度・政体中、最良のものとして保っていると考えた（VI 10. 18）。もっとも政体循環論（VI 5-9）と混合政体論（VI 10）とは必ずしも直接には整合的に結びつかない点、大変な論争を生んではいる。

しかしともかく、混合政体の優れた点は「補助」と「掣肘」によるバランスにあり（VI 11-18）、そこにローマ興隆の因を想定している。ところで、ポリュビオスの理論の矛盾は、第一に、この混合政体の永続性の主張（VI 18）とローマ衰退の記事（VI 9. 12-14, 51. 4-8. 57. 1-9）であり、第二に、ローマの政体を混合政体として賞讃する（VI 3-42）一方では、それを貴族政ともみる（VI 51）点にある。

もちろん、彼はただ混合政体のみを強調するのではない。「制度」としては、「軍制」をもローマの興隆・拡大の一要素として指摘することを忘れていない（VI 19-42）。

ところで、以上のようなポリュビオス的政体論とキケロの国家理論との関係は、これを否定する議論、見解もないではないが、そこにすくなからざる関係、いや影響が存在し、キケロもまた混合政体をもって最良の政体とみなしていたことは、認めてほぼ誤りないであろう。

更に一言付け加えるべきは、ポリュビオスが、ローマ強大の因としてただ単に狭義の制度（軍制をも含めて）を力説するだけでなく、それと並んで「慣習と道徳性」の影響をも説いていることである（VI 56. cf. XVIII 35）。それは、葬儀などにみられる慣習的なものであり（VI 53-55）、また宗教的な畏怖→敬虔さ・道義性（VI 56, 6ff. Poseid. FGH. 87. F. 59）といったものでもあり、更にはイタリア人の人種的な優越性にまで発展する（VI 52, 10）。

たしかに、古典古代の政治理論の基礎にある政治的に健全な感覚にあっては、国制は道義的なものに支えられ、道義的なもの（広義の）は、これまた国制に支えられるのであった。そこで、国家興隆の因も、結局は国制とそれに結びついた倫理的なものに求められることとなる。キケロにあっても、合法的な制度を支える倫理的基盤すなわちローマ的徳としての正義・信義・寛恕などの存在が挙げられ、それが国家としてのローマを強大且つ永続的なものにするというのである。キケロは、ヌマの事業によせて、国家ローマを持続させるものとして「二つの要素すなわち宗教的なものと寛恕（徳の一つとして）」を指摘している（『国家論』II 27）。

もっとも、混合政体の有利さを説き、それを支える理念の存在を指摘しても、ポリユビオスでは倫理的なものの強調度はキケロにくらべれば弱い。ところが、キケロにあっては国家（興隆）の「正義→正当性」の理念にまで発展することとなる（キケロの『国家論』の第三巻は、この理念の問題でつらぬかれている）。

国制の中に興隆の根拠をもとめる立場は、とくにローマ人の政治的創造としての元老院・民会・政務官という多元的政体を指摘する限りにおいては、原理的に人を首肯せしめるものをもっていることはたしかであろう。エネルギッシュな活動でもって成就できた中央集権的な政治組織を強調するモムゼンをはじめ幾多のローマ史家が、国家興隆の一つの要素として国制を挙げるのは無理のないところである。しかし時代人は、それを支えるもの、あるいは動かすものとして「徳」あるいは理念という要素が蔵されていることを力説していた。制度を動かす主体を「徳」に還元することが、果して可能であろうか。むしろ、近年ではハインツェによって、制度及び組織を支えるもの、いな、動かすものとしての人間が主張されている。この点は後で触れることとなろう。

次に想起されるのは、「分けて治めよ」（divide et impera）という分割統治の原則である。論者はいう。これこそ、ローマをしてイタリア半島の覇者たらしめ、国家ローマを世界帝国たらしめた原則、いや原理である、と。しかし、「divide et impera」

を一つの政治原理とみなすことは、私のとらないところである。

事実、この表現の蔵する特徴および問題点は次の通りである。1、共和政期ローマ、すなわちローマの興隆、拡大期の人々の表現ではない。2、ただローマの支配が非劃一的、非組織的であったという限りでは正しい。3、各共同体が個別的にローマと結ぶことを意味する。このような点から、ゲーラーのようにこれを純ローマ的な表現、しかも統一的で合目的的な原理とするのには、やはり異論をさしはさまざるを得ない（フォークトの議論は、この点全く不充分である）。

II 地理的条件

地理的条件を重視するのは、アウグストゥス時代の歴史家・地理学者たるストラボンである。彼は、ローマの隆昌を「イタリアの自然によって与えられたもの」とみなす。つまり、㈠、海と山岳によってその土地が守られていたこと、㈡、海港の存在、㈢、空気・気候・土壌の多様性、㈣、水利と生産物、㈤、地中海世界におけるその位置、などにローマ興隆の因を帰さしめている（VI 4, 1f.）。

ストラボンの説くところは決して孤立したものではなく、リウィウス（V 54）あるいはキケロにも類似の主張はみられる。キケロはいう。「……かくしてローマの町がイタリアの他の場所におかれていたら、かくも容易に現在のこのような力（＝支配権）を保持することはできなかったであろう」（『国家論』II 10）。しかし、キケロは必ずしも地理的単一条件論を唱えているわけではない。すでに単純な環境論、すなわち地理的決定論には鋭い批判の矢を放っているポリュビオスと相等しく、キケロの力点がむしろ別のところにあることは先に述べた通りである。

ストラボンの地理的条件論を展開させ、拡大させたのは、『イタリアの地誌』三巻の大著を物したニッセンであろう。「自然の法則の抵抗しがたい、しかも仮借なき確実さ」とか、「自然こそが、イタリアをして東洋と西洋との仲介者たらしめ、ヨーロッパの歴史の主要な担い手たらしめたのである」という。その説を受け継ぐのはゲーラーであろう。ところで、地理的決定論の批判は必ずしもむずかしいものではない。しかし、問題は、それがいかなる時代環境から生じたのか、そしてそれが奈辺につらなるのかという点にあろう。当面の問題に即して考えてみると、ストラボンの所説はポセイドニオスを受け、地中海をわが海とした世界帝国の完成期の所産であること、そして地理的条件論は、「分割統治論（分割統治を合目的的な行為とみなす立場）」に関連する面をも有していることが指摘できるというにとどめておこう。

III 運命（及び必然）

当然まず第一に、ポリュビオスのいう運命（Tyche）すなわち「神の行為」を考えてみなければなるまい。Tycheの解明には、優に数個の論文を必要とするであろう。ところが、ローマの興隆との関連づけの如何については諸説必ずしも一致せず、学説史的にも大変な論争を呼んでいる。「運命が世界の出来事に進路を与えること、それが歴史にもみられること」をポリュビオスは指摘する（I 4. cf. I 63. 9）が、関連づけの否定論者は「ローマ」とは書かれていないとか、ローマ人はそれを否定している、という。しかし、「歴史」を動かすものとしての運命、しかも彼の歴史叙述の主テーマが「ローマの興隆」であるとすれば、単に字句的に運命とローマとが結びつけられていないからといって、運命のローマ隆昌に与える影響をポリュビオスがその主張からはずしているとはいえまい。

　ポリュビオスのいう運命を充分に検討していない私としては、的確な解答を提出し得ないが、ただ彼が運命一元論者でないことはたしかで、歴史の運行が運命あるいは偶然的なものだけによるものではないという点を彼は力説している（I 63. 9. XVIII 28. 4）。それは、あたかも制度の底に道徳的・慣習的なものを摘出した如く、運命を与えられたものとしてではなく、それをローマの徳～熟慮その他によって動かしてゆくこと、それが問題であるとするところにポリュビオスの運命観がある（X 2. 37. 4）。では、キケロにあってはどうなるのか。「そこで君は知るであろう。ローマ国民＝

国家ローマを強力ならしめたのは、たしかに運命（＝偶然）が幸いしたとしても、ただ偶然によってではなく、洞察力と訓練とによるものであることを」と、スキピオをして語らしめるキケロ（『国家論』II 30）が、単純な運命論者でないことは明らかである。むしろ神の手に導かれるとはいえ、神の意志と人間の行動の一致を随所で説く。したがって、そこにローマ国民のもつポジティヴな道徳的な力が想定されている。ポリュビオス、キケロ相共に運命をそのまま容認してはいないのである。それにどう対応するか、ということはアルトハイムの説くところにつらなるといえよう。

四世紀の歴史家アンミアヌス・マルケㇽリヌスは、「徳と運命とが永遠の結びつきによって一緒になる」ところにローマの「この世の繁栄」を帰しており、「もしもその一方が欠けていたら、ローマの町は完全な絶頂期をむかえることができなかったであろう」という（XIV 6, 3）。

運命が偶然的な要素を内に蔵しているのに対して、ポリュビオスあるいはキケロが「国家興隆の要因」として指摘するのは「自然の法則＝必然性」である。むしろ、ポリュビオスは、運命の与える外面的な影響よりも「内面的法則」つまり「固有法則」としての「自然」が、前述のようなローマの制度を成立、発展させ、そして帝国を繁栄させた、と考えているのである（VI 4, 7-10. 9, 10。4, 7-10. 9, 10）。これは、キケロのいう「ローマ国家の自然」に相通ずるものをもっている（『国家論』II 57）。このような国家発展の自然の法則は、その具体的な顕現としての混合政体論と相関連し、一方では当然ローマの永遠性の確信となるであろう（『国家論』III 34. 41）。

この確信は、ウェルギリウス、ホラティウス、リウィウス、タキトゥスにみられるように純ローマ的なものである。もっとも「永遠性の確信」が「危機感」と表裏一体をなすことも忘れてはなるまい。ただ、このような確信を保っていたのはローマ国民全体なのか、それとも、ある一つの社会層であったのか、ということは考え直してみるべきであろう。

IV 個人の力→権力意志

ポリュビオスの「徳」、あるいはキケロの「宗教性・倫理性・正当性」、更に下ってはアンミアヌスの「道義」と、これらはすべて、ローマ興隆の因を単なる与えられたものとみるのではなく、この与えられたものを動かしてゆく主体的なものを想定している。それを一歩進めたのがハインツェ教授の「権力意志論」であり、アルトハイム教授の「宗教＝レリギオ（religio）論」である。

もっとも、前者がローマ国民の主体的な意志を唱えるのに対して、後者はキケロ、ホラティウス、ウェルギリウスをつらぬく「運命的なもの」、あるいは「神意、超自然的なもの」に人間がどう対応するかということになる。前者はしたがって必ずしも「超越的なもの」を前提もしくは媒体とはしないが、後者はむしろそれを前提とする。

ハインツェは、シュプランガーの説を援用して、まず古代ローマ人の人間の型を「政治人」＝「権力を求める人間類型」と規定する。そして、ローマの国家的発展をローマ国民の権力意志の拡大としてとらえる。発展を促したものとしての闘争本能に支えられた「権力意志」を指摘するが、彼の権力意志論は二つに分かれる。ハインツェは、権力拡大の意志とその意志に道を与える主体＝指導者＝政治家（政務官→元老院議員）とに分けて考察したのである。

ところで、第二次大戦後に物されたアルトハイムの所論は、次の通りである。すくなくとも「ローマ国民及びローマの政策」の権力意志にローマ興隆の源をもとめることに疑念をさしはさむ彼の議論は、ハインツェ批判にはじまる。そして、「汝がその身を神々〔の命令〕に従わせようとするならば、汝は世の支配者となる」というホラティウスの句を手がかりに、レリギオ（religio）＝「神々が人間に要求するすべてのことに注意すること」のうちにローマ隆昌の基礎があったとしている。なお、レリギオというのは、キケロの定義づけでは、神々を崇拝＝礼拝するのに重要なことすべてに注意深く配慮し、同時に、そういった敬虔の念・姿勢をつらぬき通しつづけることとか、あるいは宗教儀式の法を注意深く果すこと、更には神の意志への服従といわれている。右のようなアルトハイムの把握の仕方は、アルトハイムは記していないが、W・F・オットーの説を受け継いだものらしい。このように、アルトハイムの議論は「神・宗教的なもの」を前面に持ち出すことになる。

もっとも、ローマの地域的拡大が「神の意志と人間の行動の一致」に他ならないという見解は、キケロの思想を中核に、フォークト教授がつとに明らかにしたところである。

三

以上簡単に「ローマ隆盛の因」についての見解を整理してきた。ここで注意しなければならない点は、強大・興隆・隆昌といわれるものは一体具体的には何を指し、その底にあるもの、もしくはそれを支えるものは何か、ということである。たとい結果的には地理的拡大、すなわち「はしがき」で述べた世界帝国の完成という現象がみられるとしても、これを果してそのまま「ローマの隆昌」とみなしてよいのであろうか。たしかに、上記諸概念の外表は以上のような地理上の拡大で蔽われているかにみえよう。

しかし、もっとも常識的にいって、ローマ帝国の最大に膨脹した時期は、共和政末期から帝政初期にかけて、とくに帝政初期であろう。ところで、当時のローマ人自身はこの時期を必ずしも黄金の時代とはみていない。それは、決して過去をもって黄金の時代とみる回顧趣味によるものではない。

共和政末期に限ってみても、すでに彼らローマ人の歎きは古ローマ的特色、とりわけ制度的・倫理的な個性の消失であり、なによりも道徳的頽廃すなわち内面的崩壊である。ここできわめて素朴に「ローマの隆昌」とは、必ずしも地理上の拡大すなわち地中海世界の制覇だけを意味するのではなく、むしろそれ以上に、それを支えるものとしての「ローマ的特質」の保持、そしてその発展があることを知るであろう。隆昌の時代とは、ローマ的な特質が拡大し、しかも異質的なものをその中に包摂して、個性を強め、発展させてゆく時期ではあるまいか。

ところで、ここにいう「ローマ的」とは何か。それは制度的には、元老院の権威、政務官の権限、国民の自由に支えられた都市国家的性格に帰すことができよう。では、そのローマ的特質と世界帝国とは本来いかなる関係にあるのか。

ここで手がかりとして、常識的な問題を一、二出してみよう。経済的繁栄をもってローマの隆昌と考える時代人はいない。隆盛とはすぐれて政治的なものと意識されてか。

いたことは、まず大前提といってよかろう。では、それはいかなることを意味したの

ローマ人はあくまでも政治人であり、したがって彼らの理想とは決して経済的繁栄・栄達ではなかった。政治人としてのローマ人、その理想とは政治的登竜以外のなにものでもない。個人の理想がそのようなもの、すなわち政務官としてコンスルまで栄進し、元老院にはいること（墓碑銘に歴任した全官職名を刻んだことを想起したい）であるならば、国家の理想はいかに、という問いが必然的にそのことと関連して生まれるであろう。何故そういった問いが可能であるかといえば、ローマ人にとって国家とは「ローマ国民」＝「国家ローマ」、そしてそれがローマ市民団であったからであり（市民の国家に対する奉仕義務はとりも直さず自己自身に対するものである）、ローマ人としての一個人の理想の追求・成就ということが、そのままローマ国家の理想を完成させることになるのであった（個人の政治的野心の成就、または徳性の展開は、国家をもその方向に回転せしめるといえよう）。

ところで、すでに述べたように、ローマ国家の特有性は、ローマ国民＝国家ローマ、そしてそれが理念的にも法的にもローマ市、いやローマ市民団に結びついた都市国家であるというところにあった。市民が自ら治め（その理想型は混合政体となる）、自

ら守る（市民兵原理の存在）都市国家的特色を保っているときが、すくなくとも国家としてのローマが純粋にローマ的な形姿を保持しているときであるといえよう。したがって、ローマの繁栄というのは、たとい異質的なもの、非ローマ的な要素を併呑しながらも、都市国家的制度及び理念が炳乎として生きているときを指すべきであろう。

しかし、ローマ人が自ら誇り得るローマとは、現実には、このような都市国家的な政治機構及び政治理念を保持しつつも、外にむかっては「全地上世界の保護」にまで発展するのであった。保護とは、ローマの支配が決して連邦組織の方向にむかうものではなく、あくまでも単独支配を志向するものであったことを意味する。たしかに、ローマ的理念の展開である。ところが、なんらかの機構や組織でそれにのぞむ、いやそれを包摂するとすれば、都市国家的なものと国制上は矛盾することとなる。だが矛盾とはいえ、この支配＝保護それ自体は、決して非ローマ的なものではない点が重要であり、両要素は理念的には純ローマ的な基盤の上に立つものである（私はここで地理的拡大のポジティヴな面を取り上げるわけで、ネガティヴな面があるのは勿論である）。ただ、それが現実には両者あいまって保持、発展させられ得るかということが問題となる。

ところで、この都市国家と世界帝国という二重構造の国家ローマを、国制的な矛盾を通して、リードしてひっぱっていった、もっと別の言葉でいえば法の枠を越えるもの（保護隷属関係といわれるもの）の中に矛盾をくるみこんでいった、主体的推進力は元老院にあった。決して全国民が推進体となるのではなく、もちろん単なる制度自体の適合性によるのでもない。本論ともいうべき元老院の位置づけを行なうべき紙数はもう残っていない。ポリュビオスが最良の政体としての混合政体論を展開しつつも、彼の時代を貴族政の時代、すなわちローマの最盛期とみなさねばならなかったこと、それは、彼がキケロほどは元老院を強調していなくとも示唆的ではあるまいか。

ローマを強大ならしめたものとして、さまざまの要素をあげることができよう。それを一つずつ検討すれば、いずれも否定し去ることが不可能な面をもっている。制度をあげることもできよう。軍事力を強調するのもよかろう。権力意志を説くことも、神意に応ずることを主張するのも可能である。しかし、理念的には純ローマ的なものに支えられたとみなされるが、現象面では矛盾する二つの要素、つまり都市国家と地理的拡大＝世界帝国とを統御しながらのローマの強大という一点に視点をしぼれば、あくまでも元老院のなかに主導権があったこと、そして元老院支配の堅忍不抜さが強調されるべきではあるまいか。ここで、元老院の自負心、自意識を想起したい。

もちろん、元老院というよりも、こと共和政期ローマに関しては、もっと限られた階層、官職貴族ともいうべき人たち（ノビレス）の国政リード、といってもそれは先に述べた法及び制度を越える、あるいはそれらを包みこむ保護・隷属関係（クリエンテス関係）の、彼らによる推進を考えねばならないが、この問題は一応ここまでにしておきたい。

（一九六三・六）

あとがき

この三〇年近くの間に、どちらかといえば専門外のテーマに関して物してきた文章が、このようにまとめられて一冊の本になろうとは、思いもよらなかった。ローマの歴史のなかのほんの一部分を、あれこれ考えながらつついてきたにすぎない私にとって、面映ゆい限りである。

これまでに、論文あるいは書評の形で、学術雑誌や講座、更には大学の紀要などに発表してきたものは別として、なんらかの形で一般向きの書物にのせていただいたものは、ローマの「人物と歴史」、あるいは「歴史家」にかかわりのある文章が殆どであるが、それ以外にもローマ人の「社会と生活」に関連するものが少々ある。ここでは、その「社会と生活」にかかわりのある短編を中心にすえ、生活のくりひろげられた場所についての文章をその周辺に配して、整理することになった。

もちろん、ここに取り上げられたテーマに関しては、わが国でもそれらを専門とされる方が輩出しているわけであるが、旅行案内、列国事情の紹介、あるいは高校生のための文章などには、本当の専門の方々が筆をとられるはずはなく、ローマ史を勉強しているという縁によって、結局、私にお鉢が廻ってきたのである。そういった類いのもの、もちろん、論文ではないが、さりとてエッセイとも随想ともつかない、原稿用紙五枚から三〇枚程度の短文が、ここに収められた文章の殆どすべてであり、それを一冊の書物にしていただいたわけである。

専門外のことであり、また数多くの論文を以てしても論じ尽せない問題であるのは承知の上で、欧米学界の定説からはなはだしく外れないよう、更には新説にも一応の目くばりをするというそれなりの工夫・配慮は、そのときどきに試みてきたつもりではあるが、それでもなお、誤りや思い違いは沢山あるのではないかとおそれている。もっとも、三〇年近くも昔の文章も収めさせていただいたため、内容に関しては、かなりのずれのあるものも多いと思うが、その時代のこと、あるいはその段階——欧米・日本の研究あるいは私自身の勉強の——のこととして、御寛恕をお願いしなければならない。

たとえば、「カルタゴ」についての感想文は、一九六一年（昭和三六年）の旅の印象をスケッチしただけのものであり、二十数年後に再訪したときの知見や感想は付け加えなかった。それは、この間に、カルタゴの故地を訪れることなど、日本の旅行者にとっても当り前のことになってしまったという事情がある点を考え、昭和三〇年代の一人の若者の感慨を残しておきたいと思ったからでもある。

これは、すべてなんらかの機会に公表させていただいた、あるいは発表する予定であった文章の、ほぼそのままの再録である。用語の統一は、可能なかぎり行なったとはいえ、元稿を採録していただいた書物の性格を考えて、あえてそのまま残したところも多い。とりわけ、地名や人名の表記には学問的厳密さも統一もない。たとえばフォルムとする一方、ティベル川、テヴェレ川あるいはカピトルの丘としたり、アルリア川とした頁でガリア人とするなどの不統一があるが、それは日本での慣例にしたがったからである。また遺跡は、公表当時の現況を示すにとどめ、今回の付加は〔 〕印を使用した。なお、かなり多くの註をつけた文章（たとえば「ローマ人とその服飾」など）もあったが、今回は註をすべて削った。

ただ二点ほど、未発表の文章を加えた。一つは、牧人にかかわりのあるもので、この一、二年来勉強している細かいテーマに関連することを一般読者むきにまとめたものである。今一つの「ローマ人はどれくらい字が読めたか」という短編は、「書物」

に関連のある一企画のために集めた材料を並べ直したものであり、本格的な仕事への飛躍台にするつもりである。二つの文章は、現在このようなところにも関心がある、ということを示したにすぎず、他のものに較べて、いささか硬いものになったのではないかと心配している。

なお「ローマの興隆について」という一文は、このような書物にはそぐわないとも思ったが、なにか一本、こういった類いの文章がなければと考えて、古い、しかも異質的、あまりにもドイツ風(?)のもので、要めともなりえないことを承知の上で、あえて加えた次第である(原註は四〇以上あり、数頁に及んでいたが、今回はすべてはぶいた)。

最後に、煮えきらない私を、なだめすかしながら、座りの悪い文章を並べ直して、このような本に仕立てて下さった編集部の風間元治氏に、厚く御礼申しあげる次第である。書名も同氏の選んで下さったものである。

ここに収録した文章の初出は、次の通りである。

Ⅰ　古代ローマの町と生活

永遠の都=ローマ(『世界の旅・ローマ』昭和四〇年一二月、小学館)

古代都市ローマとその一日（原題「昔と今のローマ」『世界の旅・イタリア』昭和四二年一二月、河出書房）
「ひま」のはなし（『古代史講座』第十巻月報、昭和三九年九月、学生社）
ローマ人と死（『現代思想』昭和五一年一一月、青土社）
巨大都市ローマの表と裏（『世界の国シリーズ・イタリア』昭和五七年一二月、講談社）
ローマの水道（新稿）
ポンペイ――神の手で埋没された町（『世界文化シリーズ・イタリア』昭和三九年九月、世界文化社）

Ⅱ　地中海とローマ

ローマと地中海（『地理』九巻四号　昭和三九年四月、古今書院）
ローマと海賊（『受験の世界史』昭和五六年四月、聖文社）
「われらの海」（昭和四五年一月三一日、口頭発表）
デロス島（原題「デロス島の春」『家庭画報』昭和三九年一〇月、世界文化社）
「キリストはエボリにとどまりぬ」（『古代史講座』第六巻月報、昭和三七年一二月、

学生社）
カルタゴの故地にて（『古代史講座』第四巻月報、昭和三七年七月、学生社）
カルタゴ・ローマ・テュニス（『中東通報』一一六号、昭和四〇年七月、中東調査会）
ハンニバルの象（『歴史と人物』昭和五〇年九月、中央公論社）
ローマの遺跡をたずねて（原題「スペインの旅から」『世界の旅・スペイン・ポルトガル』第六巻、昭和四〇年六月、小学館）

Ⅲ　ローマ人の社会
ローマ人の社会（『世界歴史シリーズ・ローマ帝国』昭和四三年八月、世界文化社）
職人の世界（『高校通信、日本史・世界史、東書』一二四号、昭和五二年五月、東京書籍）補遺を付加。
ローマの芸術家（昭和五三年四月発表予定稿）
牧人の世界の一断面（新稿）
ローマ人はどれくらい字が読めたか（新稿）
ローマ人を熱狂させたもの――ローマ人とスポーツ（『無限大』四六号、昭和五四年一〇―一二月、日本アイ・ビー・エム社）

ローマ人とその服飾、カルタゴおよび属州アフリカの服飾（『服装文化』六九号、昭和五六年一月、文化出版局）

ローマの興隆について（『世界史の研究』三五号、昭和三八年六月、山川出版社）

セプティミウス・セヴェルス帝の記念貨幣（中扉下も）

文庫版解説　『ローマ人の世界』、その成り立ちを考える

田中　創

既に本書が作られた経緯に関しては、長谷川博隆氏本人が「あとがき」で述べているため、本来ならこの解説も不要かもしれない。しかし、氏は著作が文庫化された際に、あるいは公刊した論文を一冊の書にまとめ上げた際には、個々の作品が作られた経緯について顧みた記述を付すのを慣例としている。そこでこの解説では、その顰にならって、氏の研究の歩みの中で、本著作に収録された諸作品がどのような氏の研究関心に基づいて書かれたものなのかを、推測を交えながらも記述してみたい。

その前にまず確認しておきたいのが、本書の構成である。目次からも明らかなように、本書は、「古代ローマの町と生活」、「地中海とローマ」、「ローマ人の社会」という三部構成を取っている。一見すると整然とした構成であるが、実際にそこに収められた論述を読んでみると若干の違和感が——少なくとも筆者には——感じられる。首都ローマ、ローマの支配した地中海諸地域という明瞭な地理区分で分けられている最

初の二部に対し、第三部の内容はかなり雑多であり、前二部とのつながりも感じにくいからである。また、氏が「あとがき」でも述べているように、この三部には新しい書き下ろしの作品が二点追加され、さらには「ローマの興隆について」というやや学術的な文章が最後に「あえて加え」られており、構成の上での苦心の跡がありありと読み取れる。もちろんこれを、様々な媒体に執筆したものをまとめ上げるための苦肉の策と考えてもよいだろう。しかし、長谷川氏が長年取り組んできた問題関心がここに如実に表れており、その関心に照らして最初の二部を読み直してみると、その視点が明瞭になってくると筆者は感じている。そこで、まずは簡単に氏の研究の歩みを追ってみたい。

氏は共和政期ローマの歴史、とりわけ政治史に関心を持って研究を進められた。一九二七年東京の生まれなので、多感な青年期を太平洋戦争期間中に過ごしたことになる。戦後、旧制から新制に移り変わる時期に大学での学究生活を始めており、一九五三年に東京大学文学部西洋史学科（旧制）を、「古代ローマのクリエンテーラ」という学士論文を書き上げて、卒業している。クリエンテーラというのは、有力者とその庇護を受ける人々との関係を示すラテン語で、ローマ政界における人的関係性とそれに拠って立つ政治的影響力に当初から関心を持っていたことが窺える。

氏は、その後一九五八年から一九六一年まで当時の西ドイツに滞在し、フランクフルト大学教授のヘルマン・シュトラスブルガーおよび、その前任者マティアス・ゲルツァーの薫陶を受けた。両者とも、近代的なローマ史学の手法を確立した一九世紀の泰斗テオドル・モムゼンの学説と戦い、二〇世紀ローマ史の研究趨勢に大きな影響力を及ぼした学者である。戦後まもなくの、まだ日本の学界が落ち着かない時期に、このような欧州屈指の研究者たちの学風を受け継ぐことになる日本の研究者に恵まれたこと自体が、日本の学界にとって幸運なことである。そして、本書に収められている記述に現れる、ギリシアや北アフリカの旅行は、氏がこのような留学での知的刺激を受けていた最中に行われたものである。

さて、氏の問題関心は一貫して共和政期ローマの政治にあったが、その著作の中で扱う対象は時期に応じて、若干の変化がある。たとえば、一九六〇年代はローマ法制、国制に関係した些か堅めの論文を多数著しているのに対し、七〇年代に入ると、小作農、牧人、職人など種々の労働者や、若者や女性、奴隷などの家人に対する関心が見受けられるようになる。それは、ローマの支配を成り立たせる人的な支配・被支配関係を論じる中で、日々の生業に従事する、ありふれた人々が、いかにして政治的な人的関係に取り込まれたのかという問題関心とつながっている。そして、先に触れた本書第三部は、この時期の問題関心と強く結びついている。本書での書き下ろしの一つに「牧人の世界の一断面」があるが、この作品は、牧畜生活を送る人々がローマのイタリア支配といかに関連したのか、といった日常と政治とのつながりを考究するものである。それは、本書第二部で時々言及される海賊への関心とも通ずるものであり、それぞれの土地の環境条件下で暮らす普通の人々が、ときに「賊」として、ときに政治的諸力として現れる、そのメカニズムを捉えようという氏の問題意識に深くつながっているのである。もう一つの本書のための書き下ろし「ローマ人はどれくらい字が読めたか」も、市井の人々の政治参加の度合いを考える上で、避けられない問題として浮かび上がったものと捉えられる。

氏は、政治を描くにあたって、個人の果たす歴史的役割についても強い関心を持っており、早くから一般向けにカエサル(旺文社文庫、一九六七年刊)、ハンニバル(清水書院、一九七三年刊)を扱った書を著している(いずれも後に講談社学術文庫に所収)。このハンニバルとの関わりが、特に一九八〇年代の多数のカルタゴに関する著作につながっている。それは、日本がバブル経済真っただ中であり、現在ではおよそ考えられないが、経済的な成功を収めた「通商国家」カルタゴと現代日本とを重ね合わせる言説が経済界で流布していた時であった。本書に収録されている象の話や、カルタゴの服飾の話なども、このような研究動向の一コマと言える。

もっとも、氏のカルタゴへの関心は、現代日本の経済状況とは無縁である。むしろ、共和政ローマが地中海沿岸地域に覇権を築き、帝国的な支配へと進んでいく契機となった歴史的なカルタゴに氏の関心はあったであろう。実際、既にドイツ留学時にゲルツァーとの私的な勉強会で、カルタゴに関するラテン語史料を講読していたことを氏は述懐しているし、一九六一年のチュニジア、スペインへの旅も、カルタゴ支配の地を自分の目で確かめるという問題意識で行われたことは疑いない。ただ、それらの土地で氏が目にしたのは、カルタゴよりもむしろローマの痕跡であり、あまりにも「狭い」カルタゴの軍港の跡であった。この旅の経験が氏をして、文明とは何か、ローマとは何かという省察へと向かわせた気がしてならない。そして、本書第一部はまさにそのような文明としてのローマを首都ローマ自体の中から探り出し、そして第三部はその文明を支えるローマ人の心性を見出そうとした試みと読むこともできるだろう。第一部でのローマ人の死生観や、掉尾を飾る「ローマの興隆について」での徳についての議論は、そのような国家の歴史と個人の心性との結節点を探る試みと位置づけられよう。

しかし堅苦しい話はさておき、氏の旅行記の記述は様々な点で刺激的であり、それ自体が魅力に満ち満ちている。ともすると旅行記とは、単に目にした物質的な遺構の記述と、自らの蓄えた歴史知識の披瀝に堕しかねないジャンルであるが、我々が第二部で目にするのは、当時の人々の声や表情、雑踏の息遣いや土地の匂い、背後に流れる音楽や、目まぐるしく変わる色彩である。それはちょうど国際政治的には、チュニジアがフランスから独立を遂げ（一九五六年）、社会主義建設を志向し始めるときであり、隣国アルジェリアも戦争を経て独立を勝ち取ろうとしていたとき（一九六二年独立）であった。政治的な緊張と、日常をいつものように送り続ける現地の人々の平静。この二つをいかに結びつけるかという氏の研究上の問題意識が、この旅行記の随所にちりばめられていると言えば言いすぎであろうか。なお、氏のカルタゴに対する考察は、本書『ローマ人の世界』と対になる形で、『カルタゴ人の世界』としてまとめられている（筑摩書房、一九九一年刊。現在では、講談社学術文庫所収）。

さて、氏は九〇年代以降、当初の問題関心に改めて取り組み、クリエンテーラに関する諸論考を書き上げるとともに、過去の学術論文を大著に収録してまとめ上げている。本書に収録されている牧人やローマ人社会に関する論考は、『古代ローマの自由と隷属』（名古屋大学出版会、二〇〇一年刊）に多数まとめられているので、関心のある方々はそちらを参照されてもよいかもしれない。しかし、繊細な論点を扱う学術論文よりも、本書に収録されている牧人論の方がおそらく氏の問題関心をよく映し出しているし、職人や芸術家に関する本書の記述は、学術誌上では結局論じられなかったという点で貴重でさえある。少し読みにくさもある第三部ではあるが、このような背景も踏まえながら見てみると、味わい深いものがあるのではないだろうか。

最後に一言すれば、かなりくわしい「ローマ史」関係の書物が出版され、ローマ史を研究していない人でもかなりのことが分かるようになったという本書二一二頁の記述には驚かされる。というのも、二一世紀に入った今でも古代ローマ人の生活を再現し、伝える一般向け書物が陸続と日本で出版されているからである。もちろん、近年のものは最新の考古学的知見などが加わった結果、さらにリアリティの増したローマ人の生活を追体験できるようになっている。しかし私見では、それらの本には本書で感じられるような市井の人々の政治・国家との関わりという重大な目的意識が感じられない。その意味では、本書は政治史に関心を持った史家による、ある種の緊張感も湛えた作品であり、現代国家の在り方を考えるうえでの手掛かりにもなる書であろう。そのような氏の姿勢は「ローマ人を熱狂させたもの」という記述の中で政治と娯楽の在り方を深刻に討究するところからも感じ取れる。帝政期の政治の在り方については、些かステレオタイプ的なところも、帝政後期を研究している筆者などは感じてしまうところではある。しかしながら、戦前・戦後の二〇世紀社会を生き、ローマ共和政という夥しい人の血が流れた時代の歴史を考究してきた氏からは、やはり政治の次元の違いを力説されてしまうかもしれない。この取るに足らない解説文についても、優しく寛恕していただけることをただ願うばかりである。

（たなか・はじめ　東京大学大学院総合文化研究科）

本書は、一九八五年八月二五日、筑摩書房より刊行された。

新版 魔女狩りの社会史　ノーマン・コーン　山本通訳

「魔女の社会」は実在したのだろうか？　資料を精確に読み解き、「魔女」にまつわる言説がどのように形成されたのかを明らかにする。（黒川正剛）

増補 大衆宣伝の神話　佐藤卓己

祝祭、漫画、シンボル、デモなど政治の視覚化は大衆の感情をどのように動員したか。ヒトラーが学んだプロパガンダを読み解く「メディア史」の出発点。

ユダヤ人の起源　シュロモー・サンド　高橋武智監訳　佐々木康之／木村高子訳

〈ユダヤ人〉はいかなる経緯をもって成立したのか。歴史記述の精緻な検証によって実像に迫り、そのアイデンティティを根本から問う画期的試論。

中国史談集　澤田瑞穂

皇帝、彫青、男色、刑罰、宗教結社など中国裏面史を彩った人物や事件を中国文学の碩学が独自の視点で解き明かす。怪力乱「神」をあえて語る！（堀誠）

ヨーロッパとイスラーム世界　R・W・サザン　鈴木利章訳

〈無知〉から〈洞察〉へ。キリスト教文明とイスラーム文明との関係を西洋中世にまで遡って考察し、読者に歴史的見通しを与える名講義。（山本芳久）

消費社会の誕生　ジョオン・サースク　三好洋子訳

グローバル経済は近世イギリスの新規起業が生み出した！　産業が多様化し雇用と消費が拡大する産業革命前夜を活写した名著を文庫化。（山本浩司）

図説 探検地図の歴史　R・A・スケルトン　増田義郎／信岡奈生訳

世界はいかに〈発見〉されていったか。人類の知が全地球を覆っていく地理的発見の歴史を、時代ごとの地図に沿って描き出す。貴重図版二〇〇点以上。

レストランの誕生　レベッカ・L・スパング　小林正巳訳

革命期、突如パリに現れたレストラン。なぜ生まれ、なぜ人気のスポットとなったのか？　その秘密を膨大な史料から複合的に描き出す。（関口涼子）

ブラッドランド（上）　ティモシー・スナイダー　布施由紀子訳

ウクライナ、ポーランド、ベラルーシ、バルト三国。西側諸国とロシアに挟まれた地で起こった未曾有の惨劇。知られざる歴史を暴く世界的ベストセラー。

イタリア・ルネサンスの文化(上)
ヤーコプ・ブルクハルト
新井靖一 訳
中央集権化がすすみ緻密に構成されていく国家あってこそ、イタリア・ルネサンスは可能となった。ブルクハルト若き日の着想に発した畢生の大著。

イタリア・ルネサンスの文化(下)
ヤーコプ・ブルクハルト
新井靖一 訳
緊張の続く国家間情勢の下にあって、類稀な文化と個性的な人物達は生みだされた。近代的な社会に向かう時代の、人間の生活文化様式を描ききる。

増補 普通の人びと
クリストファー・R・ブラウニング
谷喬夫 訳
ごく平凡な市民が無抵抗なユダヤ人を並べ立たせ、ひたすら銃殺する——なぜ彼らは八万人もの大虐殺に荷担したのか。その実態と心理に迫る戦慄の書。

叙任権闘争
オーギュスタン・フリシュ
野口洋二 訳
十一世紀から十二世紀にかけ、西欧では聖職者の任命をめぐり教俗両権の間に巨大な争いが起きた。この出来事を広い視野から捉えた中世史の基本文献。

ナチズムの美学
ソール・フリードレンダー
田中正人 訳
ナチズムに民衆を魅惑させた、意外なものの正体は何か。ホロコースト史研究の権威が第二次世界大戦後の映画・小説等を分析しつつ迫る。(竹峰義和)

大航海時代
ボイス・ペンローズ
荒尾克己 訳
人類がはじめて世界の全体像を識っていく大航海時代。その二百年の膨大な史料を、一般読者むけに俯瞰図としてまとめ上げた決定版通史。(伊高浩昭)

衣服のアルケオロジー
フィリップ・ペロー
大矢タカヤス 訳
下着から外套、帽子から靴まで。19世紀ブルジョワジーを中心に、あらゆる衣類が記号として機能してきた実態を、体系的に描くモードの歴史社会学。

20世紀の歴史(上)
エリック・ホブズボーム
大井由紀 訳
第一次世界大戦の勃発が20世紀の始まりとなった。この「短い世紀」の諸相を英国を代表する歴史家が渾身の力で描く。全二巻、文庫オリジナル新訳。

20世紀の歴史(下)
エリック・ホブズボーム
大井由紀 訳
一九七〇年代を過ぎ、世界に再び危機が訪れる。不確実性がいやますなか、ソ連崩壊が20世紀の終焉を印した。歴史家の考察は我々に何を伝えるのか。

ちくま学芸文庫

ローマ人の世界　社会と生活

二〇二三年十月十日　第一刷発行

著　者　長谷川博隆（はせがわ・ひろたか）

発行者　喜入冬子
発行所　株式会社　筑摩書房
東京都台東区蔵前二―五―三　〒一一一―八七五五
電話番号　〇三―五六八七―二六〇一（代表）
装幀者　安野光雅
印刷所　株式会社精興社
製本所　加藤製本株式会社

ISBN978-4-480-51213-0 C0122